Introduction to

Security Science

경호학개론

정주호 저

(주)백산출판사

이 저서는 2022학년도 가천대학교 교내연구비 지원에 의한 결과임(GCU-202205510001)

머리말

다년간의 경호 실무와 비서 실무를 바탕으로 강단에서 후학들에게 경호학을 교육하면서, 직업 및 교육 관련 선배님들의 훌륭하신 서적을 강의 참고서로 십분 활용해 온 점에 대하여 우선 감사 말씀을 드린다. 우리나라 경호학이 불모지였을 때부터 헌신적으로 개척해 오신 선배님들의 업적은 가히 추앙받아 마땅하다.

가천대학교 연구지원팀장님의 저술 권유를 마음의 짐으로 여겨왔으나, 사계절에 걸쳐 원고에 조금씩 살을 더해가며 완성하고 나니 홀가분함과 함께 그간의 부담이 만족감과 고마움으로 물들었다. 선구자들의 업적을 디딤돌 삼아 오랜 기간 강의시간에 활용해 오던 자료들을 다시 정리하고 보충하여 결과물로 만들어 세상 빛을 담았다. 감수를 위해 돌아볼수록 아쉬운 부분이 많이 드러나 다시 걱정이 앞선다.

그럼에도 불구하고 이 책은 두 가지 측면에서 다른 책과 차이점이 있어서 다행스럽다. 첫 번째는 경호제도에 관한 비교법적 접근에 의한 발전방안의 도출이다. 비교는 상호 간의 장단점을 발견하여 장점을 취하고 단점을 보완하면서 그 목적하는 바가 발전되도록 돕는 도구가 된다. 현재의 대한민국 국가경호는 일명 'K-경호'라 하여 그 수준을 높게 평가받고 있다. 그러나 아직도 법적 보완요소가 여러 면에서 존재하는 것도 사실이다. 이러한 점에 주목하여 이 책은 우리나라의 경호 관계법과 미국의 경호 관계법을 루소와 몽테스키외의 '상호관계론'적 비교법을 바탕으로 하여 그 결과를 제시하였다.

두 번째는 6 · 25전쟁을 기점으로 잃어버린 10년 동안의 경호역사를 실은 것이다. 이 10년 동안의 경호사는 이미 실증적 심층 연구에 의하여 그 결과물이 나타나, 학위논문과 학술지에 게재되었으나 그 활용이 미미하였다. 따라서 이러한 역사적 사실을 후학들에게 보다 널리 알리고자 이 책에 담았다.

저술하는 동안 끊임없이 용기를 준 사랑하는 가족들과 저서 내용과 관련하여 아이디어를 제공하고 지대한 관심을 선사해 준 대학원 원우님들께 감사함을 표한다.

2023년

저자 정 주 호

Contents

차례

제 1 장 경호와 경호윤리

제 2 장 경호환경과 위해요소

제 1 장

경호와 경호윤리

제 1 장

경호와 경호윤리

제 1 절 경호의 개념과 중요성

‘경호(警護)’의 사전적 개념은 ‘경계(警戒)하고 보호(保護)함’[1,2]이다. 경계는 경비(警備)와 동일한 의미이고, 보호는 호위(護衛)와 같은 의미로 사용된다. 따라서 사전적 의미로 본다면 ‘경호’란 경비와 호위의 의미가 함의된 것이라고 할 수 있다.

대표적인 경호관련 기관들의 해석은 조금씩 차이점을 나타내고 있다. 「경찰관 직무집행법」 제2조(직무의 범위)의 3에서는 경비와 경호를 분리하여 제시하고 있고,[3] 조직도에 있어서도 경비국에 경비과와 경호과를 분리하여 직무를 수행하도록 하고 있다. 그러나 업무내용 면에서 보면 경호과에서 경호계획의 수립 및 지도와 요인의 보호에 관한 사항을 규정하고 있으므로, 경호의 사전적 의미와 유사한 개념을 가진다고 본다.

1865년, 미국 재무성 산하 위조지폐 단속 전담부서로 출발한 ‘비밀경호국(Secret Service)’에서는 윌리엄 매킨리(제25대, 재임 1897~1901) 대통령이 1901년 암살된 이후 1906년에 경호업무가 추가되면서 ‘경호’라는 용어가 공식화되었다. 여기에서 경호의 정의를 살펴보면, 경호는 ‘실제적이고 주도면밀한 공격의 성공기회를 최소화하는 것’이라고 하여 포괄적으로 사용하고 있음을 알 수 있다. 일본 ‘요인경호대(Security Police)’에서는 경호를 ‘국가 공공안녕 및 질서유지에 영향을 끼치는 사람에 대하여 신변의 안전을 확보하

1) 실용국어사전(2003). 민중서관.

2) 경계: 불의의 사고가 없도록 미리 주의하고 살핌, 보호: 위험 따위로부터 잘 돌보아 지킴.

3) 동법 제2조 3. 경비, 주요 인사(人士) 경호 및 대간첩 작전 수행.

기 위한 경찰 활동'이라고 정의 내리고 있다. 이러한 활동을 '경위(警衛)' 또는 '경호'라고 혼용하여 사용하고 있다.

우리나라에서는 1948년 정부수립 이후에 왕궁을 관할하고 있던 창덕궁경찰서가 경무대경찰서로 신설되면서 1949년 내무부 훈령 제25조에 의하여 경호규정이 제정되면서 최초로 '경호'라는 용어가 사용되었고, 경호업무에 관한 체제도 정비되기 시작하였다. 또한, 1963년 12월 17일 대통령경호실(Presidential Security Service)이 창설되면서 현재 사용하는 경호 개념이 확립되었다고 할 수 있다. 이에 따르면, 경호란 '경호대상자의 생명과 재산을 보호하기 위하여 신체에 직접적으로 가하여지는 위해를 방지 또는 제거하고, 특정한 지역을 경계, 순찰 및 방비하는 등의 활동'[4]이라고 함으로써 경호와 경비를 분리하여 정의하고 있다.

이러한 역사적 흐름과 미국, 일본 등 해외 각국의 개념을 종합하여 볼 때, 경호라 함은 '경호대상자의 신변안전을 도모(圖謀)하기 위하여 가용한 수단과 방법을 동원하여(국가 자원의 활용) 인적·물적·자연적 위해요인을 사전에 방지 및 제거하거나, 긴급상황에서 피해를 최소화하기 위한 제반 작용'이라고 할 수 있다.[5]

한편, 오늘날 세계 각국의 실질적 안보위협의 특징은 포괄성, 다차원성, 비대칭성으로 대변된다. 포괄성은 군사적 위협을 넘어 환경문제나 경제위기 등 국가와 국민에 대한 총체적 위협을 뜻하며, 다차원성이란 위협의 행위자, 영향지역, 행위유형 등의 복잡성을 말하며, 비대칭성은 인위적인 핵전력뿐만 아니라 심각해지는 기후변화와 더 나아가 우주적인 재난 등 인간이 대처하는 방어력에 극심한 비대칭적 구조를 가지는 것을 말한다. 이러한 현대의 안보위협에 대한 대처방안으로 융합안보가 제시되고 있다.[6]

융합안보의 핵심은 안보위협에 선도적으로 대처하기 위한 정보의 공유이며, 이와 함께 과학기술, 문화, 심리 등 모든 분야를 망라한 내적·외적 또는 물리적·화학적 통합 및 퓨전이다. 따라서 경호란 포괄적 안보의 범주에서 융합경호의 방향으로 나아가는 것

4) 대통령경호처 교육자료.
5) 김두현(2005). 경호학 개론. 경호출판사, 27.
6) 이홍기(2015). 포괄안보시대 융합적 안보시스템 구축의 필요성과 추진방향. 한국국가안보·국민안전학회, 1, 108-117.

이 시대적 요구에 부응하는 것이라고 할 수 있다. 결국, 경호의 개념에 언급되는 '가용한 수단과 방법의 동원'에는 오늘날 절실히 요구되는 융합안보와 같은 융합경호의 의미가 강하게 내포되어 있으므로 이를 현실적 · 미래지향적인 경호방향으로 받아들여 적극 활용할 필요가 있다.

경호의 개념을 좀 더 세분화하기 위하여 독일연방의 경찰-질서법[7]을 참조할 필요가 있다. 경찰의 개념을 구분할 때, 실질적 의미, 형식적 의미, 제도적 의미로 나누어 설명하고 있는데,[8] 실질적 의미의 개념은 경찰활동에 있어서 조치해야 하는 내용과 그 목적을 가리킨다. 즉, 어떤 목적을 가지고 실질적인 국가활동을 하는가 하는 점이다. 형식적 의미의 개념은 법규범과 그에 따르는 권한의 부여이다. 즉, 어떤 법규범 아래에서 어떤 권한을 행사하는가에 관한 것이다. 제도적 의미의 개념은 국가조직의 개념이다. 즉, 경찰공무원 개인 또는 경찰관청은 국가 제도에 의하여 조직된 어떠한 기관에 속하게 된다는 것을 의미한다.[9]

이러한 기준은 경호의 개념을 정립하는 데 있어서 유용한 지침이 된다고 할 것이며, 이를 바탕으로 다음과 같은 경호의 개념을 제시할 수 있겠다.

1. 실질적 의미의 경호개념(the concept of security in a practical meaning)

[그림 1-1]은 인간의 기본욕구 가운데 하위욕구단계에 대한 단계적 · 다면적 침해에 따라 이를 방어하고자 하는 방어본능의 발생이 안선활동을 불러일으킨다는 것을 나타낸 것이다.[10] 전통적인 측면에서 개인의 자경적(自警的) 방어본능(공격에 대한 대비) 또는 계급사회 상위 신분자들의 권력과 자산보호를 위한 보호조직화는 자신이 주체가 되

---

7) 독일은 경찰의 개념을 거시적 입장에서 이해하여 왔으나, 1990년 통일 이후에는 그로부터 탈피하여 세 가지 개념을 사용하고 있다.

8) Lisken, H.(1994). Vorfeldeingriffe im Bereich der „Organisierten Kriminalität"—Gemeinsame Aufgabe von Verfassungsschutz und Polizei? Zeitschrift für Rechtspolitik, 264-270.

9) 서정범, 박병욱 역(2015). 독일 경찰법. 세창출판사, 43-44.

10) 정주호(2020). 민간경비론. 백산출판사, 11-12.

는 능동적 개념을 가진다. 그러나 오늘날의 포괄적 국가안보 개념에 따른다면, 국가가 국가조직의 주요 인물에 대한 방어수단 등의 국가자원을 제공한다는 것은 안전 침해 당사자 입장에서 볼 때에는 수동적 개념을 내포한다고 할 수 있다.

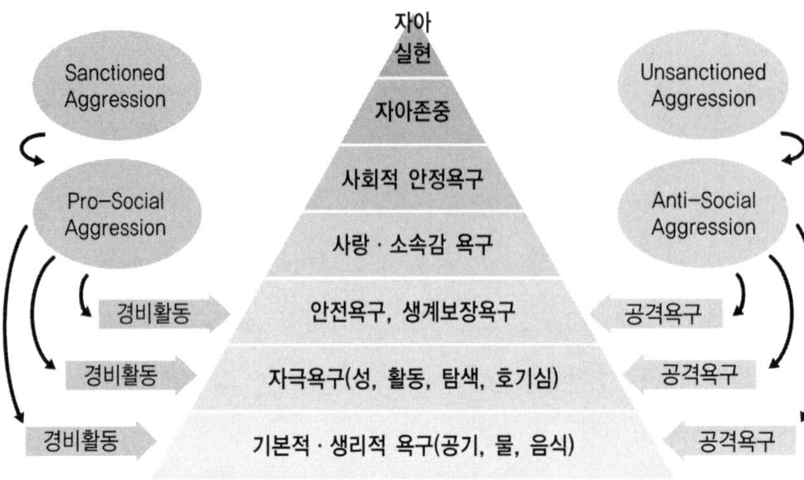

출처 : Abraham Maslow의 인간욕구단계(정주호, 2020), 재구성

[그림 1-1] **인간의 안전욕구충족을 위한 안전수요 원리**

안전에 대한 침해는 감염성 질병, 불의의 사고, 개인적 법익 또는 국가적 · 사회적 법익을 침범하는 범죄[11][12], 조직적 암살, 테러리즘, 전쟁 등으로 이루 헤아릴 수 없이 다양하다. 이러한 안전에 대한 침해로부터 어떠한 대상 인물의 신체를 보호하는 것을 광의적 의미에서 '경호(警護)'라고 할 수 있으나, 일반적으로는 국가기관에 의한 활동으로서 협의적 의미로 받아들여지고 있다. 따라서 실질적 의미의 경호개념은 전술(前述)한 안전활동 중에서 국가가 주체가 되어 그 대상에게 안전을 제공하는 학문적 · 이론적 개념을 말한다.[13]

11) 형법에 의해 보호받는 이익을 '법익(法益)'이라 하며, 이것은 다시 개인적 법익(살인, 강도, 상해, 절도, 사기, 횡령, 폭행, 강간, 유괴, 명예훼손, 주거침입 등), 국가적 법익(내란, 간첩행위, 공무집행방해, 위증, 무고, 증거인멸 등), 사회적 법익(교통방해, 방화, 문서위조, 유가증권위조, 음란, 도박 등)으로 구분할 수 있다.

12) 김혜정, 박미숙, 안경옥, 원혜욱, 이인영(2019). 형법각론. 차례 참조, 피엔씨미디어.

이를 더 구체화하면, 정부의 주요 인사 또는 국내에 체재(滯在) 중인 외국요인 등이 위해를 당했을 때 국가안보 및 국내 치안에 부정적 영향을 미치는 자에 대한 신변보호 및 안전확보 활동이라고 할 수 있으며, 이를 위하여 경호를 필요로 하는 대상자에 대한 우발적이거나(교통사고, 시설물 붕괴 및 도괴 등) 고의적 · 인위적 위해(폭력, 저격 등) 및 자연적 위해(화재, 번개, 산사태 등) 등으로부터의 신변보호 및 안전확보 등을 수행하는 실질적인 보호 활동이라고 하겠다.

2. 형식적 의미의 경호개념(the concept of security in a formal meaning)

형식적 의미의 경호개념은 실정법인 법률의 권한에 속하는 일체의 경호작용으로서, 대표적으로 「대통령 등의 경호에 관한 법률」[14], 「경찰관 직무집행법」[15], 「경비업법」[16] 등의 법률을 국가가 부여한 권한의 근거로 삼는다. 국가가 부여한 권한은 권력적 행사와 비권력적 행사로 구분할 수 있는데, 권력적 행사는 강제권의 사용을 통하여 수행하고, 비권력적 행사는 임의 활동을 통하여 수행한다.[17]

권력적 경호작용은 행사장에 대한 검측 및 안전확보, 감제고지에 대한 수색 및 안전확보, 참석자 또는 상근자 출입통제, 경호대상자 이동 시의 인원 및 교통통제, 경호정보수집, 비상상황에서 무기의 사용 등 대부분의 경호활동을 말하며, 비권력적 경호작용은 행정, 민원처리, 홍보, 교통안내 등의 권력적 경호작용에 대한 보조 또는 지원 성격을 갖는다.

---

13) 김두현(2005). 경호학 개론. 경호출판사, 26-27.

14) 제1조(목적) 이 법은 대통령 등에 대한 경호를 효율적으로 수행하기 위하여 경호의 조직 · 직무범위와 그 밖에 필요한 사항을 규정함을 목적으로 한다.

15) 제2조의 3. 경비, 주요 인사(人士) 경호 및 대간첩 · 대테러 작전 수행.

16) 제2조(정의)에서 시설경비업무, 호송경비업무, 신변보호업무, 기계경비업무, 특수경비업무 등의 업무내용을 정의하고 있다.

17) 박준철 편저(2005). 경찰학 개론. 박문각, 26-29.

3. 제도적 의미의 경호개념(the concept of security in an institutional meaning)

제도적 의미의 경호개념은 경호조직에 관한 것을 말하는데, 경호기관 또는 그 기관에 속하는 공무원 및 단체는 어느 기관에 속하는가에 대한 문제이며, 이는 주로 비교법적 접근의 대상이 된다. 우리나라에서는 공경호의 대표적인 조직은 대통령경호처로서 기획관리실, 경호본부, 경비안전본부, 경비지원단, 경호안전교육원을 두고 있으며, 경찰청에서는 경비국 아래 경비과와 경호과를 편성하고 있다.

이상의 세 가지 개념을 다시 요약하여 보면, 형식적 의미의 경호개념에는 권력적 경호작용과 비권력적 경호작용을 포함하고, 제도적 의미의 경호개념에서는 세계 각국마다 경호 관련 법률의 구성 등에서 큰 차이를 나타내고 있어서 상호 발전적 비교 대상이 되고 있으며, 학문적 접근에 의한 실질적 경호개념에서는 세계 여러 나라의 이론적 전개와 내용이 대동소이하다는 것을 알 수 있다.

4. 경호의 중요성

국왕 및 대통령 등의 국가원수는 외국에 대하여 국가를 대표하고, 국가의 영속성을 유지하고 헌법을 수호할 책무를 진다.[18] 그에 대한 경호는 한 개인에 대한 신변안전을 도모하는 차원을 넘어 국가와 민족의 생존권과 직결되는 포괄적 안보의 하나로서 완벽성이 필수적으로 보장되어야 한다.

미국의 경우 전문적 경호가 제공되지 않았던 시기인 19세기 100년 동안 4건의 위해기도가 발생하였고, 이 중에서 앤드류 잭슨(Andrew Jackson) 대통령(제7대, 1829. 03.~1837. 03.)을 제외하고는 에이브러햄 링컨(Abraham Lincoln) 대통령(제16대, 1861. 03.~1865.04.), 제임스 가필드(James Abram Garfield) 대통령(제20대, 1881.03.~1881.09.), 윌리엄 매킨리(William McKinley) 대통령(제25대, 1897.03.~1901.09.)이 암살에 의해

18) 「대한민국헌법」 제66조 제①항, 제②항.

사망하였다.

20세기 초(1906년) S.S(Secret Service)에 의한 경호가 시작된 이후 100년 동안 5건의 위해기도가 있었으며, 이 중에서 프랭클린 루스벨트(Franklin Delano Roosevelt) 대통령(제32대, 1933.03.~1945.04), 해리 트루먼(Harry S. Truman) 대통령(제33대, 1945.04.~1953.01.), 제럴드 포드(Gerald Rudolph Ford) 대통령(제38대, 1974.08.~1977.01.), 로널드 레이건(Ronald Wilson Reagan) 대통령(제40대, 1981.01.~1989.01)에 대한 암살시도가 실패하였으며, 존 F. 케네디(John Fitzgerald Kennedy) 대통령(제35대, 1961.01.~1963.11.)만이 암살에 의해 사망하였다.[19)]

이는 전문적인 경호의 제공 여부에 따라서 경호대상자에 대한 암살의 성공률이 낮아졌음을 단적으로 보여주는 것으로, 경호의 중요성이 부각되는 실질적인 사례가 된다.

최근에는 박근혜 전 대통령을 향하여 소주병을 투척한 사건(2022.03.24.)과 일본의 아베 전 수상이 총격에 의하여 사망한 사건(2022.07.08.)을 비교해 볼 때, 경호 현장 대응의 중요성이 강조되는 중요한 교훈이 되고 있다.

제 2 절 학문으로서의 경호학

1. 경호학의 개념

경호학이란 경호에 관한 학문적 총화(總和)로서 경호의 실질적 개념이 되는 이론 분야를 개척하고, 형식적 · 제도적 개념의 비교법적 연구를 통하여 발전적 함의를 이룩해 나가는 학문의 한 분야이다. 이를 위한 연구의 방법은 기본적으로 현대의 복잡하고 다양한 사회현상을 반영하고 추론 과정을 통하여 분석하는 사회과학 연구방법론을 추구하지만, 포괄적 안보의 한 축으로서 융합적 접근이 필요한 학문이라고 할 수 있다. 특

19) 대통령경호처 교육자료.

히, 첨단과학의 발달을 활용한 위해수법의 고도화와 이에 대비한 방어기법 등 과학기술적 연구가 심층적으로 수행되어야 하겠다.[20]

2. 경호학의 형성과정 고찰

우리나라에서 경호학이 학문적으로 정착하게 된 배경에는 대통령경호실(현, 대통령경호처)의 지속적 노력이 선행되었기 때문이라고 할 수 있다. 최근에는 동남아, 중동 등의 많은 국가 경호기관의 경호원이 대통령경호처에 파견되어, 국제교류 협력 강화 및 교육 목적으로 대통령경호처에서 운영하는 경호안전교육원의 경호실무교육을 받고 있으며, 이로 인하여 'K-경호'라는 신조어로 불릴 정도의 찬사가 이어지고 있다.[21] 그러나 현대 경호기관으로서 1963년 12월, 법률 제1507호를 근거로 대통령경호실이 창설된 초기에는 모든 면에서 열악하였다. 불모지와 같았던 경호실무이론과 활동기법 등이 미국 S.S의 교범을 기초로 하여 어려운 발걸음을 시작하였다.

1981년에는 미국 역대 대통령 5명(트루먼, 아이젠하워, 케네디, 존슨, 닉슨)에 대한 경호임무를 수행하였던 루퍼스 영블러드(Rufus W. Youngblood) 경호관의 회고록을 번역하여 회독(回讀)하였고, 1988년에는 미국 S.S의 시행착오와 변화 및 문제점을 세밀하게 분석한 자료를 발간하였는데, 여기에는 경호조직과 실무기법, 대통령의 심리, 암살사례의 심층적 분석 등 우리나라 경호체계의 정착과 경호실무이론의 시금석이 될 만한 자료들이 포함되어 있었다. 이외에도 많은 실무교재를 발간하고, 특히, 1995년에는 다년간 경호실무를 경험한 베테랑 경호관들의 연구발표 사례집을 편집하는 등 이론적 발전을 거듭하였다.

이와 함께 오랜 기간 동안 대통령경호실의 법무담당관을 역임하다가 학문의 길로 들어선 '김두현'이 『경호학 개론』(1995)을 출간하면서 대학과 관련 학회 등에서 경호학의

---

20) 이두석(2017). 경호학 개론. 진영사, 34-36.

21) 해외 경호기관을 살펴보면 몽골국가특수경호실, 인도네시아 경호사령부, UAE 특별경호사령부, 베트남 경호사령부 등이 교육을 수료하였고, 베트남, 쿠웨이트, 중국, 카자흐스탄 등의 국가와 MOU를 체결한 바 있으며, 꾸준히 학술연구에도 매진하고 있다.(대통령경호처 홍보자료 온라인 검색, 2022.07.30.)

학문적 연구가 본격적으로 시작되는 계기를 만들어주었다고 할 수 있다. 이에 더하여 1996년, '한국경호경비학회'가 창립되어 활발한 학술활동 등 경호학의 발전에 큰 전환점을 마련하는 계기가 되기도 하였다.[22]

3. 경호학의 범위와 목표

앞에서 언급한 바와 같이 경호학의 연구방법론은 사회과학 연구방법론을 기반으로 하지만, 경호업무의 특성으로 인하여 광범위한 사회현상을 고려하고, 법학, 행정학, 사회학, 심리학, 범죄학, 조직학 등의 사회과학 분야와 전자, 전기, 화학, 물리, 사이버 등의 자연과학 분야, 그리고 무도와 보건위생, 체육 등 많은 분야를 아우르는 융합학문이라고 할 수 있다.

이 융합학문인 경호학은 "타인을 위하여 자신의 생명을 초개(草芥)와 같이 버린다."는 살신성인의 고결하고 심오한 철학적 · 본질적 바탕을 가지고 있지만, 학문적 수행을 위해서는 실사구시(實事求是)의 태도를 견지(堅持)하는 것이 필수적으로 요구된다. 융합학문을 토대로 융합경호의 현장 적용을 위한 탐구를 우선적인 목표로 삼아야겠다.

경호학의 범위는 크게 3단계로 구분할 수 있다. 첫째 기초이론으로서 경호윤리, 경호사, 응급구조술, 운동생리학(보건위생 포함) 등을 꼽을 수 있고, 응용이론으로서 범죄심리학, 경호비교제도론, 경호조직론, 경호환경론, 정보학 등을 필요로 하며, 경호실무론으로서 경호시례분석, 개인임무별 경호실무론, 기민경호, 즉각조치 등 실제 임무를 중심으로 한 연구 및 교육이 수행될 필요가 있다.

22) 이상철, 김진환(2008). 경호학 연구방법론. 진영사, 13.

제 3 절 경호철학과 경호윤리

1. 경호철학과 경호이념

철학(哲學)이란 인간과 세계의 모든 영역에 걸친 현상의 근본 원리를 연구하는 학문이다.[23] 경호가 인간사회의 중요한 현상 중의 하나이므로 철학의 뒷받침이 필수적으로 요구되며 이는 이념과도 일맥상통한다. 이념(理念)이란 이상적인 것으로 여겨지는 생각이나 견해 또는 어떤 집단의 신념체계를 말하므로 경호철학 또는 경호이념의 정립은 학문적으로나 실무에 있어서 가장 기본적인 바탕이 된다.

일반적으로 경호에 있어서는 업무 이외의 철학적 사고나 이념적 사색을 배제하는 경향이 있다. 이는 불필요한 사고의 혼란을 방지하고 정치적 이념을 가지지 않도록 하는 측면에서 당연한 것이기는 하나, 21세기 긍정심리학[24]의 방향성과 같이 현대 주류 심리학의 적용이 필요하다.

이러한 측면에서 다음과 같은 기본 원리를 제시하고자 한다.

첫째, 숭고한 희생정신이다.

국토방위를 담당하는 군(軍)이나, 화마(火魔) 등의 재난 속에서 활동하는 소방관, 정보기관의 비밀요원 등 살신성인(殺身成仁), 위국헌신(爲國獻身)을 구현하는 직업전선에 있는 사람들은 각자 특별한 신념을 가지고 있다고 여겨진다. 그들은 그 희생의 대가를 바라지 않으면서도 국가를 위하여 기꺼이 자신의 모든 것을 바칠 각오가 되어 있다.

경호라는 단어에서 희생이라는 의미를 연상하는 것은 어렵지 않다. 그것은 경호에 있어서도 업무의 긴장감과 함께 희생이 근본적으로 요구되기 때문이다. 위에서 언급한 군, 소방관, 정보원 등에게 희생의 대상은 국가이기도 하며 불특정 시민이 될 때도 있

---

23) 실용국어사전(2003). 민중서관.

24) 미국 심리학회 회장을 역임한 마틴 셀리그먼(Martin Seligman)이 주창하였는데, 이는 인간 개인이나 집단의 장점 요인들을 발견하고 촉진함으로써 개인은 물론 전체사회의 행복과 성장을 돕는 것을 말한다.(권석만(2015). 긍정심리학 : 행복의 과학적 탐구. 학지사)

다. 경호에 있어서 희생의 대상은 특정한 개인이지만 궁극적으로 국가의 안위와 상통한다. 따라서 경호철학은 국가를 위한 숭고한 희생정신의 함양을 강조한다. 이로써 명예심과 자존감이 높아진다.

프랑스의 극작가 피에르 코르네유(Pierre Corneille, 1606~1684)는 그의 작품 르 시드(Le Cid, 1637)를 통하여 "국가를 위하여 희생한다는 것은 명예가 있는 곳으로 걸어가는 것과 같다. 그것은 하나의 아름다운 희생으로서 스스로를 불멸의 인간으로 만드는 것이다."라고 설파하였다.[25]

둘째, 경호대상자와 국민을 함께 보호한다.

국가는 국민, 영토, 주권으로 구성되며, 국가존립의 최대 목표는 국가 간의 경쟁 환경 속에서 자국을 보호하여 국민의 생명과 재산 및 자유를 보장하고, 국민의 복리를 증진시키는 데 있다.[26] 대한민국의 주권은 국민에게 있고, 모든 권력은 국민으로부터 나온다.[27] 국민의 자유와 권리는 헌법에 열거되지 아니한 이유로 경시되지 아니하며,[28] 이 자유와 권리는 국가안전보장 · 질서유지 또는 공공복리를 위하여 필요한 경우에 법률로써 제한할 수 있으나, 이 경우에도 자유와 권리의 본질적인 내용을 침해할 수 없다.[29]

국가 원수의 안위는 국가의 구성원인 국민의 안전 및 그 주권의 보호와 직결되는 것이므로, 경호대상자에 대한 경호에는 국민의 안전이 함께 도모되어야 한다는 점을 나타내고 있다. 경호활동(예방활동, 실시간 경호활동, 응급대응조치 등) 현장에서 발생할 수 있는 경호구역의 지정[30], 사법경찰관리로서의 직무수행[31], 무기의 사용[32] 등에서 그 범위를 최소한으로 하고 있다는 점에서 국민 불편을 줄이고자 하는 노력이 인정되고 있

25) 박무호 역(2019). 르 시드(원저 : 피에르 코르네유). 지만지드라마.
26) 조영갑(2011). 국가안보학. 선학사, 20-21.
27) 「헌법」 제1조의 ②.
28) 「헌법」 제37조의 ①.
29) 「헌법」 제37조의 ②.
30) 「대통령 등의 경호에 관한 법률」 제5조.
31) 「대통령 등의 경호에 관한 법률」 제17조.
32) 「대통령 등의 경호에 관한 법률」 제19조.

다. 그러나 경호활동 시에 국민의 안전을 함께 보호해야 한다는 이념적 정립은 아직 상당히 부족한 실정이다. 민간 항공기를 이용하는 모든 승객은 철저한 보안검색을 당연한 것으로 여긴다. 경호행사에 있어서도 안전 검색이 경호대상자뿐만 아니라 행사 참석자에게도 안전을 제공하기 위한 불가피한 조치라는 인식을 가지도록 하는 것이 필수적이라 하겠다.

셋째, 철저한 직업의식을 가진다.

직업의식이란 '어떠한 개인이나 사회 집단이 직업 또는 그 일에 대하여 갖게 되는 느낌이나 판단'을 일컫는 용어로 사용된다.[33] 직업의식은 그 직업의 가치관과 유사한 개념을 가진다. 더 나아가 자신의 직업에 대한 가치, 태도, 의견, 관습 등 잠재적 의식을 망라한 것으로 볼 수 있다.[34] 직업 가치의 영역에 있어서 모티머와 로렌스(Mortimer & Lorence, 1979)는 가치의 하위영역으로 존경, 사회공헌도, 능력발휘, 흥미 등을 제시하였고,[35] 로키치(Rokeach, 1994)는 직업 가치를 인간이 최종적으로 추구해야 하는 궁극적 가치(terminal values)와 이를 실현하기 위한 도구적 가치(instrumental values)로 나누기도 하였다.[36]

---

33) 장홍근, 한상근, 이지연, 정윤경, 홍두승, 서우석, 이기홍(2006). 한국인의 직업의식과 직업윤리. 한국직업능력개발원 연구보고서. 2.

34) 김병숙, 강일규, 진미석, 장원섭, 김해동, 권진희, 정윤경, 김헌식, 이양구(1998). 한국인의 직업의식 조사. 한국직업능력개발원 연구보고서. 16.

35) Mortimer, J. T., & Lorence, J.(1979). Work experience and occupational value socialization: A longitudinal study. American journal of sociology. 84(6), 1361-1385.

36) Beatty, S. E., Kahle, L. R., Homer, P., & Misra, S.(1985). Alternative measurement approaches to consumer values: The list of values and the Rokeach value survey. Psychology & Marketing. 2(3), 181-200.

〈표 1-1〉 직업에 대한 가치의 하위영역

구분		내 용
외재적 가치	권력추구	직업에 대한 명성 또는 명예에 대한 자기 척도 적용
	경제수준	수입의 정도, 경제적 자립 여부
	개인주의	업무에 대한 건강의 허용, 노후대비 가능성
	사회적 인식	사회적 신분에 대한 주위의 평가
	안정성	일신상의 평화 또는 가정의 안정
내재적 가치	자신의 능력	자신의 흥미, 적성 또는 성격의 부합 여부
	사회적 헌신	사회에 대한 봉사 개념
	인간관계성	사회구성원으로서 인간관계
	자아실현	자신의 이상 실현의 적합성
	자기표현	업무에 있어서 자신의 표출

출처 : 김병숙 등(1988). 전게서. 재구성

이러한 직업의 가치관을 바탕으로 하여 외재적 가치와 내재적 가치로 구분하여 각각의 하위영역을 제시하였는데, 외재적 가치는 도구적 가치 측면이 우선시되는 권력, 경제, 개인적 상황, 사회적 신분, 안정성 등을 말하며, 내재적 가치는 직업 자체로서의 가치, 즉 형이상학적 가치를 말하며, 자신의 능력, 사회적 헌신, 인간관계성, 자신의 이상 실현, 자기표현 등이 있다.[37)]

그렇다면 경호원의 직업의식은 어떠해야 하는가? 당연히 도구적 가치를 중시하는 외재적 가치보다는 주변과의 관계성을 높이고 자신의 능력을 최대로 끌어올려 경호대상자의 완벽한 안전을 목표로 하며, 이로써 국가 사회에 봉사하며 자아실현을 하는 내재적 가치를 추구하는 것이야말로 경호철학에 강력하게 부합된다.

37) 김병숙, 강일규, 진미식, 장원섭, 김혜동, 권진희, 정윤경, 김헌식, 이앙구(1998). 한국인의 직업의식 조사. 한국직업능력개발원 연구보고서. 39-40.

2. 경호윤리

윤리란 '사람이 사회적 관계에 있어서 마땅히 행하거나 지켜야 할 도리'이듯,[38] 직업윤리란 '인간이 행하는 사회 공동체적 직업활동에 있어서 지켜야 할 행위 규범'이라고 할 수 있다.[39] 경호윤리란 '정부조직에 종사하는 경호공무원이 지켜야 하는 행동규범'이라고 할 수 있다.

경호공무원은 국가공무원의 행정윤리를 기본적으로 따라야 한다. 이 행정윤리는「국가공무원법」,「공직자 윤리법」,「공무원 행동강령」 등의 규제적 행동규범이다. 경호윤리를 정립하기 이전에 군대윤리, 경찰윤리, 한국경비협회의 경비원 직업윤리, 미국 사설경비원의 직업윤리를 선행적으로 살펴보도록 하겠다.

국군은 국가의 안전보장과 국토방위의 신성한 의무를 수행함을 사명으로 하며, 그 정치적 중립성은 준수된다.[40] 군인정신은 전쟁의 승패를 좌우하는 필수적인 요소로서, 명예를 존중하고 투철한 충성심, 진정한 용기, 필승의 신념, 임전무퇴의 기상, 책임완수 등을 바탕으로 모든 행동에 있어서도 군인의 본분에 어긋남이 없도록 해야 한다.[41] 이러한 군인의 일상행동은 법과 질서 및 공중도덕을 지키고 협동심과 전우애를 발휘하여야 하며, 특히 일상생활에 있어서도 다음과 같은 여러 가지를 준수하여야 한다.[42]

38) 실용국어사전(2003). 민중서관.

39) 박순성, 김종걸, 이홍균, 정원섭, 황경식, 이근식(2005). 전환기 한국사회의 새로운 직업윤리 모색 : 철학적 기초와 사회적 제도. 한국직업능력개발원 연구보고서. 39-40.

40) 「헌법」제5조 ②.

41) 「군인복무규율」 제4조 ③.

42) 「군인복무규율」 제27조.

〈표 1-2〉 군인의 일상행동[43)]

1. 경솔하거나 난폭한 행동을 하여서는 아니 되며 언제나 명랑 활발하여야 한다.
2. 불평불만을 말하거나 전우 간에 다투는 행위를 하여서는 아니 된다.
3. 공공시설을 이용할 경우에는 소정의 요금을 지불하여야 하며 노인 · 부녀자 · 연소자와 상급자에게는 자리를 양보하여야 한다.
4. 주위 환경의 청결 및 정돈과 위생에 유의하여야 한다.
5. 군인의 출입을 금지하는 구역에 출입하여서는 아니 된다.
6. 물자를 절약 선용하고 파손하거나 무단히 반출 또는 사용하여서는 아니 된다.
7. 금전대차나 일체의 도박행위를 하여서는 아니 된다.
8. 금품을 습득 또는 분실하였을 경우에는 이를 은닉하거나 부당하게 처리하여서는 아니 된다.
9. 군사보안에 유의하여 군사비밀을 누설하여서는 아니 된다.
10. 유언비어에 현혹되거나 이를 유포하여서는 아니 된다.

어느 국가를 막론하고 군인이라는 신분은 일반 시민과는 다른 특별한 어떠한 것들이 요구된다.[44)] 나라의 존망이 위태로운 상황에서 이를 굳건히 지켜내거나 최후의 보루에서도 살신성인의 진정한 용기를 기대하기 때문이다. 이를 위하여 군인에게 의무를 부과하여 지키도록 하고 있는데 그 골자를 보면 다음과 같다.

〈표 1-3〉 군인의 의무[45)]

제19조(선서) 군인은 입영하거나 임관할 때에는 대통령령으로 정하는 바에 따라 선서하여야 한다.

제20조(충성의 의무) 군인은 국군의 사명인 국가의 안전보장과 국토방위의 의무를 수행하고, 국민의 생명 · 신체 및 재산을 보호하여 국가와 국민에게 충성을 다하여야 한다.

---

43)「군인복무규율」 제27조.

44) 양재열(2012). 경호학 원론. 박영사.

45)「군인의 지위 및 복무에 관한 기본법」 제4장 군인의 의무 등.

제21조(성실의 의무) 군인은 직무 수행에 따르는 위험과 책임을 회피하지 아니하고 성실하게 그 직무를 수행하여야 한다.

제22조(정직의 의무) 군인은 명령의 하달이나 전달, 보고 및 통보를 할 때에 정직하여야 한다.

제23조(청렴의 의무) 군인은 직무와 관련하여 직접 또는 간접을 불문하고 사례 · 증여 또는 향응을 주거나 받아서는 아니 된다.

제24조(명령 발령자의 의무) 군인은 직무와 관계가 없거나 법규 및 상관의 직무상 명령에 반하는 사항 또는 자신의 권한 밖의 사항에 관하여 명령을 발하여서는 아니 된다.

제25조(명령 복종의 의무) 군인은 직무를 수행할 때 상관의 직무상 명령에 복종하여야 한다.

제26조(사적 제재 및 직권남용의 금지) 군인은 어떠한 경우에도 구타, 폭언, 가혹행위 및 집단 따돌림 등 사적 제재를 하거나 직권을 남용하여서는 아니 된다.

제27조(군기문란 행위 등의 금지) 군인은 성희롱 · 성추행 및 성폭력 등의 행위 등을 하여서는 아니 된다.

제28조(비밀 엄수의 의무) 군인은 복무 중일 때뿐만 아니라 전역 후에도 복무 중 알게 된 비밀을 엄격히 지켜야 한다.

제29조(직무이탈 금지) 군인은 상관의 허가 또는 정당한 사유 없이 직무를 이탈하여서는 아니 된다.

제30조(영리행위 및 겸직 금지) 군인은 군무(軍務) 외에 영리를 목적으로 하는 업무에 종사하지 못하며 국방부장관의 허가를 받지 아니하고는 다른 직무를 겸할 수 없다.

제31조(집단행위의 금지) 군인은 노동단체의 결성, 단체교섭 및 단체행동 등의 집단행위를 하여서는 아니 된다.

제32조(불온표현물 소지 · 전파 등의 금지) 군인은 불온 유인물 · 도서 · 도화, 그 밖의 표현물을 제작 · 복사 · 소지 · 운반 · 전파 또는 취득하여서는 아니 되며, 이를 취득한 때에는 즉시 상관 또는 수사기관 등에 신고하여야 한다.

제33조(정치 운동의 금지) 군인은 정당이나 그 밖의 정치단체의 결성에 관여하거나 이에 가입할 수 없다.

제34조(전쟁법 준수의 의무) 군인은 무력충돌 행위에 관련된 모든 국제법 중에서 대한민국이 당사자로서 가입한 조약과 일반적으로 승인된 국제법규(이하 "전쟁법"이라 한다.)를 준수하여야 한다.

한편, 군 간부의 덕목을 살펴보면, 크게 개인적 덕목과 직업적 덕목으로 구분하여 윤리적 덕성을 함양하고 있는데, 개인적 덕목으로는 살신성인의 바탕이 되는 이타적 의무감, 타인의 시선과 관계없이 정직함과 성실함을 발현하는 바탕이 되는 진실성, 탐욕을 멀리하는 청렴성, 타인에 대한 의리와 공정함의 바탕이 되는 정의감, 자부심의 기본이 되는 명예를 강조한다. 직업적 덕목으로는 국가에 대한 충성, 불굴의 임전무퇴 정신인 용기, 솔선수범의 바탕이 되는 책임감, 상하 동료에 대한 존중, 효율성과 능률성 향상을 통하여 조직의 발전을 도모하는 창의성을 두고 있다.[46]

경찰윤리에 있어서는 「경찰공무원법」보다는 「경찰공무원 복무규정」을 기준으로 살펴보는 것이 바람직하다. 경찰공무원은 국가와 민족을 위하여 충성과 봉사를 다하며 국민의 자유와 권리를 존중하는 호국 · 봉사 · 정의 정신을 경찰정신의 바탕으로 삼는다. 이러한 기본강령은 다음과 같다.

〈표 1-4〉 경찰공무원 기본강령[47]

1. 경찰사명
경찰공무원은 국가와 민족을 위하여 충성과 봉사를 다하며, 국민의 생명 · 신체 및 재산을 보호하고, 공공의 안녕과 질서를 유지함을 그 사명으로 한다.

2. 경찰정신
경찰공무원은 국민의 수임자로서 일상의 직무수행에 있어서 국민의 자유와 권리를 존중하는 호국 · 봉사 · 정의의 정신을 그 바탕으로 삼는다.

---

46) 김진만, 박균열, 조은영(2016). 간부용 군대윤리, 국방부 교육자료.
47) 「경찰공무원 복무규정」 제3조.

3. 규율

경찰공무원은 법령을 준수하고 직무상의 명령에 복종하며, 상사에 대한 존경과 부하에 대한 존중으로써 규율을 지켜야 한다.

4. 단결

경찰공무원은 주어진 사명을 다하기 위하여 긍지를 가지고 한마음 한뜻으로 굳게 뭉쳐 임무수행에 모든 역량을 기울여야 한다.

5. 책임

경찰공무원은 창의와 노력으로써 소임을 완수하여야 하며, 직무수행의 결과에 대하여 책임을 진다.

6. 성실 · 청렴

경찰공무원은 성실하고 청렴한 생활태도로써 국민의 모범이 되어야 한다.

이러한 기본강령을 바탕으로 업무 중 또는 사생활에 있어서도 국민의 모범이 되어야 하며, 상 · 하급자 및 동료를 비난 · 평하거나 서로 다투는 행위를 금지하고, 협동심과 상부상조의 동료애를 발휘하여야 하며, 경솔하거나 난폭한 행동을 하지 말고 명랑 · 활달한 모습을 견지하여야 한다. 이와 함께, 외부의 통제 또는 규제에 의존하기보다는 경찰 스스로 자율적 행동윤리를 강화하는 측면에서, '경찰헌장'에 이어서 '경찰서비스헌장' 등으로 발전하고 있다.

1966년에 제정된 '경찰윤리헌장'은 경찰윤리규범의 효시로서 근면 · 성실 · 첨렴 · 사명감과 연대성 · 합리성 등의 덕목을 중심으로 정립되었고, 이후 1991년 '경찰헌장'을 제정 및 선포하고, 이에 더하여 1998년 '경찰서비스헌장'에 이르게 되었다.[48)]

48) 최응렬(2013). 경찰조직론. 박영사.

〈표 1-5〉 경찰서비스헌장

우리는 국민의 생명과 재산을 보호하고 법과 질서를 수호하는 국민의 경찰로서 모든 국민이 안전하고 평온한 삶을 누릴 수 있도록 다음과 같이 실천하겠습니다.

하나, 범죄와 사고를 철저히 예방하고 법을 어긴 행위는 단호하고 엄정하게 처리하겠습니다.
하나, 국민이 필요하다고 하면 어디든지 바로 달려가 도와드리겠습니다.
하나, 모든 민원은 친절하고 신속, 공정하게 처리하겠습니다.
하나, 국민의 안전과 편의를 제일 먼저 생각하며 성실히 직무를 수행하겠습니다.
하나, 인권을 존중하고 권한을 남용하는 일이 없도록 하겠습니다.
하나, 잘못된 업무는 즉시 확인하여 바로잡겠습니다.

사설경비(민간경비)를 업으로 하고자 하는 자는 법인 허가를 통하여 요건을 갖추어야 하며,[49] 「경비업법」 제15조(특수경비원의 의무)와 동법 제15조의2(경비원 등의 의무)에서 명령계통 및 경비구역 준수, 쟁의행위 금지, 무기안전수칙 준수, 과잉행동 또는 과잉대응 금지 등의 제한사항을 두고 있다. (사)한국경비지도사협회에서는 경비지도사의 윤리강령을 제정하여 강조하고 있다.

〈표 1-6〉 경비지도사 윤리강령

우리는 민간경비의 중심으로 사명감과 긍지를 가지고 경비지도사 직업강령에 따라 행동하고 실천할 것을 다짐한다.

하나. 우리는 세계평화와 대한민국의 안녕과 질서유지를 위한 사명감을 가지고 근무에 임한다.
하나. 우리는 법과 도덕적 원칙을 준수하고 언제나 정의의 편에서 책임과 의무를 다하여 국가와 사회에 봉사한다.

49) 「경비업법」 제3조.

하나. 우리는 국민의 안전과 사회질서 확립에 기여하는 민간경비의 중추로서 자부심과 전문인으로서의 긍지를 가지고 모범적으로 처신한다.
하나. 우리는 팀웍과 동지애로 민간경비 발전에 노력하고 각자는 경비지도사를 대표한다는 생각으로 행동한다.
하나. 우리는 고객이 안전하고 품위있는 분위기를 느낄 수 있는 최선의 안전서비스를 제공할 수 있도록 항상 고객의 입장에서 긍정적이고 창조적으로 업무를 수행한다.
하나. 우리는 법률이나 윤리강령에 배치되는 경우를 제외하고는 지득한 비밀은 선임기간 이후라도 보호한다.
하나. 우리는 효율적인 업무수행을 위하여 자신의 능력과 심신단련에 부단히 노력한다.
하나. 우리는 자신의 능력을 최상으로 향상시켜 고객과 신뢰를 얻도록 최선을 다한다.
하나. 우리는 동료, 상사, 부하직원에 대한 배려와 이해, 협력을 이끌어내어 애사심과 인화단결의 기틀을 만들어 직장 분위기를 밝게 하는 데 노력한다.
하나. 우리는 전반적인 민간경비의 육성, 발전으로 국민생활 안전이 확보될 수 있도록 지대한 관심과 노력을 경주한다.

이외에도 (사)한국경비협회에서도 경비원의 윤리강령을 규정하여 일반경비원 신임교육에서 활용하고 있다.

〈표 1-7〉 경비원 윤리강령

법과 윤리에 따라 범죄로부터 고객의 생명과 재산을 보호하고, 각종 규정을 준수하고 투철한 직업의식으로 경비원으로서의 직업능력을 함양하며, 신의성실과 책임을 신념으로 직업윤리를 이행할 것을 다음과 같이 다짐한다.

1. 법과 원칙을 준수하고 범죄와 사고로부터 고객을 보호하는 데 최선을 다한다.
2. 직무를 수행함에 있어 고객의 보호와 편의에 대해 확실하게 인식하고 그 책임을 다한다.
3. 민간경비의 발전과 효율성 제고를 위하여 교육과 훈련을 통해 직무능력을 함양하는 데 부단한 노력을 경주한다.
4. 어떠한 경우에도 전문인으로서 긍지와 책임감을 잊지 않고 주어진 업무 이외의 행위를 하지 않는다.

5. 언제나 회사를 대표한다는 신념으로 고객으로부터 신뢰감을 얻고, 범죄 및 사고예방에 최선을 다한다.
6. 예방수칙을 숙지하고 고객의 위험상황 및 재산상 손해가 예상되는 순간에 투철한 사명감으로 피해를 최소화한다.
7. 복장과 장비는 규정에 따라 단정하게 착용하고 근무지를 이탈하지 않으며, 근무지 청결을 유지한다.
8. 근무수칙을 준수하고 소속상사의 명령에 복종하며 동료와 친화관계를 유지한다.
9. 업무상 지득한 고객의 정보를 소중하게 여기고 철저하게 보호한다.
10. 민간경비의 최일선을 담당한다는 자부심으로 공경비와 협조하며, 고객안전과 나아가 지역사회 안정을 도모한다.

미국의 민간경비(private security)에서는 경비원의 필수교육 16시간 중 4시간 과정에서 경비원의 윤리와 자세 등에 관하여 교육하고 있다. 미국산업보안협회(ASIS International)에서 규정한 윤리규범은 다음과 같다.

〈표 1-8〉 미국 민간경비원의 직업윤리강령(ASIS Code of Ethics)[50)]

전문 보안 활동의 품질은 궁극적으로 특정 행동 기준을 준수하고 보안에 대한 선의를 표명하려는 실무자의 의지에 달려 있음을 인식한다. ASIS는 직업적 관계에서 다음 윤리강령을 채택하고 ASIS의 회원 자격 또는 제휴 조건으로 양심적 준수를 의무화한다.

제1조 회원은 법률과 최고의 도덕원칙에 따라 직무를 수행한다.

1-1 회원은 직무를 수행하는 국가의 법률을 준수하고 모든 직무를 명예롭게 수행한다.
1-2 회원은 법률 및 본 윤리기준을 준수하지 않는 동료와 고의로 업무에 대한 책임을 지는 행위를 하여서는 아니 된다.
1-3 회원은 직무를 수행함에 있어 정당하고 타인의 권리를 존중한다.

50) Simonsen, C. E.(1998). Private security in America: An introduction. Prentice-Hall, 32.

제2조 회원은 성실, 정직 및 진실의 계율을 준수해야 한다.

2-1 회원은 모든 관련 정보를 알 권리가 있는 자에게 공개하여야 한다.

2-2 '알 권리'는 법적으로 집행 가능한 회원의 정보 공개에 대한 개인의 청구 또는 요구이다. 회원은 공개될 정보로 인하여 발생할 상황에 대하여 미리 판단할 필요는 없다.

2-3 회원은 오해의 소지가 있는 정보를 고의로 공개하거나 그러한 정보의 공개를 독려하거나 참여해서는 안 된다.

제3조 회원은 직업적 책임을 성실하고 근면하게 수행한다.

3-1 회원은 약속과 책무를 공정하고 변함없이 엄격하게 준수한다.

3-2 회원은 맡은 일에 최선을 다한다.

3-3 회원은 이미 나타난 사실 및 승인 없이 이해상충에 관한 행위를 하여서는 아니 된다.

3-4 회원은 서비스 또는 제품을 공정하고 진실하게 받아들여야 한다.

제4조 회원은 전문적인 책임을 완수하는 것을 생활화하여야 한다.

4-1 회원은 업무에 필요한 기술과 지식을 보유하고 적용할 수 있는 능력을 갖추어야 한다.

4-2 회원은 회원의 능력을 벗어난 업무를 수락할 수 없으며, 그렇지 않은 경우, 권리를 주장할 수 없다.

제5조 회원은 기밀정보를 보호하고 부적절한 공개를 방지하기 위해 세심한 주의를 기울여야 한다.

5-1 기밀 정보는 공개가 제한된 비공개 정보이다.

5-2 고객이 동의하지 않는 한, 전문가는 비밀 정보를 고의로 누설하거나 비밀 정보를 본인 또는 회원 또는 제3자에게 유리하게 사용해서는 안 된다. 이 기밀의 유지는 회원과 고객의 비즈니스 관계가 종료된 후에도 계속된다.

5-3 정보를 제공받은 회원이 비밀유지에 동의하지 않은 경우 이를 공개할 의무가 없다. 회원은 법률 위반을 구성하는 작위 또는 부작위의 기밀 공개에 구속되지 않는다.

5-4 고객이 회원에게 비밀을 공개하는 것은 법적 절차에서 특권으로 인정되지 않는다. 법적 절차에서 회원은 고객의 변호인의 반대에도 불구하고 고객으로부터 비밀리에 받은 정보에 대해 증언해야 할 수 있다.

5-5 회원은 적절한 승인 없이 개인의 이익을 위해 기밀 정보를 누설해서는 안 된다.

제6조 회원은 동료, 고객 또는 고용주의 직업적 명성이나 관행을 악의적으로 손상시켜서는 안 된다.

6–1 회원은 동료의 능력, 성과 또는 전문적 능력에 대하여 거짓이나 악의를 가진 말을 하여서는 아니 된다.

6–2 다른 회원이 ASIS 윤리강령을 준수하지 않았다는 것을 알고 있거나 믿을 만한 합리적인 근거가 있는 회원은 내규 VIII조에 따라 윤리기준위원회에 알려야 한다.

이상에서 본 바와 같이 경호철학 또는 경호이념은 권장적 성격을 띠고 있으나 경호윤리는 규제적이며 강제성을 지니고 있다고 하겠다. 또한 경호철학이 조직측면의 집단적 성격이라면, 경호윤리는 지극히 개인 각자에게 해당되는 것이다.

경호조직 내, 개인의 일탈행위 또는 부정부패와 같은 문제는 때로는 조직의 정체성에 치명상을 입힐 수 있으며, 경호업무에 있어서도 지장을 초래할 가능성이 농후하다. 이러한 일탈 및 부정부패는 후진국과 선진국이 구별되지 않으며 우리나라도 예외라고 할 수 없다.[51]

앞에서 열거한 직업윤리에는 그 조직의 특성이 각각 잘 반영되어 정립되어 있다고 할 것인바, 경호윤리는 고도의 도덕성, 청렴성, 정직성, 신뢰성, 전문성 등을 바탕으로 구성되어야 한다.[52] 심층적 또는 체계적 접근을 통하여 경호윤리를 규정하고 신임교육 및 정기교육에서 강조한다고 그 조직의 위상이 저하되는 것은 아니므로 하루속히 이를 실천에 옮길 필요가 있겠다.

51) 최선우(2017). 경호학. 박영사, 58-61.

52) 양재열(2012). 경호학 원론. 박영사, 62-64.

제 2 장

경호환경과 위해요소

제 2 장

경호환경과 위해요소

제 1 절 테러리즘

1. 테러리즘이란?

테러리즘의 개념 또는 정의를 내림에 있어서 많은 연구자들이 '테러'와 '테러리즘'을 구분하여 설명하고 있다. 일부에서는 유사한 정의를 제시하고 있지만, 이 서적에서는 슈미트와 용만(Schmid & Jongman, 1988)의 심리적 접근방법을 따르기로 하였다. 그들에 따르면 '테러'란 인간 또는 자연에 의한 재난 · 재해[1] 및 사건 등으로 인하여 발생하는 극도로 불안한 심리적 상태(state of mind)를 말하며, '테러리즘'은 특정 목적 달성을 위하여 무자비하게 자행되는 폭력적 행위를 일컫는 것[2]이라고 하였다. 따라서 테러가 테러리즘의 주요한 구성 요소 중의 하나이긴 하지만 이를 혼용해서 사용할 필요는 없다고 하겠다.[3]

자가(Jaggar, 2005)는 테러리즘을 정의할 경우에 다음과 같은 기준이 필요하다고 주장하였는데, 그 이유는 각각의 행위 유형에 조금씩 차이가 나타나기 때문이라고 하였다. 이를 역설적으로 해석한다면, 그만큼 테러리즘의 정의가 일반화되지 않고 있음을

1) 재난은「재난 및 안전관리 기본법」제3조의 1, 재해는「자연재해대책법」제2조의 1에서 정의하고 있다.
2) Schmid, A. P., & Jongman, A. J.(1988). Political Terrorism: A New Guide to Actors, Authors, Concepts, Data Bases.
3) 최진태(2006). 테러리즘의 이론과 실제. 대영문화사, 17-24.

반증하는 것이기도 하다. 20세기 말기 테러리즘에 대한 정의가 각 국가 또는 국제기구 및 학자들에 의하여 100개 이상 사용되었다.

〈표 2-1〉 테러리즘 정의의 기준[4)]

기준	내 용
보수주의 (Conservatism)	타당하고 합리적인 근거를 제시한다.
일관성과 비임의성 (Consistency & Non-arbitrariness)	수정이 필요할지라도 기존의 의미를 완전히 변화시키지 말아야 한다.
정밀성 (Precision)	포괄적인 해석 또는 정의보다는 현상을 기반으로 가능하면 엄격히 구분하는 것이 바람직하다.
공정성 (Impartiality)	도덕적 또는 정치적 접근에 있어서 편향을 배제하여야 한다.

1985년 테러분야 전문가 200명을 대상으로 실시한 연구조사에서는 혼재되어 있던 정의 가운데 109항목을 추려서 테러리즘을 적합하게 설명하고 있다고 판단되는 단어를 복수로 선택하도록 하였다. 조사 결과는 테러리즘의 정의에 한 발 더 다가서도록 해준 것이었다.[5)] 그 결과를 높은 빈도부터 나열하면 〈표 2-2〉와 같다.

4) Jaggar, A. M.(2005). What is terrorism, why is it wrong, and could it ever be morally permissible? Journal of Social Philosophy. 36(2).

5) Jongman, A. J.(2017). Political terrorism: A new guide to actors, authors, concepts, data bases, theories, and literature. Routledge, 5-6.

〈표 2-2〉 테러리즘을 대변할 수 있는 단어 또는 용어의 빈도 순위

순위	용어	빈도(%)
1	폭력, 물리력	83.5
2	정치적	65.0
3	공포, 테러 강조	51.0
4	위협	47.0
5	심리적 효과, 예상된 반응	41.5
6	피해자-공격대상 분화	37.5
7	목적적 · 계획적 · 체계적 · 조직적 행동	32.0
8	전투방법, 전략, 전술	30.5
9	승인 또는 인도적 제약 없는 규칙들	30.0
10	강압에 의한 강요, 강탈, 유도	28.0
11	언론(매스컴)에 대한 관심	21.5
12	비인격적이며 임의성, 무차별적 특성	21.0
13	민간인, 비전투원, 중립적, 연관성 없는 외부인의 희생	17.5
14	협박	17.0
15	희생자에 대한 무책임	15.5
16	공격자 집단, 활동, 조직	14.0
17	상징성, 타인에 대한 입증	13.5
18	폭력 발생의 산정 또는 예측이 불가능	9.0
19	비공개적이며 은밀함	9.0
20	연쇄적 또는 조직적 폭력의 반복	7.0
21	범죄자	6.0
22	제3자의 개입	4.0

출처 : Jongman, A. J.(2017). 재구성

가장 높은 빈도는 폭력과 물리력으로서 거의 모든 테러리즘에서 폭력적 수단이 동원된다는 의미라고 하겠다. 다음으로는 정치적 목적 달성이 테러리즘의 중요한 목표라고 인식한다는 것이다. 테러리즘의 효과로는 공포감의 조성을 들 수 있으며, 매우 위협적이다. 이를 통하여 일반 시민에 대한 심리적 효과를 노리는 것이라고 할 수 있다.

희생자와 공격대상을 분리한다는 것은 무고한 시민을 희생시킨다는 점에서 모순적이기도 하지만, 그들의 목표달성을 위한 불가피한 행동이라는 점을 강조하는 것이다. 실행을 위해서는 고도의 전략과 전술의 바탕 위에서 체계적이고 조직적으로 움직인다는 것을 뜻하며, 세계의 일반적이며 통용되는 규칙이 아니라 인도적인 사항을 벗어난 독단적인 규칙들을 정한다. 그러면서도 언론(매스컴)에 대한 관심을 유도하고자 한다. 이외에도 언급되는 내용들이 오늘날 테러리즘의 정의에서 국제적 기준점이 되고 있음을 다음과 같은 세계 각국 기관들의 정의 내용을 보면 알 수 있다.

1994년 12월 9일에 채택된 유엔총회 결의안에서는 테러리즘을 다음과 같이 정의하였다.

Criminal acts intended or calculated to provoke a state of terror in the general public, a group of persons or particular persons for political purposes are in any circumstance unjustifiable, whatever the considerations of a political, philosophical, ideological, racial, ethnic, religious or any other nature that may be invoked to justify them.

정치적 목적을 위해 일반 대중, 개인 집단 또는 특정 개인에게 테러 상태를 유발하기 위해 의도되거나 계산된 범죄 행위는 정치적, 철학적, 이념적, 인종적, 민족적, 종교적 또는 그들을 정당화하기 위해 사용될 수 있는 다른 어떤 성격의 고려사항과 상관없이 어떠한 경우에도 정당화될 수 없다.

1994년 이집트 카이로에서 아랍 내무부 장관 협의회 및 아랍 법무부 장관 협의회에 의해 채택된 테러 억제를 위한 아랍 협약에서는 다음과 같이 정의하였다.

Any act or threat of violence, whatever its motives or purposes, that occurs in the advancement of an individual or collective criminal agenda and seeking to sow panic among people, causing fear by harming them, or placing their lives, liberty or security in danger, or seeking to cause damage to the environment or to public or private installations or property or to occupying or seizing them, or seeking to jeopardize national resources.

'테러리즘'이란 개인 또는 집단 범죄 의제의 진전 및 사람들 사이에 패닉을 전파하고, 그들에게 해를 끼치거나, 그들의 생명, 자유 또는 안전을 위험에 처하게 하거나, 환경 또는 공공 또는 민간 시설에 피해를 입히려고 하는 모든 폭력행위 또는 위협 또는 재산의 점유 또는 압류, 또는 국가 자원을 위태롭게 하려는 것을 말한다.

미국 국무부의 행정명령(U.S. Department of State, Executive Order 13224)에는 다음과 같이 정의하여 대테러리즘 업무의 기반으로 삼고 있다.

Terrorrism is defined to be an activity that (1) involves a violent act or an act dangerous to human life, property, or infrastructure; and (2) appears to be intended to intimidate or coerce a civilian population; to influence the policy of a government by intimidation or coercion; or to affect the conduct of a government by mass destruction, assassination, kidnapping, or hostage-taking.

'테러리즘'이란 (1) 폭력행위 또는 인간의 생명, 재산 또는 기반시설에 위험한 행위를 수반하는 행위를 하거나, (2) 민간인을 위협하거나 강제하기 위한 것으로 보이는 행위를 하거나; 협박이나 강요에 의해 정부의 정책에 영향을 미치는 것을 말하며; 대량 파괴, 암살, 납치 또는 인질극을 통해 정부의 행동에 영향을 미치는 것을 말한다.

UN 안전보장이사회 결의 1566호(2004)는 다음과 같이 테러리즘을 정의하고 있다.

> Criminal acts, including against civilians, committed with the intent to cause death or serious bodily injury, or taking of hostages, with the purpose to provoke a state of terror in the general public or in a group of persons or particular persons, intimidate a population or compel a government or an international organization to do or to abstain from doing any act.

> '테러리즘'이란 일반 대중이나 개인 또는 특정인의 집단에 대하여 공포 상태를 유발하고, 국민을 위협하거나 정부 또는 국제기구에 어떠한 행동을 하도록 하거나 기권하도록 강요할 목적으로 민간인을 상대로 한 범죄행위, 사망 또는 심각한 신체 상해를 입힐 목적으로 저질러지거나 인질을 잡는 행위 등을 포함한다.

2005년, 유엔 패널은 다음과 같이 테러리즘을 정의하였다.

> 'Terrorism' is described as any act "intended to cause death or serious bodily harm to civilians or non-combatants with the purpose of intimidating a population or compelling a government or an international organization to do or abstain from doing any act."

> '테러리즘'은 "시민을 위협하거나 정부나 국제기구가 어떠한 행동을 하거나 기권하도록 강요하기 위한 목적으로 민간인과 비전투원들에게 사망 또는 심각한 신체적 해를 입히기 위한 의도"라고 하였다.

2002년, 유럽연합은 테러리즘 퇴치 기본 결정 제1조에서 다음과 같이 정의하였다. 이는 테러범들이 시민 개인과 그들 재산에 대한 심각한 범죄로써 인식되어야 한다는 것이다.

Seriously intimidating a population; or unduly compelling a Government or international organization to perform or abstain from performing any act; or seriously destabilizing or destroying the fundamental political, constitutional, economic or social structures of a country or an international organization.

'테러리즘'이란 국민을 심각하게 위협하거나 정부나 국제기구가 어떠한 행위를 수행하거나 기권하도록 과도하게 강요하거나 국가나 국제기구의 근본적인 정치, 헌법, 경제 또는 사회구조를 심각하게 불안정하게 하거나 파괴하는 행위를 말한다.

2000년, 영국의 대테러법은 테러리즘을 다음과 같이 정의하였다.

Terrorism to include an act "designed seriously to interfere with or seriously to disrupt an electronic system". An act of violence is not even necessary under this definition.

'테러리즘'은 전자 시스템을 방해하거나 심각하게 교란할 수 있는 "진지하게 계획된" 행위를 포함한다. 폭력행위는 굳이 정의 내릴 필요조차 없다.

미국 연방 형법 제18조(제113장 제2331절)는 테러리즘 범죄를 다음과 같이 제시하였다.

> Terrorism is defined as : "… activities that involve violent… or life-threatening acts… that are a violation of the criminal laws of the United States or of any State and… appear to be intended
>
> (i) to intimidate or coerce a civilian population;
> (ii) to influence the policy of a government by intimidation or coercion;
> (iii) to affect the conduct of a government by mass destruction, assassination, or kidnapping; and… (C) occur primarily within the territorial jurisdiction of the United States…"

> '테러리즘'은 폭력적이거나 생명을 위협하는 행위로서 미국 또는 어느 주의 형법을 위반하는 행위이며 이는 의도된 것으로 보이는 행위이다.
>
> (i) 민간인을 위협하거나 강요하는 행위
> (ii) 협박 또는 강요에 의해 정부의 정책에 영향을 미치는 것
> (iii) 대량살상, 암살, 납치 등으로 정부의 행동에 영향을 미치는 것을 말하며 주로 미국의 영토 관할 내에서 발생한다.

미국 애국법(U.S. Patriot Act of 2001)에는 테러리스트의 활동이 다음과 같음을 나타내었다.

▷ threatening, conspiring or attempting to hijack airplanes, boats, buses or other vehicles. ▷ threatening, conspiring or attempting to commit acts of violence on any "protected" persons, such as government officials
▷ any crime committed with "the use of any weapon or dangerous device," when the intent of the crime is determined to be the endangerment of public safety or substantial property damage rather than for mere personal monetary gain

▷ 비행기, 보트, 버스 또는 다른 차량을 위협하거나, 음모를 꾸미거나, 납치하려고 시도하는 것 ▷ 정부 관리와 같은 "보호된" 사람에게 위협, 음모 또는 폭력행위를 저지르려고 시도하는 것 ▷ 무기 또는 위험한 장치의 사용으로 행해지는 모든 범죄로서 단순히 개인적인 금전적 이득을 위해서라기보다는 범죄의 의도가 공공 안전의 위험 또는 상당한 재산상의 손해로 결정되는 경우를 말한다.

미국 연방수사기관(U.S. Federal Bureau of Investigation, FBI)에서는 다음과 같이 정의하고 있다.

The unlawful use of force or violence against persons or property to intimidate or coerce a Government, the civilian population, or any segment thereof, in furtherance of political or social objectives.

'테러리즘'이란 정치적 또는 사회적 목적을 달성하기 위해 정부, 민간인 또는 그 일부를 위협하거나 강요하기 위해 개인 또는 재산에 대한 불법적인 무력 또는 폭력을 행사하는 것을 말한다.

미국 국방부(U.S. Department of Defense)의 군사용어 사전에서는 다음과 같이 정의하고 있다.

> Terrorism is defined as the calculated use of unlawful violence or threat of unlawful violence to inculcate fear; intended to coerce or to intimidate governments or societies in the pursuit of goals that are generally political, religious, or ideological.

> '테러리즘'이란 공포심을 조장하기 위해 불법 폭력이나 불법 폭력 위협을 계획적으로 사용하는 것으로서 일반적으로 정치적, 종교적 또는 이념적인 목표를 추구하기 위해 정부나 사회를 강요하거나 위협하기 위한 의도를 가지고 있다.

우리나라의 「국민보호와 공공안전을 위한 테러방지법」(이하 '테러방지법')에서는 제2조 정의에서 테러, 테러단체, 테러위험인물, 외국인테러전투원, 테러자금 등에 관하여 상세히 기술하고 있다.

> 1. '테러'란 국가 · 지방자치단체 또는 외국 정부(외국 지방자치단체와 조약 또는 그 밖의 국제적인 협약에 따라 설립된 국제기구를 포함한다)의 권한행사를 방해하거나 의무 없는 일을 하게 할 목적 또는 공중을 협박할 목적으로 하는 다음 각 목의 행위를 말한다.
>
> 가. 사람을 살해하거나 사람의 신체를 상해하여 생명에 대한 위험을 발생하게 하는 행위 또는 사람을 체포 · 감금 · 약취 · 유인하거나 인질로 삼는 행위
>
> 나. 항공기(「항공안전법」 제2조 제1호의 항공기를 말한다. 이하 이 목에서 같다)와 관련된 다음 각각의 어느 하나에 해당하는 행위
>
> 다. 선박(「선박 및 해상구조물에 대한 위해행위의 처벌 등에 관한 법률」 제2조 제1호 본문의 선박을 말한다. 이하 이 목에서 같다) 또는 해상구조물(같은 법 제2조 제5호의 해상구조물을 말한다. 이하 이 목에서 같다)과 관련된 다음 각각의 어느 하나에 해당하는 행위
>
> 라. 사망 · 중상해 또는 중대한 물적 손상을 유발하도록 제작되거나 그러한 위력을 가진 생화학 · 폭발성 · 소이성(燒夷性) 무기나 장치를 다음 각각의 어느 하나에 해당하는 차량

또는 시설에 배치하거나 폭발시키거나 그 밖의 방법으로 이를 사용하는 행위

마. 핵물질(「원자력시설 등의 방호 및 방사능 방재 대책법」 제2조 제1호의 핵물질을 말한다. 이하 이 목에서 같다), 방사성물질(「원자력안전법」 제2조 제5호의 방사성물질을 말한다. 이하 이 목에서 같다) 또는 원자력시설(「원자력시설 등의 방호 및 방사능 방재 대책법」 제2조 제2호의 원자력시설을 말한다. 이하 이 목에서 같다)과 관련된 다음 각각의 어느 하나에 해당하는 행위

2. '테러단체'란 국제연합(UN)이 지정한 테러단체를 말한다.
3. '테러위험인물'이란 테러단체의 조직원이거나 테러단체 선전, 테러자금 모금 · 기부, 그 밖에 테러 예비 · 음모 · 선전 · 선동을 하였거나 하였다고 의심할 상당한 이유가 있는 사람을 말한다.
4. '외국인테러전투원'이란 테러를 실행 · 계획 · 준비하거나 테러에 참가할 목적으로 국적국이 아닌 국가의 테러단체에 가입하거나 가입하기 위하여 이동 또는 이동을 시도하는 내국인 · 외국인을 말한다.
5. '테러자금'이란 「공중 등 협박목적 및 대량살상무기확산을 위한 자금조달행위의 금지에 관한 법률」 제2조 제1호에 따른 공중 등 협박목적을 위한 자금을 말한다.
6. '대테러활동'이란 제1호의 테러 관련 정보의 수집, 테러위험인물의 관리, 테러에 이용될 수 있는 위험물질 등 테러수단의 안전관리, 인원 · 시설 · 장비의 보호, 국제행사의 안전확보, 테러위협에의 대응 및 무력진압 등 테러 예방과 대응에 관한 제반 활동을 말한다.
7. '관계기관'이란 대테러활동을 수행하는 국가기관, 지방자치단체, 그 밖에 대통령령으로 정하는 기관을 말한다.
8. '대테러조사'란 대테러활동에 필요한 정보나 자료를 수집하기 위하여 현장조사 · 문서열람 · 시료채취 등을 하거나 조사대상자에게 자료제출 및 진술을 요구하는 활동을 말한다.

이상에서 살펴본 바에 따라 테러리즘의 정의를 분석하여 요약해 보면 다음과 같은 내용이 주를 이루는 것을 알 수 있다.

첫째, 공포심을 조장한다.

둘째, 불법적이고 잔혹한 폭력행위 또는 위협이 수반된다.

셋째, 정부 또는 사회(민간 단체)로 하여금 어떠한 행동(정책의 변경)을 하도록 강요한다.

넷째, 무고한 일반 시민의 희생이 뒤따른다.

과거의 테러리즘 정의에서는 정치적, 경제적, 민족적 및 종교적 등의 목적성을 중요하게 다루어 왔으나,[6] 오늘날에는 테러리즘 근절의 일환으로써 목적성을 배제하는 입장이 강하다. 마이크 저먼은 그의 저서 『테러리스트처럼 생각하라』(2008)에서 "테러리스트는 법보다 강하지 않다. 따라서 정상적인 국가는 그저 자국의 법을 준수하면 된다. 테러리스트 자신들이 이를 약점으로 잘 알고 있다."고 주장하면서, 그러나 각 국가는 그들을 정치범 또는 종교범 등으로 과대평가하여, 그들의 약점을 감추고 강점을 키우는 방향으로 가고 있다고 경고하였다.[7]

2. 뉴테러리즘

'뉴테러리즘(New Terrorism)'이란 기존의 전통적인 테러수법이나 양상 또는 피해 규모 측면에서 큰 차이를 나타내는 것으로서, 랜드연구소는 1999년 미 국방부 등의 후원 아래 저술된 서적을 통하여 처음 소개하였다.[8] 이전에는 테러리즘을 실행하기 전이나 후에 행동의 주체를 밝히거나 암시함으로써 자신들의 목적과 목표를 명백히 하고, 그 조직의 지도자가 행동조직의 구성에서부터 작전계획과 실행명령까지 모든 것을 주도하였다. 따라서 테러조직의 색출이나 테러범의 체포 등 대테러 작전을 수행하는 데 비교적 용이하였다.[9]

이와는 다르게 뉴테러리즘은 그 조직과 지도자가 상징적으로 존재하고 동기 실질적인 행위자, 후원자 등에서 점조직 형태로 분화되면서, 이들의 연결은 사이버상의 은밀한 네트워크로 작동되어 상황 발생 시 대상을 특정하기가 매우 어렵다. 정보통신기술

6) 최진태(2006). 테러리즘의 이론과 실제. 대영문화사.
7) 정주섭 역(2008). 테러리스트처럼 생각하라. 한경사.
8) Lesser, I., Arquilla, J., Hoffman, B., Ronfeldt, D. F., & Zanini, M.(1999). Countering the new terrorism. RAND corporation.
9) 권순구(2018). 한국 대테러학. 법문사.

은 테러리스트들에게 유례없는 기회를 제공하고, 무고한 시민이 밀집된 장소에 대한 대량살상 공격은 매우 치명적이다.[10] 신중하게 선택된 목표물이 세계적으로 주목을 받게 되고 시민의 일상을 붕괴시키며 전 세계적인 긴장을 불러일으킨다.[11] 최근의 대표적 예는 2001년 2,977명의 희생자가 발생한 미국 세계무역센터(WTC)를 대상으로 자행된 9 · 11테러와 1998년 8월 7일 224명의 사망자가 발생한 케냐와 탄자니아의 미국대사관 동시 폭발사건이다. 다음의 비교를 통하여 기존의 테러리즘과 뉴테러리즘을 비교해 보겠다.

〈표 2-3〉 고전적 테러리즘(Old Terrorism)과 뉴테러리즘(New Terrorism) 비교[12]

구 분	Old Terrorism	New Terrorism
목표 및 이념	독립국가 건설, 제국주의 타도 등 구체적인 목표와 이념을 제시하고 자신들의 조직을 공개하고 요구조건을 명백히 밝힘	서방에 대한 반감, 신식민주의 반대, 이스라엘의 몰락 등 다소 추상적인 목표와 이념을 가지고 정체를 숨기고 요구조건이 불분명
조직체계	카리스마 넘치는 지도자를 중심으로 수직적 조직체계	첨단 네트워크를 통한 거점의 다원화 및 그물망 세포조직 확산
수단	폭발물, 총기류	비행기, 주유소, 자동차, 트럭, 컴퓨터 소프트웨어 등 일상생활 주변의 도구 활용
피해규모	요인 암살, 납치, 건물의 점거 등 제한적 대상 또는 공간에 대한 공격	다중 밀집 공공시설물을 대상으로 전쟁 수준의 무차별 공격을 통한 극단적 대량살상
심리적 효과	사건 현장의 협상 또는 진압 특공대 투입	공격의 실시간 미디어 노출로 공포의 극대화 및 국가적 재난 수준으로 정치적 부담 생성

이상에서 살펴본 바와 같이 뉴테러리즘은 전통적인 테러리즘 방식과는 확연히 구분되는 차이점을 가지고 있다. 이러한 테러리즘의 원인은 크게 네 가지를 들 수 있다. 첫째, 사회적 소외자들을 대변한다고 여기는 근본주의(Fundamentalism) 또는 원리주의

10) Ian O. Lesser(1999). Countering the new terrorism. RAND corporation.
11) 김계동, 김석우, 이상현, 장노순, 전봉근 역(2011). 테러리즘(개념과 쟁점). 명인문화사.
12) 이인태(2016). 끝없는 테러공격. 책과나무.

신념이다. 특히 이슬람 근본주의는 서구 문화의 유입에 따른 근대화와 세속화를 거부하고 순수하고 이상적인 이슬람 사회를 재건하고자 한다.[13] 둘째, 보편적 도덕과 윤리의 기준이 모호하거나 이를 부정하고 이의 판단조차 거부하는 문화상대주의(Cultural Relativism)를 배격하고 격렬한 저항 행동을 통하여 인간의 가치를 세우고자 하는 반문화상대주의(Counter-cultural Relativism) 현상의 확산이다.[14] 셋째, 신-러다이즘(Neo-Luddism)으로 반자유주의적 본능에 따라 행동하며 과학과 기술을 부정하고 무정부주의를 지향하며 국가 또는 과학기술을 공격한다. 대표적으로 무정부-원시주의자들(anarcho-primitivists), 문화-파괴자들(cultural-saboteurs), 사이버펑크 문화(cyberpunk culture), 해커 등이 있다.[15] 넷째, 자신이 속한 지역사회에 오랫동안 거주하였음에도 자신의 신념과 종교 등의 이유로 자신의 이웃을 공격하는 자생테러리즘도 뉴테러리즘의 원인으로 지적되고 있다.[16]

3. 자생테러리즘

Precht(2007)는 덴마크 법무부에서 실시한 과제 수행에서 유럽에서의 이슬람주의 급진화와 자생테러리즘과의 연관성에 관한 연구를 통하여 급진화 과정을 〈표 2-4〉와 같이 네 단계로 설명하였다.

13) 조성택, 김석주(2019). '이슬람 근본주의'의 변화와 지하디스트 테러리즘에 관한 연구. 한국테러학회.
14) 유명기(1993). 문화상대주의와 반문화상대주의. 비교문화연구.
15) Kryszczuk, M., & Wenzel, M.(2017). Neo-Luddism: Contemporary work and beyond. Przegląd Socjologiczny, 66(4), 45-65.
16) 권순구(2018). 한국 대테러학. 법문사.

〈표 2-4〉 급진화 과정 이론

단계		내용	회합 장소
제1단계	초기 급진화 단계 (Pre-Radicalization)	정체성 위기, 차별 또는 소외의 경험, 부당한 대우, 불우한 생활환경, 가족 또는 이웃과의 불화, 개인적 트라우마	모스크, 인터넷, 학교, 청소년 클럽, 교도소, 스포츠 활동, 가족, 친구
제2단계	개종과 급진화에 대한 변환단계 (Conversion & Identification)	기존 종교에 대한 정체성 부족, 급진 이슬람에 대한 긍정적 이해, 지하드의 찬양, 무슬림 세계에 대한 정책의 반감	위와 같음
제3단계	확신과 세뇌단계 (Conviction & Indoctrination)	기존 생활로부터의 고립, 훈련, 외국여행, 캠프 방문, 훈련 참가	개인 가정, 한적한 시골, 탐지가 어려운 장소
제4단계	실행단계 (Action)	준비, 계획, 실행, 재강화(여행, 재결합, 훈련)	위와 같음

출처 : Precht(2007). 재구성

초기 급진화 단계는 Precht(2007)가 주장하는 배경요인으로서 자생테러리즘을 실행하기 위한 가장 중요한 출발점으로 지적하고 있으며, 〈표 2-5〉와 같은 심리적 촉발요인에 의하여 기회요인을 가지게 됨으로써 마지막 실행단계로 옮기게 된다는 것이다. 즉, 인종차별 또는 소외의 경험이나 부당한 대우를 당하게 되면 정체성 위기를 겪게 되고, 생활환경의 어려움이나 가족 또는 이웃 간의 불화, 개인적으로 발생한 트라우마 등에 의하여 기존의 가치관에 변화가 발생하면서 공격적 이념의 주입과 같은 촉발요인이 생기게 되고 이러한 변화에 대한 기회가 주어지게 되면 결국 테러리즘이 구체적인 단계로 발전이 이루어진다고 하는 것이다.[17]

17) 정주호, 조윤오(2017). 문화적응 스트레스, 사회적 지지, Precht의 초기-급진화 인식이 테러리즘 비호감성에 미치는 영향 : 국내 외국인 대학생을 중심으로. 한국경찰학회, 19(4).

〈표 2-5〉 급진화 과정에 영향을 미치는 동기적 요인

categories	motivational factors
배경요인 Background factors	• 무슬림으로서의 정체성 위기 • 개인적 트라우마 • 차별의 경험과 상대적 박탈감 • 생활환경과 동료 • 소외와 부정의에 대한 인식 • 이슬람 테러리즘에 대한 비판의 부재(무슬림들 사이에서)
촉발 요인 Trigger factors	• 서방의 대외정책과 단일한 자극적 사건들 • 지하드 신화에 대한 동경과 행동에 대한 욕구 • 카리스마 있는 지도자나 정신적 조언자의 존재
기회요인 Opportunity factors (만남의 기회)	• 이슬람 사원 • 인터넷과 위성방송 채널 • 고등학교, 대학, 청소년 클럽, 일터 • 교도소 • 스포츠 활동 • 카페, 바, 서점

출처 : Precht(2007). 재구성

자생테러리즘은 소속, 정체성, 집단 역학, 가치 등의 문제가 급진화 과정에서 자연스럽게 이어지는 사회학적 현상으로 볼 수 있다. 종교는 기본적으로 중요한 역할을 하지만, 급진화 과정에 있는 사람들에게는 그들의 목표를 성취하는 매개체 역할을 한다. 자생테러리즘의 공통분모는 그들이 인생의 갈림길에 서 있고 대의명분을 원한다는 것이다.[18]

4. 북한의 대남도발

북한의 조선말대사전(2017)은 그들의 '전략'에 대해 "혁명의 기본임무를 실현하기 위하여 해당 혁명단계에서 전 기간에 견지되는 당의 일반적인 투쟁강령과 기본노선을 말한다. 여기에는 해당 혁명에서 도달하여야 할 목표와 주 타격 방향, 혁명력량 편성과

18) Precht, T.(2007). Home grown terrorism and Islamist radicalisation in Europe. Retrieved on, 11.

투쟁의 기본방도가 포함된다"라고 규정하고 있다.[19] 북한 '혁명전략'은 '국가전략'의 하위전략이라고 보는 견해가 있으나,[20] 다른 한편으로 "국가전략과 혁명전략을 동일한 개념으로 이해하거나 오히려 국가전략이 혁명전략의 범주 내에 포함되는 하위전략"이라 주장하는 측면이 있다.[21] 북한에서 혁명전략을 국가전략보다 상위개념으로 보는 것은 공산주의 국가들이 혁명을 국가보다 우선시하는 인식에서 비롯된 것이라고 본다.[22]

북한 '정치사전'(1973)을 보면, "국가는 지배계급이 다른 계급의 반항을 진압하고 정치적 지배를 유지하며 이를 공고화하기 위하여 만들어 놓은 정치권력기관이다"라고 하여 국가는 지배계급의 체제를 공고화하는 도구 정도로 인식하고 있다. 1960년에 북한 김일성은 "국가는 계급투쟁의 무기, 사회주의 공산주의 건설의 무기"라고 하면서 국가가 공산주의 혁명을 위한 수단이라고 밝히고 있다. 이런 점에서 그들이 말하는 '혁명전략'은 '국가전략'의 상위개념으로서 북한에서 추진하는 모든 전략과 정책을 결정하는 주체는 노동당이므로 국가전략은 노동당의 전략인 동시에 혁명전략이라고 할 수 있다.[23]

우리나라에서 볼 때 북한의 '대남혁명전략'은 북한 용어로 '남조선혁명전략'을 말하는 것으로서 북한의 '정치사전'과 '조선말대사전' 등에 따르면 "남한의 공산화를 목표로 혁명의 전 기간에 견지하는 노선이며, 노동당의 일반적인 투쟁강령과 기본방침"이라고 할 수 있다. 또한 '조선로동당규약'에 "조선로동당의 최종목적은 한반도 전체의 공산주의사회 건설"이라고 규정하고 있으므로, 북한의 '대남혁명전략'이란 '한반도 적화통일을 위한 조선노동당의 장기적 최종적 계획'이라고 하겠다.[24]

이를 위한 전술적 방법은 남조선혁명을 유도하여 출현한 남한의 연공(聯共)정부와 연합하여 연방제 통일국가를 완성하거나, 전쟁에 의한 무력통일의 시도를 언제든지 감

---

19) 이해룡, 정주호(2022). 최근 북한 노동당규약 개정에 따른 대남혁명전략 변화 가능성에 관한 연구. 한국치안행정논집, 19(2).

20) 세종연구소 북한연구센터(2003). 북한의 국가전략. 한울아카데미.

21) 김동식(2015). 북한 대남전략의 실체. 기파랑.

22) 이해룡, 정주호(2022). 전게서.

23) 김동식(2015). 전게서.

24) 이해룡, 정주호(2022). 전게서.

행한다는 것이다. 즉, 북한의 대내외 여건에 따라 언제든지 전략적 목표를 위하여 전술적 변화를 구사하면서 실천하고 있는 것이 바로 남조선통일전술이며, 이는 무력통일, 지하당 구축, 통일전선 형성, 선전 및 선동 심리전, 사이버 공작 등 수단과 방법을 가리지 않고 있다.[25]

북한은 1956년 제3차 당대회에서 조선노동당의 당면목적으로 '반제반봉건민주혁명'을 제시한 이래 명칭과 성격 면에서 다소 수정을 거듭하였으나, 이는 대한민국 국민의 시각을 위장하기 위한 전술의 하나로서 그 근본적인 내용은 변하지 않고 있다. 특히 김정일이 김일성의 후계자로 공식화된 1980년 제6차 당대회에서는 당의 지도이념을 주체사상으로 정하고, 맑스-레닌주의의 혁명적 원칙을 고수하는 동시에 수정주의를 배격한다는 내용의 당규를 포함시켰다. 그러면서 '전국적 범위에서의 민족해방 인민민주주의 사회주의 완전승리라는 당면목표와 온 사회 주체사상화 및 공산주의 건설'이라는 최종목표를 채택하였다.[26]

〈표 2-6〉 북한의 당규에 포함된 대남혁명전략 중심 내용

연도	대회명	당규 내용
1956	제3차 당대회	조선로동당 당면목적 '반제반봉건민주혁명' 제시
1970	제5차 당대회	맑스-레닌주의와 함께 주체사상을 당의 지도이념으로 추가
1980	제6차 당대회	당의 지도사상으로 주체사상을 존치 맑스-레닌주의의 혁명적 원칙 고수하고 수정주의를 배격 당면목표 : 전국적 범위에서 민족해방 인민민주주의 사회주의 완전승리 최종목표 : 온 사회 주체사상화 및 공산주의 건설
2010	제3차 당대표자대회	당면목적 : 공화국 북반부에서 사회주의 강성대국 건설, 전국적 범위에서 민족해방 민주주의 혁명과업 수행 최종목적 : 온 사회를 주체사상화하여 인민대중의 자주성을 완전히 실현
2012	제4차 당대표자회의	당면목적 : 제3차 당대표자회의와 동일 온 사회를 김일성 · 김정일주의화하여 인민대중의 자주화를 실현 ※ 김정은 지위 : 조선로동당 제1비서(최고인민회의 제5차 회의에서)

25) 유성옥(2020). 북한 대남통일전략의 추진구도와 전개양상. 전략연구. 27(3), 7-50.
26) 통일부 자료. 북한의 역대 당대회. 2022.10.14. 검색.

2016	제7차 당대회	– 조선로동당을 '김일성–김정일주의당'으로 선언 통일의 '자주성'과 '연방제' 강조 ※ 김정은 지위 : 조선로동당 위원장(헌법 개정을 통하여 김일성과 함께 '영원한 수령'으로 변경)
2021	제8차 당대회	당규약으로 '인민대중제일주의 정치' 성문화 ※ 김정은 지위 : 조선로동당 총비서

그러나 2010년 제3차 당대표자대회에서는 '조선로동당'의 당면목적을 "공화국 북반부에서 사회주의 강성대국을 건설하고, 전국적 범위에서 민족해방 민주주의 혁명과업을 수행하는 데 있다"라고 하며, 최종목적은 "온 사회를 주체사상화하여 인민대중의 자주성을 완전히 실현하는 데 있다"라고 하였다. 제6차 당대회에서 '온 사회의 공산주의사회 건설'이 삭제되었거나, 2009년 제12기 최고인민회의 사회주의 헌법 수정에서 '공산주의'라는 표현이 삭제되었다는 것은 마치 공산혁명 즉, 적화통일을 포기하였다는 착각을 불러일으키게 하는 고도의 전술적 책략에 불과하다.

5. 테러리즘에 대한 경호대응

경호조직 규모의 특성에 따라, 경호기관이 테러첩보 및 정보까지 직접 수집하기에는 역부족일 수밖에 없다. 따라서 정보전문기관을 중심으로 국제적 공조와 국내 관련 기관과의 긴밀한 협력체계 구축과 이의 활용이 중요하다. 2015년 4월 22일, 일본 도쿄 치요다구의 총리관저 옥상에서 방사성 물질이 담긴 페트병을 부착한 드론이 발견되었다. 2018년 8월 4일, 베네수엘라의 수도 카라카스에서 개최된 국가방위군 창설행사에서 C4 계열의 폭발물을 탑재한 2대의 드론 공격으로 니콜라스 마두로 대통령은 경호원에 의하여 긴급 대피되었지만, 국가방위군 7명이 부상하였다.[27] 이처럼 테러수법에 방사능 물질 등을 활용한 지능적 범행이 자행되는 상황임을 매우 중차대하게 받아들이고 경호정보의 수집에 심혈을 기울여야겠다.

27) 박중형 외(2018). 드론이용 테러위협 실체 및 대응강화 방안. 한국대테러정책학회지. 6, 147-164.

다행히도 최근 정부는 국무총리 주재 '국가테러대책위원회'를 개최하고 대테러정책 추진방향을 '철저한 사전 예방 및 대응전략 고도화'로 정하고, 이를 달성하기 위하여 체계적 예방활동을 전개하고, 테러 대응역량을 구축하며, 대테러정책 발전 전략을 수립한다는 데 의견을 모았다.

또한, 관계기관과 합동으로 국가중요시설, 다중이용시설 등 테러취약시설에 대한 현장 점검을 실시하고 이에 따라 나타난 미비점을 개선하였다. 이와 함께 최근 이슈화되고 있는 '드론 테러 T/F팀'을 구성하여 법령을 정비하는 등의 종합계획을 수립하였다. 특히 '테러정보통합센터'는 세계 정상들이 참석하는 국제중요행사에서의 테러 위협요인 사전 제거 및 사이버 안전활동을 지원하고 해외 테러단체에 자금을 지원한 국내 외국인 체류자들에 대한 사법처리 및 이와 연계한 혐의자에 대한 강제 퇴거조치 등을 시행하고 있다.[28]

이외에도 외교부, 국방부, 행정안전부, 법무부, 국토교통부, 환경부, 해양수산부, 원자력안전위원회, 경찰청, 소방청, 해양경찰청 등 대테러 유관기관과의 실질적인 공조는 경호대응을 위한 필수적 활동이다. 최근 첨단과학과 생물공학의 접목으로 테러집단이 생물무기를 매력적인 공격수단으로 인식하고 있으므로, 전문가 풀을 최대로 활용하고, 단계적 대비태세를 통합적 시스템으로 구축하여 완비해야 한다.[29]

28) 2019년 테러정세(테러정보통합센터).
29) 이희찬(2018). 생물테러에 대한 각국의 대응방안 연구. 한국대테러정책학회지. 6, 167-181.

제2절 암살

1. 개요

암살이 테러와 다른 핵심적인 사항은 범행자 또는 단체의 목표가 무고한 시민 즉, '소프트 타깃'의 유무에 있다는 것이다. 이 연성 목표물에 대한 테러는 사회 전체에 큰 공포심을 유발하고 피해의 규모 면에서도 매우 크다고 할 수 있다.[30] 일부에서는 암살이 테러리즘의 범주에 속함을 주장하고 있으나, 범행의 대상이 구체화되어 있고, 공적인 지위에 있는 사람을 주된 대상으로 하고 있다는 점에서 구분되어야 할 것이다.

따라서 암살은 표적살인과 같은 의미로 사용되어야 하며 바로 이러한 점에서 합법성과 도덕성, 그리고 효용성이 논란의 중심이 되기도 한다. 어떤 전문가들은 그들이 처한 입장에 따라 암살 행동을 정당화하기도 한다.[31]

암살의 형태는 범행의 목적에 따라 다음과 같이 분류할 수 있다.

◇ 지극히 개인적인 이유에 따른 암살

◇ 비정상적인 정신장애자(Abnormal Mental Disorder)에 의한 암살

◇ 정치적 목적에 따른 암살

◇ 식민지배 탈피를 위한 암살

◇ 전쟁 상황 또는 이에 순한 상황의 개선을 위한 암살

현재까지 암살에 의하여 국가안보에 영향을 끼친 개략적 흐름을 보면, 정치적 혼란이 암살로 연결되는 경우가 많았고, 이러한 사건으로 말미암아 전면전으로 확대되며, 주변 국가와의 군사적 균형이 깨어졌을 때 전쟁이 발발하는 경우가 있으며 이러한 경우

---

30) 박정웅, 정주호(2022). 국내 다중이용시실의 테러예방 및 대응환경 제고에 관한 연구. 한국국가안보국민안전학회.

31) Koven, S. G., & Perez, A. F.(2022). Ethics of Targeted Killings and Assassinations. Public Integrity. 24(3), 319-328.

에는 사전에 암살이 시도되었다는 점에 주목할 필요가 있다.[32)]

위와 유사하나, 암살의 동기 측면에 따른 유형을 살펴보면 다음과 같다. 먼저 정치적 정적을 제거함으로써 권력을 장악할 목적으로 암살을 행하는 권력 장악형이 있다. 다음으로는 암살을 통하여 국가의 지도자를 제거하는 것이 우국(憂國)의 충정(衷情)이라는 사고에서 기인된 암살이다. 고대 로마시대 '아우구스투스'부터 '유스티니아누스 1세'까지(BC 27~AD 395) 공동통치를 포함한 67명의 황제 가운데 자살과 중독사를 제외하고 24명의 황제가 암살당하였다. 이마저도 절벽의 추락사, 독극물 중독사 등 석연치 않은 부분을 합치면 이보다 훨씬 많은 숫자의 황제가 암살에 의해 사망하였음을 알 수 있다.[33)] 고대 로마 황제 암살의 경우에는 권력 장악 또는 우국 충정형이 많았던 것으로 볼 수 있다.

다음으로는 종교적 신념에 의한 것으로서 '안와르 사다트 이집트 대통령' 암살과 '인디라 간디 인도 총리'의 암살이 대표적인 사례라고 할 수 있다. 이는 범행 전에 공격자 자신의 안전에 대한 염려를 하지 않고, 범행 후 체포되더라도 자신의 생명보존보다는 범행을 실행하였다는 자부심이 가득했기 때문이다. 제국주의가 팽배하였던 시기에는 식민침탈을 벗어나고자 지배국가의 지도자를 암살하려는 시도가 많았다. 이 역시 암살을 실행하기 전후에, 자신의 안위를 돌보지 않는 특성이 있으며, 이는 역사적 시점에 따라 범죄가 아니라 나라를 구하는 민족의 영웅이 되기도 한다.

1981년 3월 30일, '존 힝클리'에 의해 자행된 '레이건 전 대통령'의 저격사건은 영화배우 '조디 포스트'에게 깊은 인상을 주기 위한 개인적 동기가 정신질환과 중복되어 나타난 범행이다. 이러한 저격사건은 총기규제에 대한 이슈가 크게 부각되는 계기가 되기도 하였다. 이외에도 전쟁 또는 외교적 긴장관계에 있는 상대국의 수반을 향한 공식적 또는 비공식적 암살단의 활동도 외교적 동기에 의한 암살 형태라고 할 수 있다.

---

32) 조성구(2018). 한국의 국가안보와 대테러 전략(요인암살 사례와 경호활동의 방향). 한국경찰연구. 17(2), 251-268.

33) 나무위키. 2022.12.04. 검색.

다음은 舊소련시대에 활동하였던 KGB의 암살지령을 받들 하부조직원 선발기준의 일부로서 국가기관의 개입을 짐작케 한다. "태어나면서 불행을 안고 태어난 태생적 피해자, 타인에 대하여 힘과 영향력을 나타내고 싶지만 개인적 이유 또는 주위의 환경에 의하여 사회적 열등감에 사로잡혀 좌절 속에 빠져 있는 자들을 찾아 강력한 국가조직에 소속되어 자신이 원하는 것은 무엇이든 할 수 있다는 신념을 심어주어라!"

2. 사례 분석

먼저 시대별로 암살의 변천과정을 살펴보면, 〈표 2-7〉과 같이 대체로 4가지로 구분할 수 있겠다.

〈표 2-7〉 시대별 암살의 변천과정

구분	17세기 이전	18~19세기	20세기	21세기
암살의 유형	개인적 사유 (사적 감정에 기인)	개인적 사유 정치적 목적	식민지배 탈피 이념분쟁	정치 · 외교적 목적 전쟁의 수단 (국지전 포함)
범행 규모	단독	단독	다수	다수
범행 방법	물리적, 저돌적 공격	물리적, 저돌적, 계획적 공격	상황적응적, 계획적, 연쇄적 공격	치밀한 계획에 의한 공격
범행 무기	단도 및 흉기	단도 및 흉기	총기 또는 폭발물	첨단기술이 동원된 모든 물품
범행 장소	경호 대비가 허술한 곳	시설 침입	공개된 이동로	공개된 특정장소
경호 형태	의전적, 권위적	의전적, 실질적	의전적, 실질적	실질적

위의 사례에서 보듯이 치밀한 사전 계획과 첨단과학의 활용, 그리고 그 동기가 갈수록 복합성을 띠므로 경호환경은 갈수록 어려워지고 위험성이 증대되는 실정이다. '미국 존 F. 케네디 대통령'의 암살사건과 '로널드 레이건 대통령' 저격사건은 20세기의 대표적인 사건으로 충분한 교훈적 가치가 있다.

1) 미국, 존 F. 케네디 전 대통령의 암살사건(1963.11.22.)

존 F. 케네디 전 대통령의 암살사건은 1960년의 베트남 전쟁과 함께 워랜위원회에서 조사를 하였고, 미국 비밀경호국이 속해 있는 재무성 변호사들의 요청에 따라 관련 기록을 최소한 1세대(20~30년) 이후에 공개하겠다고 하였으나, 1966년 「정보자유법(Freedom of Information Act)」의 통과[34]에 의하여 많은 분량의 비밀경호대 관련 자료가 공개되었다.

케네디 전 대통령은 특별히 구체적인 위해 환경이 있는 경우를 제외하고는 엄격한 경호활동으로 인한 자신의 행동 제한을 원치 않는 성격이었으며, 특히 비밀경호대 자체를 무시하거나 그 활동의 실효성을 인정하지 않았다.[35] 물론 이러한 점이 경호상의 허점을 발원시킨다는 것은 어불성설(語不成說)이나, 비밀경호대 입장에서는 심리적인 위축이 불가피하게 침습(浸濕)된다고 할 것이다.

케네디 전 대통령이 방문할 텍사스의 댈러스는 정치적 상황이 비교적 심각하게 혼란하였는데, 일례로 그가 방문하기 1주일 전 애들레이 스티븐슨 UN대사가 댈러스를 방문하여 연설도중 피켓으로 후두부를 타격당하는 등의 격렬한 시위를 겪어야 했다. 이에 케네디 대통령 보좌관과 민주당 상원의원이 방문을 만류하였다. 그럼에도 불구하고 1963년 11월 22일 행사는 진행되었고, 모터케이드 대형을 일반 시민과의 접촉확대를 위한 가장 좋은 수단으로 생각한 케네디 대통령은 아이러니하게도 그 대형에서 오스왈드의 저격을 받아 운명을 달리하였다.[36]

범행자 오스왈드는 1959년 소련으로 망명하여 2년 정도를 거주하다가 다시 미국으로 돌아와 카스트로 지지모임, 사회노동자당, 시민자유조직 등 여러 개의 정치단체에 가입하여 정치 활동을 하였다. 당시 첨예한 냉전시기에서 오스왈드의 공산당 활동 여부를 알아내기 위하여 그의 부인까지 FBI가 면담조사를 하게 되자 오스왈드가 FBI 요원

---

34) 김배원(2019). 미국의 정보자유법(FOIA) 50년(1966-2016). 공법학연구. 20(1), 139-180.

35) 미 의회 상원 특별위원회의 조사 보고서.

36) Philip H. Melanson(1984). The Politics of Protection, The U.S. Secret Service in the Terrorist Age. N.Y. Praeger.

에게 경고서한을 보낸 사실이 있었다. 오늘날에도 마찬가지지만 당시에도 연방기관들은 대통령 위해와 관련있는 첩보는 그 가치의 중대성과 관련 없이 모두 비밀경호대에 통보하도록 규정되어 있었다. 그러나 FBI는 그렇게 하지 않았다. 1963년 배포된 FBI 근무수첩에 대통령과 그 가족, 부통령과 대통령 당선자에 대한 위해 첩보는 모두 절차에 따라 보고하도록 되어 있었다.

한편 댈러스 경찰국 범죄정보계(CIS)는 오스왈드가 감시대상단체 중의 하나인 공산주의 이념을 추종하는 미국시민자유연맹(ACLU)과 카스트로 쿠바지원회(FPCC)의 가입 및 우편 수취 등록을 하였다는 사실을 비밀경호대에 통보하지 않았으며, 존 버치 소사이어트(JBS)[37] 위해성을 보고하지 않았다. JBS는 케네디 대통령의 댈러스 방문 1개월 전에 모임을 가지고 "케네디 대통령을 가능한 빨리 몰아내야 하며, 11월 22일 댈러스에 도착하면 거사를 해야 한다."는 내용의 녹음자료를 확보하였음에도 경찰은 그 단체에 대한 감시강화나 비밀경호대에 대한 통보가 없었다.

이러한 여러 가지 선발경호 측면의 부실과 모터케이드 대형에서의 근접경호요원들의 신속한 대응 부재 및 현장이탈 운전 부재 등으로 인한 케네디 대통령의 암살은 사건 이후 미국뿐만 아니라 전 세계 시민들에게 충격을 주게 되었고, 이와 함께 비밀경호대의 경호기법과 장비를 개선하게 되는 획기적 계기가 되기도 하였다.

〈경호대응〉

워렌위원회 조사 결과에 따르면, 비밀경호대 근무자 중 9명이 전날 밤 맥주 등의 음주를 하였고, 9명 중 2명은 조기에 호텔로 복귀하였으나, 7명은 라이브쇼를 하는 커피하우스(술을 가지고 가서 마실 수 있는)에 가서 새벽 1시 30분에서 3시까지 머물렀고, 1명은 새벽 5시까지 있었다. 당시 비밀경호대의 근무수칙은 경호 근무 시에는 당연하고 평상시에도 엄격히 음주를 제한하고 있으며, 행사 주무지역이면 비번 때라도 즉각 소집에 응할 수 있도록 해야 하며, 만약 이를 위반할 경우에는 해고의 사유가 된다고 규정하고 있었다.

---

37) JBS(John Birch Society)는 철저한 반공주의와 극단적 자유주의를 표방하며 1958년에 창립하였다.

당시 비밀경호대장이 워랜위원회에서 증언 및 주장한 내용은 첫째, 암살과 관련하여 근무에 연관성이 없는 위치에서 근무하였다. 둘째, "이들을 징계하면 일반 시민들이 케네디 대통령의 암살사건이 고스란히 이들 및 비밀경호대의 잘못이라고 인식할 수 있다."는 사유로 징계를 하지 않았다.

그러나 워랜위원회 법무장관은 "이들 중 4명이 후미경호 무개차에 탑승하였고, 일반 군중들도 케네디 대통령을 암살하기 위한 창문의 라이플을 보았는데 경호관 중의 누구도 이를 포착하지 못했다는 것을 이해할 수 없다."라고 하였다. 사건 시각에 대통령이 탑승한 차량은 시속 약 20㎞로 서행하고 있었으며, 후미 경호차에서 저격상황을 인지하였다면 충분히 대통령 차에 뛰어 올라갈 수 있었던 속도임에도 불구하고 저격 직전 1미터 정도였던 간격이 저격 후 오히려 5~6미터 간격으로 멀어졌다. 이렇게 부정적으로 귀결되는 모든 상황은 행사 전의 음주가 중요한 원인변수로서 작용되었음을 부인할 수 없었다.

이상을 종합하여, 경호적 측면에서 바라본 여러 가지 미비점을 다음과 같이 나타낼 수 있다.

- 케네디 대통령 암살의 가장 큰 실책은 경호정보 공유의 부실이었다고 할 수 있다.
- 케네디 대통령이 경호로 인한 대통령으로서의 활동에 제한받는 것을 원치 않음으로써 경호에 대한 거부감을 가지고 있었기 때문에, 경호원칙의 적용에 소극적이거나 충실하지 못하였다.
- 행사장(오찬장 : 댈러스시 트레이트 마트)과 행차로 선정에 있어서 경호적 측면이 배제되고 오로지 정치적 목적인 대통령과 시민의 접촉이 유일한 결정요인이었다.
- 행차로 주변에 위치한 고층건물(감제건물)의 입주민들에 대한 신원파악 미실시와 본대 통과 직전 및 통과 시 인원에 대한 통제가 없었다.
- 비밀경호대 다수(9명)의 사건 전날 음주가 경호활동에 대한 집중력을 빼앗았다. (행사 전반에 걸친 집중력 저하는 물론이거니와, 특히 사주경계에 뼈아픈 실패를 하였다.)

2) 미국, 레이건 전 대통령 암살미수사건(1981.3.30.)

사건 당일 워싱턴 힐튼호텔에서는 건설노조원 4천여 명이 참석한 행사에서 레이건 대통령이 간단한 연설을 하고 백악관으로 복귀할 예정이었다. 이러한 일정은 수개월 동안 격주로 진행된 비교적 일상적인 행사였다. 통상적인 선발경호가 이루어졌고, 호텔 연회장 안에는 근접 기자단을 위한 '보도구역'이 설정되어 있었으나, 호텔 입구의 승하차 지점에는 별도의 '보도구역'을 설정하지 않았다.

이러한 점 때문에 저격범 힝클리는 취재기자들 사이에 섞여 있으면서 대통령으로부터 불과 6~7미터 거리에 위치할 수 있었다. 사건 직전 보도진에 힝클리를 포함한 몇몇 일반인이 들어오는 것을 본 일부 취재진이 취재방해를 이유로 경호원에게 불평한 적이 있었으나 이들을 제지 또는 이격시킬 명분이 없었다.

호텔 내부에서 연설이 종료되고 레이건 대통령이 입구의 승차지점으로 이동하여 차량 탑승 직전, "Mr. President!"라는 소리가 들리는 동시에 불과 2초 동안 6발의 총알이 발사되었다. 총성과 동시에 제리 파 수행부장이 대통령을 차량 뒷좌석으로 밀치듯이 탑승시켰다. 동시에 티모시 매카시 요원이 총성이 들리는 방향을 향하여 신체를 펼치며 자세를 잡았다. 최초 총성 이후 10초 만에 대통령 차량은 현장을 벗어났으나, 발사된 6발 중 1발이 레이건 대통령의 흉부에 피격되고, 1발은 제임스 브레디 공보관의 두부에 명중하였다. 티모시 매카시 경호관은 가슴을 관통당하였고 토마스 데라한트 워싱턴 D.C 경찰관은 목이 피격되었다.

힝클리가 총알을 발사하기 직전까지 총을 본 경호관은 없었고, 총알 6발을 발사한 직후 군중 속에서 알프레드 안테누치라는 일반 시민 1명이 최초로 힝클리를 뒤에서 덮쳤다. 거의 동시에 근처에 있었던 경호관 1명이 추가로 힝클리 뒤에서 넘어뜨리고, 다른 경호관 2명이 힝클리의 권총을 빼앗았다. 현장의 다른 경호관들은 대통령의 피격사실을 무전으로 알리면서 현장보존을 위하여 군중들을 해산시켰다.[38]

레이건 대통령을 탑승시킨 차량 안에는 제리 파 수행부장이 자세를 고쳐 바르게 앉

---

38) Philip H. Melanson(1984). 전게서.

은 레이건 대통령에게 신체의 상태를 물었으나, 이상이 없는 것 같다고 대답하였다. 그러나 30초가량 뒤에 레이건 대통령이 가슴 부분에 날카로운 통증이 있어서 숨쉬기가 불편하다고 했고, 이어 대통령의 입에서 혈흔이 비치는 것을 발견하고 즉시 운전자에게 워싱턴병원으로 갈 것을 지시하였다. 2호차를 타고 함께 이동하던 고든 경호관은 병원과 현 지점과의 교통통제를 위하여 워싱턴 D.C 경찰국과 교신을 시도하였지만, 사건상황을 위한 경찰 자체무선망의 사용 폭증으로 인하여 불가능하였다. 따라서 1호차를 추월하여 선도하여 이동하였다. 이동 중에 1호차가 단독으로 중간지점에서 급선회하였으므로 선도차와 모터사이클 4대가 따르지 못하였다.

제리 파 수행부장의 병원행 무전을 수신한 다른 경호관이 부상자가 도착할 것이라고 통보하였고, 병원 측에서는 신원미상의 부상자를 치료하기 위하여 응급실을 준비하였다. 이는 대통령의 부상 사실이 노출될 것을 우려한 제리 파 수행부장의 사려 깊은 행동이었다. 사건시각으로부터 3분 만에 병원에 도착하였으나, 레이건 대통령은 이미 무릎이 굳기 시작하였고 응급실에서 상의를 벗겼을 때 비로소 총상을 확인하였다.

이와 같은 긴박한 순간의 위해상황에 대한 대처방안은 물론이고 상황 발생 후에도 필수적인 조치과정을 살펴보겠다.

〈경호대응〉

범행 총성과 동시에 제리 파 수행부장은 대통령을 리무진 차량 뒷좌석으로 밀어넣고 그 위를 자신의 몸으로 보호하였다. 샤딕 경호관은 제리 파 수행부장과 대통령을 함께 떠밀며 차 안으로 승차하여 문을 닫고 현장이탈을 지시하였다. 이와 동시에 티모시 매카티 경호관은 대통령과 총성이 나는 저격범 사이의 직선상에서 사지를 벌리며 대응하였다. 이러한 점은 케네디 대통령 암살사건 때와는 달리 경호근무자들의 민첩성을 잘 보여주는 것이었다. 힝클리의 저격 직후 10초 만에 현장을 이탈하였고 3분 만에 병원에 도착하였으며 결과적으로 레이건 대통령은 성공적으로 회복되었다.

사건 현장인 힐튼호텔은 백악관과 근접해 있으며 대통령의 행사장으로 자주 사용되는 곳이다. 따라서 '힐튼호텔은 안전성이 확보된 곳!'이라는 매너리즘[39] 또는 타성에 빠지기 쉬운 장소인 것이다. 이러한 심리적 상태는 변화와 발전을 저해하는 요소이며 집단의 이익에 부정적인 결과를 초래한다.[40] 행사 당일 임무브리핑이 불충분하였으며, 정보 및 첩보사항의 확인이 누락되었다. 사건 현장의 취재구역 미설정과도 연관성이 있으며, 오히려 취재기자가 취재방해를 이유로 경호관에게 불평하였음에도 관심조차 두지 않은 점이 치명적으로 작용하였다.

이상을 종합하여 볼 때 다음과 같은 시사점을 도출할 수 있다.

- 사건 직후 무선통신의 장애는 우리나라의 공경호기관에 전달하는 시사점이 매우 높다. 경찰무선망 사용의 폭증으로 2호차 수행경호관과 경찰 모터사이클과의 교신이 불가능하였다. 선발경호, 수행경호, 경찰 등 경호행사 시에는 항상 2개의 주파수가 필요한 이유다.
- 사건 직후 근무자의 배치에 허점이 많았음이 드러났다. 레이건 대통령이 병원에 도착한 지 30분이 지나서야 최소한의 경호근무자가 병원에 도착하였다. 사건 현장에 있던 경호요원들은 헝클리의 신변보호와 FBI에게 사건 상황을 인계하기 위하여 현장에 그대로 머물렀다. 당시의 규정(1979년의 양해각서)에 따른 것이지만 비밀경호대의 최우선 임무는 무시되었다.
- 경호행사 책임부서인 워싱턴 지부는 사건 발생 직후 병원으로 경호인력을 보내지 않고 오히려 현장 관련 수사활동에 더 치중하였다. 병원에 있던 수행경호원들이 지원요청을 위하여 워싱턴 지부에 여러 차례 교신을 시도하였으나 이 역시 실패하였고, 워싱턴 지부는 병원 상황파악의 시도가 없었다.

사건 직후 즉시 국가 권력서열 2인자에 대한 경호가 강화되기는 하였지만 대통령 수준의 안전조치는 미흡하였다. 사건 당시 부시 부통령은 항공기 내에서 보고를 받았고,

---

39) 매너리즘(Mannerism)은 17세기 이후부터 고전적 미술의 쇠퇴 또는 반발의 의미로 사용되면서, 문학, 신학의 비평에 주로 사용되었다. 현재는 기존의 방식에 대한 과도한 집착 또는 부자연스러운 탐닉이라는 의미를 가지고 있다(Oxford English Dictionary, 2022.12.14. 10:18).

40) 김이태, 박수진, 박태준(2015). 직무요구가 직무매너리즘과 조직몰입에 미치는 영향－조직지원인식의 조절효과를 중심으로－. 관광연구. 30(5), 267-288.

비밀경호대는 경계강화를 하였지만 항공유 보급을 위하여 예정된 중간 기착지를 여전히 사용하였다.

3) 일본, 아베 전 총리 암살(2022.7.8.)

아베 전 총리는 사건 당일 오전 11시 32분경, 나라현 나라시에서 참의원 선거 유세 도중 후미 쪽에서 발사된 두 차례의 총격을 받고 쓰러져 병원으로 이송되어 치료 중에 사망하였다. 첫 번째 저격은 빗나갔고, 뒤쪽의 발사소리에 아베 수상이 고개를 돌리는 찰라, 두 번째의 산탄 총알 중 2발이 아베 전 총리의 우측 경부(목)를 강타하였고[41] 상체를 숙이며 연설대 밑으로 두 계단을 디디며 걸어 내려왔으나 이내 쓰러졌다. 11시 54분에 구급차로 임시 이송하였고, 이때 이미 심폐정지 및 의식불명 상태로 악화되었다. 12시 13분, 닥터헬기로 이송하여 7분 만인 12시 20분 병원에 도착하였고, 응급수술 등의 치료를 시행하였으나 17시 46분경에 끝내 사망하였다.

암살범 야마가미 데스야는 해상자위대 자위관 출신의 41세 남성으로 알려졌고, 이미 치밀한 암살계획이 있었음이 드러났다. 하루 전인 7일, 오카야마현에서 열린 행사장에서 암살을 실행하고자 하였지만, 행사장에 입장하지 못하여 실패하였다. 또한, 다음날의 일정을 파악하고 미리 나라현으로 이동하여 자신의 집안을 파산케 한 '세계평화통일가정연합' 나라교회 건물에 미리 제작한 사제 총기를 시험발사하였다. [그림 2-1]과 같이 2개의 총구가 있으며, 각각의 총구에는 6개의 쇠구슬이 들어 있는 1개의 탄환(캡슐)이 있었고 피탄흔적도 6개로 일치하였다.[42]

41) 週刊朝日, 2022.7.8. 21:51.
42) 요미우리신문. 2022.7.9. 00:42.

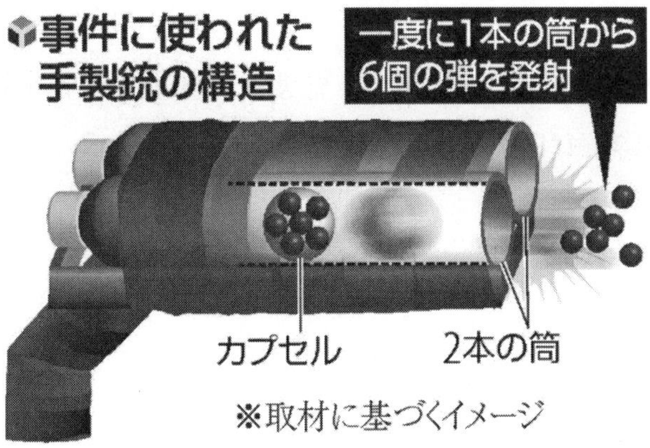

출처 : 요미우리신문. 2022.7.10. 13:02

[그림 2-1] **사제 총기 구조**

〈경호대응〉

- 전형적인 선거유세 경호에 대한 심각성을 일깨우는 사건이다. 유권자에 대한 지지를 이끌어내야 하는 관계로 평상시와 같은 과도한 통제가 어려우므로 경호근무자는 모든 감각을 극한으로 올려서 집중했어야 함에도 그러하지 못하였다. 초탄과 두 번째 격발 사이의 간격이 3초 가까이 있었음에도 불구하고 아베 총리 주변의 경호원이 다른 일반인과 같은 반응을 보인다는 점에서 정신무장에 문제가 있었다.
- 배면경호가 이루어지지 않았다. 아베 총리의 좌측 후면부에 위치하였던 2명의 근접경호관이 함께 전방을 주시하고 있다가 범인의 행동을 포착하지 못하였다. 범인이 첫 발을 격발하고 시간적 여유를 가지고 아베 총리를 향하여 더욱 가까이 다가와 두 번째 사격을 하였다.
- 방탄가방(방탄판)을 뒤늦게 들어 올렸으나 펼치지 못하였다. 이는 평소 연습이 부족했던 것임을 알 수 있다. 경호 장구는 소지만 하는 것이 아니라 신체의 일부가 되도록 부단히 훈련해야 한다.
- 미국 레이건 대통령의 피격시각으로부터 병원에 도착한 시간은 3분이었으나, 아베 전 총리가 병원에 도착한 시간은 무려 50분이 걸렸다. 이는 행사장 주변의 구급병원을 선정하고 경로답사를 해야 하는 이유이기도 하다.

– 일본에는 총기 소지가 엄격히 제한되어 있는 국가이다. 그럼에도 불구하고 사제 총기로 인하여 치명적인 암살사건이 발생하게 되었음은 우리나라 경호환경에 주는 교훈이 매우 크다고 할 것이다.

제 3 절 정신장애

1. 개요

정신장애(精神障礙, mental disorder)의 개념을 나타낸다는 것은 매우 복잡하고 어려운 문제이다. 왜냐하면, 수학의 공식과 같은 명확한 정답이 없기 때문이며, 이는 무의식, 스트레스 또는 개인의 고유한 성격과 관계되기 때문이다. 따라서 보편적인 동의를 구하기는 쉽지 않지만, 학자들의 비교적 공통된 주장의 용어로는 심리적 불편감, 사회적 역기능을 초래하는 행동, 사고(思考)나 정서(情緒)에 있어서 지속적인 장해(障害, disturbance)를 들고 있다.[43] 이를 좀 더 구체적으로 표현하면 적응적 기능의 저하 또는 손상, 주관적 고통과 불편감, 문화적 규범으로부터의 일탈, 통계적 규준의 미달 등으로 나타낼 수 있겠다.[44]

정신장애는 이상행동(異常行動, abnormal behavior)으로 나타남으로써 타인이 이를 인지하게 되며, 이것을 통하여 객관적인 관찰과 측정이 가능해진다. 또한, 정신장애는 표출되는 이상행동의 원인변수로서 인간의 다양한 심리적인 측면을 반영하는데 먼저 적응적 기능의 저하 및 손상의 측면에서 살펴보면, 인간의 사회성과 관계되는 것으로서

---

43) Stein, D. J., Phillips, K. A., Bolton, D., Fulford, K. W. M., Sadler, J. Z., & Kendler, K. S.(2010). What is a mental/psychiatric disorder? From DSM-IV to DSM-V. Psychological medicine, 40(11), 1759-1765.

44) Davison, G. C., Neale, J. M., & Kring, A. M.(2001). Abnormal psychology, New York: John Wiley, 710.

사회적 상호관계를 말한다. 이는 개인이 문화 또는 관습 등의 생활환경에 맞추어 가는 합의과정(accommodation process)과 다른 개인의 요구에 어울리도록 변화해 가는 동화과정(assimilation process)으로 설명할 수 있다. 이러한 합의과정과 동화과정의 적응에 어려움이 초래되는 경우에 이를 정신장애의 범주에 포함시킬 수 있다.[45)]

다음으로 중요하게 판단되는 기준인 주관적 불편감(subjective discomfort)과 개인적 고통(personal distress)은 개인적 불안, 우울, 비탄, 분노, 절망 등과 같은 극심한 심리적 압박이 가해질 때 주로 나타난다. 주관적 불편감과 고통은 심리적 부적응과 밀접한 연관성이 있다. 왜냐하면, 심리적 부적응이 주관적 고통과 불편감을 유발할 수도 있고, 반대로 주관적 불편감이나 개인적 고통이 심리적 부적응을 일으킬 수 있기 때문이다.[46)]

모든 인간은 그가 속한 국가와 사회적 특징에 따른 문화적 규범(cultural norm)의 테두리 안에 자리 잡고 있다. 일반적이며 상식적인 사회는 기본적으로 부모와 자식, 친구, 이성, 더 나아가 학교, 직장 등 수많은 사회적 관계에서 자신의 주어진 역할에 따른 행동규범이 존재한다. 이러한 행동규범은 사회 구성원 대부분이 잘 알고 준수하고 있으나, 그렇지 않고 일탈된 행동을 하거나 이로 인하여 타인에게 불편감 또는 피해를 초래한다면 그것은 이상행동으로서 정신장애의 범주에 포함될 수 있다.[47)]

인간의 행동은 여러 면에서 표출됨으로써 타인에게 관찰되고 필요시 측정을 통하여 통계적 지표로 나타날 수 있다. 따라서 한 사람이 아닌 많은 사람들의 행동을 통계적 수치로 표현할 경우에 [그림 2-2]와 같은 2차원 또는 [그림 2-3]과 같은 3차원 형태의 분포를 가지게 된다. 이러한 측정은 정신연령(mental age)이나 지능지수(intelligence quotient) 등을 가리킬 때 사용되기도 하는데, 가령 지능지수를 볼 때 [그림 2-2]에서와 같이 기각영역 'A'는 평균 '0'에 비하여 통계적 규준의 일탈범위에 있으므로, 이 범위에 속하는 지능지수를 가진 사람은 지적장애(intelligence disorder)를 가진 것으로 판별될

---

45) Wakefield, J. C.(2010). Taking disorder seriously: A critique of psychiatric criteria for mental disorders from the harmful-dysfunction perspective.

46) 권석만(2014). 현대 이상심리학. 학지사.

47) 신동준(2004). 살인과 자살의 문화적 사회구조적 원인 : 머튼의 아노미이론 검증을 위한 국가간 비교연구. 한국사회학. 38(4), 33-71.

수 있다. 간혹 기각영역 'B'는 존경의 대상이 되기도 하지만 그 반대의 경우가 있을 수도 있다.

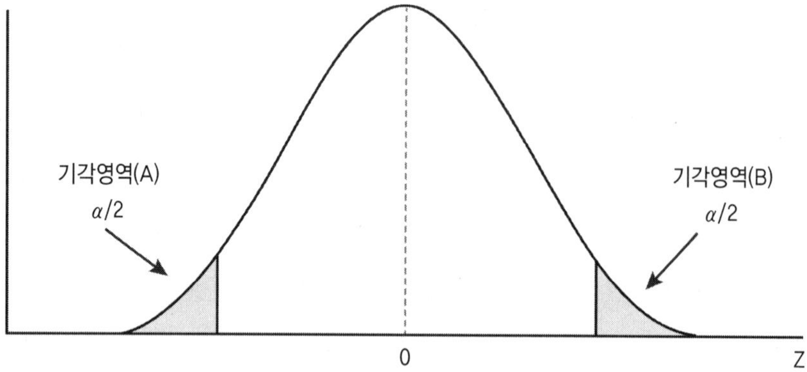

출처 : naver.com/sgvdsgvd/221387874213

[그림 2-2] **2차원 정규분표 예시**

[그림 2-3]에서는 X축과 Y축의 '0'에 나타난 평균분포가 아닌 각각의 축 −2와 2의 밖에 있는 범위는 기각영역으로 판정되어 정상의 범위를 벗어난 것으로 간주된다.[48]

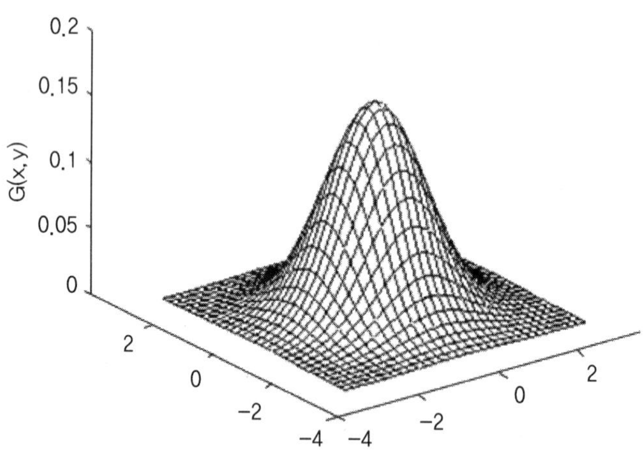

출처 : https://github.com/smc5720

[그림 2-3] **3차원 정규분포 예시**

48) Lee, H. K.(1997). Principles of hypothesis testing I. Korean Journal of Pediatric Infectious Diseases. 4(1), 183-192.

그러나 이러한 네 가지 기준의 판단에는 몇 가지 문제점이 존재하는데, 그 첫 번째가 정신장애로 판단하는 경계의 기준이 모호하다는 것이고, 다음으로는 누가 무엇을 근거로 하여 평가하는가에 관한 문제이며, 사람마다 그가 처한 어려운 환경에서 표현방법이 각각 다르기 때문에 이를 객관적으로 수치화하기에는 무리가 있다고 보는 것이다.

문화적인 관점으로는 시대적 · 지역적 배경의 차이를 무시할 수 없다는 것이며, 이러한 문화라는 기준에는 혹시 모르는 강자의 지배논리가 포함되어 있으므로 이를 기준으로 삼기에는 문제가 있다고 보는 것이다.[49] 또한, 통계적 관점에서는 기각영역에 속한 사람이라도 정상적으로 생활하며 사회에 해악을 끼치지 않는 경우가 많다는 점에서 이를 일률적으로 적용하는 데는 무리가 있다고 본다. 이처럼 이상행동을 일으키는 정신장애를 판단하는 것은 쉽지 않은 문제이다. 그럼에도 불구하고 정신장애로 인한 범죄자의 범행은 사회적 관심의 주요 대상이며 많은 사람들에게 두려움을 주고 있다.[50]

정신장애 범죄에 대한 지난 10년 동안의 국가 통계자료를 보면, 구체적인 장애를 알 수는 없으나, 인구통계학적인 측면에서의 조사결과를 제시하고 있다. 그중에서 발생 건수는 〈표 2-8〉과 같다.

〈표 2-8〉 정신장애자에 의한 주요 강력범죄 발생 건수(2012~2021년)

구분	2012	2013	2014	2015	2016	2017	2018	2019	2020	2021
살인	65	60	64	65	73	72	59	55	50	50
강도	48	32	42	30	47	43	32	25	37	14
방화	87	123	126	113	134	145	133	136	142	116
폭력	436	525	722	813	1,023	1,189	936	1,135	1,146	1,177
상해	415	415	606	574	676	635	486	479	533	472

출처 : 대검찰청, 정보자료-통계자료-범죄분석-범죄자 유형별 특성

49) 권석만(2014). 전게서.
50) 이수정(2018). 최신 범죄 심리학. 학지사.

살인 범죄, 강도 범죄에서는 다소 감소추세에 있으나, 방화와 상해는 특별한 변화가 없고, 폭력 범죄는 꾸준히 증가하고 있다. 10년 동안의 살인 범죄는 평균은 61.3건, 강도 범죄는 평균 35건, 방화 범죄는 평균 125.5건, 폭력 범죄는 평균 910.2건, 상해 범죄는 평균 529.1건으로 나타나 정신장애자에 의한 강력범죄가 지속적으로 발생하고 있음을 알 수 있다.

2. 경호범죄와 정신장애

이상행동을 정의하려는 노력은 이미 기원전 서양의학의 아버지라고 불리는 히포크라테스(Hippocrates)부터 시작되었다. 당시에는 종교적 신비주의 측면에서 인간의 질병을 다루었는데, 그는 의술을 과학적 개념으로 분리하고 이상행동을 조증(Mania), 우울증(Depression), 간질(Epilepsy), 히스테리(Hysteria), 편집증(Paranoia)으로 분류하였다. 그 이후 정체기를 거치면서 19세기 말 독일의 정신의학자인 크라펠린(Emil Kraepelin, 1856~1926)[51]에 의하여 정신장애의 분류가 체계적으로 시작되었고 이것이 점차 발전하여 오늘날의 분류체계로 발전하였다.[52]

현재 세계적으로 심리학과 임상연구에서 가장 널리 사용되는 정신장애 분류체계는 DSM-5와 ICD-11이라고 할 수 있다. DSM-5는 미국정신의학회(APA: American Psychiatric Association)에서 발행하는『정신장애에 관한 진단 및 통계편람(Diagnostic and Statistical Manual of Mental Disorders)』의 5번째 개정판으로 정신장애를 크게 20가지로 분류하였고 2013년에 출간되었다. ICD-11은 세계보건기구(WHO)에서 발간하는『세계질병분류(International Classification of Diseases)』의 11번째 개정판으로 전체 22개의 질병과 증상 가운데 제5장에 정신 및 행동장애가 포함되어 있으며 2018년에 발표되었고 2022년 1월 1일에 효력이 시작되었다.

---

51) 크라펠린은 현대 정신의학, 정신약리학, 정신유전학의 창시자로 불리기도 한다. 그는 정신장애의 주요 원인을 생물학적 또는 유전적 결함이라 믿었고 이러한 의학사상은 프로이트 등의 제자들에게 많은 영향을 끼치게 되었다.

52) 권석만(2014). 현대이상심리학. 학지사.

DSM-5를 기준으로 경호위해 범죄와 관련된 정신장애를 살펴보면, 가장 심각한 것이 정신분열장애이다. 정신분열장애(schizophrenic disorder)는 정신분열증을 비롯해서 이와 유사한 증상의 정신장애로, 망상, 환각, 혼란스러운 언어, 부적절한 행동, 둔마(鈍痲)된 감정, 사회적 고립을 특징적으로 나타낸다. 인구의 1%가 이 장애를 가지고 있으며, 남성이 여성보다 높고, 20세 전후의 청소년기에 발병한다. 뇌신경 전달물질인 도파민과 세로토닌의 불균형이 원인이며, 외부세계를 거부하고 자신의 세계에 갇혀 일, 가족, 오락 등에 무관심하다. 기쁨과 슬픔 등의 감정표현이 없거나 사소한 일에 지나치게 화를 내기도 하며, 불법도청장치, 환각, 환청, 자신의 생각이 자신의 목소리로 들리기도 하고 비현실적인 것을 사실로 확신한다.

정신분열장애에는 하위 범주로 다음과 같은 종류가 있다.

- 분열형 성격장애(schizotypal personality disorders) : 경미한 정신분열이 성격의 일부처럼 지속적으로 나타난다.
- 망상장애(delusional disorder) : 다른 장애는 비교적 없이 망상을 나타내는데, 피해망상, 관계망상, 질투망상, 과대망상, 지병망상 등이 있다.
- 단기 정신증적 장애(brief psychotic disorders) : 정신분열증상이 1개월 이내로 짧게 나타난다.
- 정신분열형 장애(schizophreniform disorder) : 정신분열증상이 1개월에서 6개월 나타난다.
- 정신분열증(schizophrenia, 조현병) : 정신분열증상이 6개월 이상 지속된다.
- 분열정동(情動)장애(schizoaffective disorder) : 정신분열과 함께 양극성 증상(기분장애)이 함께 나타나며, 반사회적 행동, 정서적 단조로움이 나타난다.

일반범죄에서 조현병 환자는 살인이 주를 이루고 있고, 상해 또는 방화를 일으키기도 한다. 이 중 망상장애는 경호범죄와 연관성이 매우 높은 정신장애이다. 망상장애는 편집성 또는 우울 등을 동반하는 경우가 많고, 망상적 사고에 의하여 대통령, 수상 등의 정치지도자 또는 종교지도자를 없애야 하는 사명을 지속적으로 환청으로 듣거나 망상적 믿음으로 이를 실행한다.

반사회적 성격장애(antisocial personality disorder)는 성격장애의 하위범주 A군, B군, C군 성격장애 중에서 B군에 속하는 성격장애로 거짓말, 사기, 무책임한 행동, 폭력적 행동, 범법행위를 하며 후회나 죄책감이 없는 것이 특징이다. 관련장애로는 연극성 성격장애(histrionic personality disorder)가 있으며 이는 과도하면서도 극적인 감정표현을 하며 지나치게 관심과 주의를 끄는 행동과 외모에 신경을 쓰고 과장된 언어표현을 한다.

경계선 성격장애(borderline personality disorder)는 개인관계, 자기 상(self-image), 감정 등이 매우 불안정하고 남들로부터 버림받지 않으려는 처절한 노력을 한다. 자신에 대한 분명한 개념이 부족하고, 만성적인 공허감과 분노감을 경험하며 매우 충동적인 행동을 나타내고 자살 또는 자해를 시도한다.

자기애성 성격장애(narcissistic personality disorder)는 자신이 대단히 중요한 사람이라는 웅대한 자기 상을 가지며 타인을 이용하고 공감능력이 없다.

3. 정신장애와 경호대응

〈표 2-9〉에서 보는 바와 같이 정신장애에 의한 위해 및 위해 기도사건이 동서고금을 막론하고 발생하고 있음을 알 수 있다. 또한, 미국 워싱턴 연쇄 저격사건에서는 반사회적 성격장애자인 주범이 C군 성격장애자에게 가스라이팅을 함으로써 범행을 일으킨 특별한 경우를 제외하고는 정신장애에 의한 위해 기도는 모두 단독범이었다.

정신장애자는 위해 기도 이후의 상황은 생각하지 않는 특징이 있으며, 목표를 세우면 저돌적이며 두려움은 존재하지 않는다.

〈표 2-9〉 정신장애자의 위해 및 위해 기도 사례

연도	사건명	범인	정신장애
1793.7.13.	'장 폴 마라' 프랑스 자코뱅당 지도자 암살	샤를로트 코르데	이상주의적 망상장애
1835.1.30.	'앤드루 잭슨' 미국 대통령 암살미수	리처드 로렌스	과대 망상장애
1881.7.2.	'가필드' 미국 대통령 암살	찰스 기토	피해 망상장애
1933.2.15.	'루스벨트' 미국 대통령 암살미수	쥬이제페 장 가라	과대 망상장애
1960.12.11.	'존 F. 케네디' 미국 대통령 당선자 암살기도	라쟈드 파브릭	피해 망상장애
1970.11.27.	교황 '바오로 VI세' 암살미수	벤지민 멘도자 Y. 아모르	과대 망상장애
1972.5.15.	'월리스' 미국 앨라바마 주지사 암살미수	아서 브레머	편집성 정신분열장애
1975.3.25.	'파이잘' 사우디아라비아 국왕 암살	파이잘 이분 모히메드 이분 압둘 아지스	정신분열장애
2001.6.29.	청와대 정문 차량돌진	김양순	정신분열장애
2002.10.2. ~24	미국 워싱턴 연쇄 저격 테러	존 앨런 무하마드	공황장애 / 반사회적 인격장애
		리 보이드 말보	의존성 성격장애(C군)
2003.11.1.	'부시' 미국 대통령 행사장 차량 돌진	베티나 믹손	급성 스트레스 장애

이처럼 정신장애에 의한 경호범죄는 과거부터 오늘날까지 지속적으로 나타나고 있으며 현재도 진행 중이라고 할 수 있다. 이 정신장에 대한 경호대응은 기본적으로 평상시 수행하여 온 선발경호활동과 수행경호활동에서 만전(萬全)을 기하는 것이며, 이와 함께 정신장애자에 대한 정보수집과 관리가 필수적으로 선행되어야 하겠다.

제 4 절 군중심리

1. 개요

일반적으로 군중(crowd, mass)이란 개인 다수가 모인 집단을 말하며 국적, 남녀, 직업 등의 인구사회학적인 관계나 집단을 이루게 된 동기를 가리지는 않는다.[53] 그러나 심리학적인 입장에서 군중이란 '단순한 다수의 집합'을 의미하는 것이 아니라, 개개인의 의식적 개성은 상실되고 감정이나 사상이 한 방향으로 집중되어 새로운 집단심리를 가지게 된 것을 말한다.[54]

만약 경호행사 시, 본대 행차 차량에서 사이렌을 울리며 다수의 시민이 운집해 있는 곳을 지나갈 경우에, 그때까지는 각자의 생각과 행동을 하며 경호행사에 무관심하였던 사람들이 그 행차에 눈과 귀를 기울이며 관심을 가지게 된다. 이와 같이 평소 무관심하던 사람들이 어떠한 자극에 대하여 일시에 동일한 관심사가 발생하고 이어 제2차 자극에 따라 주류의 심리적 경향성을 가지게 되면서 군중이라는 집단심리를 띠게 된다.

군중심리의 선구자 Le Bon(1895)은 군중이 형성되는 과정을 3단계로 구분하여 설명하였다. 첫째, 사람들의 관념이나 정서가 하나에 집중되면서 동일한 방향성을 가지게 되며 둘째, 그 과정에서 사람들의 의식적 개성이 상실되고 무의식적인 우월한 개성이 출현하며 셋째, 이 우월한 개성에 집중된 집단심리가 나타난다고 하였다.[55] 이것이 군중이며, 이 군중은 단체나 결사와 같은 공통된 명확한 의사나 그것을 실천하기 위한 조직이 없으면서도 집합체를 이루게 된다. 이러한 점에서는 대중(mass)이나 공중(public)과 유사한 개념이다.

---

53) Van Ginneken, J.(1985). The 1895 debate on the origins of crowd psychology. Journal of the History of the Behavioral Sciences. 21(4), 375-382.

54) 이상돈 역(2007). 군중심리. 간디서원, 23.

55) 허재일(1974). 군중심리의 이론적 고찰.「교수논단」. 건국대학교, 3(1), 7-12.

〈표 2-10〉에 나타나 있듯이 군중은 특정 장소를 본인의 의사에 따라 자연스럽게 점유하고 일시적·일회적인 특성이 있으나, 대중은 사회 전반에 분포되어 항구적·지속적이며 보편적인 일반 시민을 뜻한다. 군중은 동일한 목표를 가지게 되는 경우가 많으며 지도성을 부여하는 데 주저하지 않는다. 그러나 대중은 단일화된 행동목표가 없으며 그것을 가지려 하지도 않는다. 또한, 매우 다양한 의견이 존재하지만 문화의 형성에 자연스럽게 동화된다.

군중과 대중은 감정적이고 충동적이며 책임감이 없는 데 반하여 공중은 다분히 합리적·상식적이며 국가 사회의 건강성을 위하여 책임감을 가지며 건전한 비판자로서의 역할을 마다하지 않는다. 결국, 경호활동으로서의 군중은 지극히 짧은 시간 동안에 인간의 감정이 전달되어 책임성 없이 매우 돌발적·충동적이라는 점에서 신중히 살펴볼 필요가 있다.

〈표 2-10〉 군중, 대중, 공중의 개념 비교

	군중	대중	공중
장소	특정 장소 점유	점유 없으나 사회 전반에 산재	점유 없으나 사회 전반에 산재
집단의 범위	소규모	대규모	대규모
목표성	행동 지향성 있음	행동 지향성 없음	행동 지향성 있음
감정	감정적, 충동적	감정적, 충동적	합리적, 비판적
책임감	없음	없음	있음
활동기간	일회적	항구적	항구적

인간 개개인은 매우 높은 수준의 사려와 깊이가 있는 지성적 심리상태를 가지고 있지만, 일시적으로 군중심리(Crowd Mind)화가 진행되면, 그들의 지적 수준은 급속도로 낮아지고 이타심은 아예 사라져버리기 쉽다. 그 군중의 수가 많아질수록 이러한 부정적 상황은 심화된다.[56)]

---

56) 허재일(1974). 상게서. 7-12.

집단화된 개인의 감정과 사상은 동일한 방향을 향하게 되고 개개인의 개성과 의식은 사라지며 새로운 집단심리가 발생한다. 이 집단심리는 일시적이지만 명확한 몇 개의 특성을 나타낸다. 집단심리는 어떤 국가의 민족성과 구성요인에 따라 다르기도 하고 군중에 대한 자극요인의 강도에 따라 차이가 있기 때문에 군중심리를 정확히 표현하는 것은 쉽지 않다. 인간의 심리적 구조는 환경에 따라 민감하게 반응하므로 한 개인이 일생 동안 일관된 성격을 표출한다는 것은 매우 드문 일이다.[57]

군중심리의 특징은 모든 생활양식의 차이와 관계없이 집단심리화가 진행되면 평상시의 개인과는 완전히 다른 생각과 행동을 나타내는 것이다. 서로 성격이 다른 생물체들이 어떤 원인에 의하여 결합되어 구성되면, 개별적인 성질은 사라지고 새로운 생물체가 만들어지는 것과 같은 이치이다. 이러한 전후의 큰 차이가 있음을 이해하는 것은 쉽지만 그 인과관계를 명확히 밝혀내는 것은 어렵다.[58]

독립된 개인에게는 나타나지 않지만 집단화된 군중에게서 특별히 나타나는 원인은 다음 세 가지로 요약된다. 첫째, 군중은 익명성이라는 보호막이 생기는 것으로 여기고, 용기가 자라는 동시에 한편으로는 책임감이 사라진다. 둘째, 집단화된 군중의 감정과 행동은 감염성을 가지게 되어 그 집단의 목표를 위하여 개인의 이익은 희생해도 무방하다는 생각이 자리하게 된다. 이는 평상시 인간 개인의 성향에서 볼 때 있을 수 없는 일이다. 셋째, 집단화된 군중의 개인은 최면상태와 같이 타인으로부터 여과 없이 의식내용을 받아들이는 피암시성(被暗示性, suggestibility)이 나타난다. 의식적 인격, 감정, 사상이 사라지며 자신의 의지와 판단력이 상실된다. 어떤 암시(暗示)에 동화되어 맹렬한 기세로 목표를 향하여 돌진한다. 이러한 동화성은 그 군중의 모든 개개인에게 순식간에 침투된다.[59]

군중심리를 유발시키는 직접적인 원인은 파괴력 있는 구호 또는 표어이다. 구호와 표어가 만들어내는 이미지는 태풍의 진원지가 되기도 하지만 때로는 돌풍을 잠재우는

57) Le Bon, G.(2002). The crowd : A study of the popular mind. Courier Corporation, 1-9.
58) 이상돈 역(2007). 전게서. 23-30.
59) Le Bon, G.(2002). 전게서, Chapter I : General Characteristics of Crowds—Psychological Law of Their Mental Unity.

무기가 되기도 한다. 그러나 이 이미지가 종교적, 철학적 또는 사회주의적 환상과 결합되면 강력한 마력이 발생하여 개개인의 특성은 소멸되고 집단화된 군중의 목표를 향하여 엄청난 에너지를 가지게 된다. 이러한 상태에서 논리와 이성은 철저히 무시되고 짙은 감정에 큰 영향을 받게 된다.[60)]

2. 군중심리와 경호대응

앞의 군중심리 특성과 원인에 비추어볼 때, 집단화된 군중의 힘과 파괴력은 상상을 불허한다. 선과 악을 넘어 군중의 엄청난 파괴력의 경험은 세계사적으로 이미 증명되었다. 1972년 9월 '프랑스 대학살'은 군중의 잔혹성이 가장 잘 나타난 예이며, 두고두고 반면교사로 삼아야 하는 슬픈 역사의 한 단면이다. 이 실제 사건의 이면에는 유언비어의 난무, 선동가에 의한 감정의 촉발, 베일에 감추어진 교묘한 조정자 등이 있음을 알 수 있다.

이와는 성격이 다소 차이가 있는 1968년 1월부터 시작되어 8월에 막을 내린 체코슬로바키아의 군중들에 의한 자유에의 갈망과 바르샤바 조약군에 대한 저항의 상징인 '프라하의 봄'도 집단화된 군중의 힘을 상징적으로 보여준 예라고 할 수 있다. 그 외에도 크고 작은 군중의 봉기 등은 인류 역사에 수많은 족적을 남기고 있으며, 오늘날에는 이러한 군중심리를 활용하여 기존의 국가체계를 무너뜨리려는 시도가 빈번히 자행되고 있다.

---

60) Le Bon, G.(2002). 상계서. Chapter II : The Immediate Factors of the Opinions of Crowds.

출처 : 나무위키, 2023.01.10. 11:30 검색

[그림 2-4] **마리 앙투아네트의 측근 랑발 공작부인의 시신을 난도질하여 그녀의 머리를 창끝에 매달고 시위하는 군중 : 1979.9. 프랑스 대학살**

이러한 시점에 있어서 경호활동에서 주의할 점이 무엇인지 알아본다.

첫째, 운집 군중에 대한 동향을 파악한다. 그 군중이 집단화한 것인지 아닌지는 쉽게 판별할 수 있다.

둘째, 경호행사를 위한 질서유지 등의 이유로 과도한 경적이나 호루라기 등의 사용은 자제하는 것이 좋다. 특별한 소음은 특별한 자극이 되고 이 자극은 군중을 집단화하는 촉발요인이 된다. 여기에 선동의 자극이 더해지면 걷잡을 수 없는 부정적 방향성이 생성된다.

셋째, 경호행사에 동원되는 참석자들에 대한 친절한 서비스 정신이 필요하다. 다행히도 요즈음의 경호활동 지침에는 경호대상자뿐만 아니라 경호행사에 참석하는 일반국민도 보호의 대상으로 삼고 있다.

넷째, 만약 군중에게서 집단화의 조짐이 보인다면, 더 확장되기 전에 신속히 불씨를 소멸시킬 필요가 있다. 군중을 집단화시키는 직접적인 원인에서 밝혔듯이, 어떤 구호나 표어는 그 군중의 감정을 고조시키기도 하지만 순식간에 잠재우기도 한다. 이러한 이치를 알고 있는 근무자와 그렇지 않은 근무자의 차이는 매우 크다.

제 3 장

경호제도의 역사

제 3 장

경호제도의 역사

제 1 절 개요

세계 여러 나라의 제도는 그 나라의 정치 · 경제 · 사회 · 문화 · 역사 등의 제반 현상을 반영한 결과물이며, 사회구성원 간의 합의적 산물이다.[1] 즉, 제도란 단일체(monolithic entity)의 관점에서 바라보는 것이 아닌, 복합체(complexes entity)로 인식해야 한다는 것이다. 또한, 제도는 다양한 요소들로 구성되기 때문에 새로운 구성요소들이 발생하거나, 권력관계의 행위자 역할에 의하여 변화를 겪기도 한다.[2]

경호제도 역시 한 나라의 공적인 신분을 가진 주요 인사 또는 해외 국빈에 대한 신변안전을 보다 효과적이고 체계적인 방법으로 수행하도록 하는 사회계약적 결과물이다. 경호학 관련, 많은 서적에서 삼국시대 이래 현재에 이르기까지 한국 경호제도의 역사 또는 변천과정을 설명하고 있다. 그러나 북한의 기습적 전면 남침에 의해 6 · 25가 발발한 1950년부터 10년 동안의 경호상황 및 실질적 경호업무 수행과 관련한 내용이 경호사(警護史)에서 전무하였다. 다행히도 최종영(2020)이 박사학위논문 및 학술연구를 통하여 잃어버릴 뻔했던 10년간의 경호역사를 찾을 수 있었음은 학문의 한 족적으로 평가받아 마땅하다.

1) 이두석(2011). 경호학 개론. 진영사, 120-132.
2) 하연섭(2006). 신제도주의의 이론적 진화와 정책연구. 행정논총. 44(2), 217-246.

그는 생존자가 거의 사라져갈 즈음에 극적으로 인터뷰를 수차례 실시하여 체계적으로 분석하고, 특히 키워드 분석법을 통하여 당시의 경호상황까지 유추할 수 있게 되었으니 매우 다행스러운 일이라 하겠다. 이 서적에서는 삼국시대부터 조선시대까지 각 시대별로 주요 군사조직 및 경호조직을 간략히 제시하고, 1950년부터 1960년 사이의 대통령 경호에 관한 산증인을 바탕으로 이루어진 생생한 경호역사를 중점적으로 살펴보도록 하겠다.

1. 삼국시대의 경호조직

삼국시대는 고구려, 백제, 신라가 정립하였던 한국사의 한 시기로서 철기의 보급과 농업의 생산력이 증가하면서 국왕을 중심으로 고대국가 체제를 완비하였다. 초기의 형제상속에서 부자상속으로 변화하면서 왕권 강화의 기틀이 마련되고 중앙집권적 국가체제가 정비되었다. 이러한 특성에 따라 왕권을 수호하고 왕의 안전을 위한 군사조직이 정비되었으나, 전문 경호조직의 탄생은 시기상조였다고 할 수 있다.[3] 고구려 초기에서는 '대가(大家)'와 '하호(下戶)'와의 관계에서 대가가 지배계급을 형성하면서 군사 동원 권한을 가지고 국왕을 중심으로 권력을 유지하였다.[4] 안원왕(安原王, 531~545년)의 사망 이후 왕위계승을 둘러싼 극심한 대립으로 인하여 점차 왕권이 약화되었다.

백제는 한강유역을 중심으로 크게 성장하였으며 근초고왕(近肖古王, 346~374년) 때 국가체제를 정비하고 강력한 왕권을 지속하였다.[5] 고이왕(古爾王, 234~286년) 이전에 군사력을 장악한 병마총수로 좌보(左輔)와 우보(右輔)가 존재하다가, 고이왕 이후부터 6좌평(내신, 내두, 내법, 위사, 조정, 병관좌평)이 왕을 보좌하였으며, 성왕(聖王, 523~554년) 시대에 내 · 외관 22부로 나누었다.[6]

---

3) 이민형 외 3인(2008). 한국경호사강의. 진영사, 31-38.
4) 이준성(2016). 고구려 초기 대가(大家)의 성격과 상위 관제(官制)의 작적(爵的) 운영. 동북아 논총. 317-347.
5) 김두현(2005). 경호학 개론. 경호출판사, 73-120. 재구성
6) 김용길(2017). 백제시대의 법률과 효사상에 관한 고찰. 청소년과 효문화. 30, 35-73.

『삼국사기』, 『삼국유사』의 기록에는 신라 초기의 집단형성과 통합과정은 나타나 있으나, 고대국가 형성에 관해서는 제대로 나타나지 않기 때문에 고대국가 초기의 다양한 모습을 확인하기 어렵다. 다만, 낙랑부 주변에 위치하면서 선진문물의 흡수와 정치체제의 형성이 서서히 이루어지게 되었다는 것은 알 수 있었다.[7] 신라 초기의 단위 정치체제로는 집단이 통합을 거듭하여 발전된 '훼부(喙部)'가 중심이 되어 사로국이라는 고대국가체제가 형성되었다.[8]

이 시기에 정치는 '대보(大輔)', 군사는 '각간(角干)'이 담당하였으나 구분이 명확하지는 않았고 이후 좌 · 우 군주(左 · 右 軍主)가 왕의 측근으로서 군무(軍務)를 수행하였다.[9] 그러나 신라가 고대 왕권국가체제를 갖춘 것은 신라라는 국호를 천명한 지증왕(智證王, 500~514년)에 이어 율령(律令)을 반포하고 불교를 공인하며 화랑제도를 설치한 법흥왕(法興王, 514~540년) 때부터라고 할 수 있다.[10]

진평왕(眞平王, 596년) 때 최초로 군사조직과는 무관한 왕의 직속 조직으로 시위부(侍衛府)를 편성하고자 하였으나 병부(兵部)의 반대가 심하여 뜻을 이루지 못하였다가, '비담 · 염종의 난'[11] 이후 진덕여왕(眞德女王, 651년) 때에야 설치되었으나 본격적인 조직의 정비는 진평왕(眞平王, 624년) > 신문왕(神文王, 681년) 때 이루어졌다. 이 시위부(侍衛府)는 『삼국사기』 "무관조(武官條)"에 수록되어 있는 것으로 왕을 시위(侍衛) 및 호종(護從)하고 궁성을 숙위(宿衛)하는 역할을 하였던 군사조직이다. 병부(兵部)에 예속된 다른 군사조직과는 다르게 직접적인 통제를 받지 않았다.[12]

---

7) 김재홍(1996). 한국 고대의 국가 형성. 신라[사로국]의 형성과 발전. 한국역사연구회 역사와 현실. 97-131.
8) 盧重國(1995). 대가야의 정치 · 사회구조. 가야사 연구-대가야의 정치와 문화. 168-171.
9) 전덕재(1996). 신라육부체제연구. 일조각, 50.
10) 김두현(2005). 경호학 개론. 경호출판사, 77.
11) 선덕여왕(善德女王, 647년) 때, 상대등 '비담'과 귀족 '염종'이 일으킨 반란으로 여왕의 정치를 비난하며 난을 일으켰다가, 김유신의 토벌군에 의해 진압되었고, 진덕여왕 즉위 이후에 모두(30여 명) 사형에 처해졌으며, '비담'의 경우에는 9족이 멸하여졌다.
12) 신범규(2019). 신라 중고기 侍衛府의 역할과 배치 양상. 신라사학회 신라사학보. 1-13.

〈표 3-1〉 삼국시대 경호관련 조직의 구성과 활동

시대	기관	비고
고구려	대가(大家)	초기 고구려 지배계급이면서 군사를 동원하고 국왕을 보호하였다.
	대모달(大模達)	각 지방의 전각묘(殿閣廟, 사당)를 수호하는 위장군(衛將軍)이었다.
	말객(末客)	고려시대의 정5품 무관직인 중랑장(中郞將)과 같은 무관으로서 군두(郡頭, 인부의 우두머리)라고 불리기도 하였다.
백제	좌보(左輔), 우보(右輔)	군사력을 장악한 병마총수로서 국왕 다음의 실권자였다.
	육좌평(六佐平), 병관좌평(兵官佐平)	왕을 보좌하는 국가의 중추기관이었으며, 육좌평 가운데 병관좌평이 군사의 일을 담당하였다.
	내관(內官) 12부	궁궐 내부 왕실소속의 재물, 장전(莊田), 노예 및 예속민 집단 등을 관장하고 궁내부(宮內府)에 관한 업무를 수행하였다.
	외관(外官) 10부	사군부(司軍部) 등 군사, 재정, 교육, 외교 등을 관장하였다.
	5부(部)=5방(方)	전국을 5개 지역(중방, 동방, 서방, 남방, 북방)으로 나눈 군사조직이다.
신라	시위부(侍衛府)	왕을 시위(侍衛) 및 호종(扈從)하며 궁성의 숙위(宿衛)를 하는 왕의 직속 군사조직이다. 인력 충원 및 관리 등 별도의 행정절차를 통하여 운용하였다. 최고위 관직인 대감(大監)이 지휘하고, 대감-대두(隊頭)-항(項)-졸(卒) 4등급 관직체계를 갖추었다.

2. 고려시대의 경호조직

고려는 혼란했던 후삼국시대를 마감하고 태조 왕건(王建)이 918년 건국하여 여러 제도를 정비하며 내치(內治)와 외교(外交)에 힘을 쏟았다. 북방(北方)을 개척하고 귀족과 토호(土豪)들을 포섭하며 관료제도의 기초를 마련하여 국가의 기반을 확립하였다. 제11대 문종(文宗) 때에 이르러 전제(田制), 관제(官制), 병제(兵制) 등이 완비되고 중앙집권적 국가체제의 완성을 이루었으나, 점차 무(武)를 경시하고 문(文)을 숭상하는 풍조가 만연하여 무신(武臣)들의 불만이 팽배하였다.[13)]

이는, 크고 작은 반란의 진압에 필요한 싸움을 잘하거나 무술에는 능하였지만 일반

13) 유석영(2000). 고려시대 정부조직에 관한 고찰. 한국행정사학지. 9, 143-162.

지식이나 전략적 전술이 부족했던 무신들이 문신들에 의하여 지휘를 받는 입장이 상당 기간 유지되었기 때문이다. 이에 정중부, 이의방, 이고 등의 무신들이 난을 일으켜 문신들을 죽이고 정권을 잡게 되었다. 이로부터 약 30년 동안 무신들 서로 간의 반목과 싸움으로 일관하다가, 1196년 최충헌의 집권으로 무단정치(武斷政治)가 60년간이나 이어졌다. 몽골군의 침입과 국토의 황폐화 속에서 원(元)나라의 요구에 의한 일본의 2차례 원정은 고려를 더욱 어렵게 만들었다. 그나마 공민왕(恭愍王)이 원나라 세력을 몰아내고 국권을 회복하였으나, 홍건적과 왜구의 계속되는 침입으로 이성계(李成桂) 등의 신흥 무장들이 다시 득세하기 시작하였다. 이러한 연속된 부침(浮沈)의 시대는 군사 및 경호조직의 다양한 변화를 가져오는 필연적 요인이 되었다.

〈표 3-2〉 고려시대 경호관련 조직의 구성과 활동

시대	기관	비고
전기	중앙군(中央軍)	태조 초기 친위군으로 中軍에 우천군 1천 명, 천무군 1천 명, 간천군 1천 명으로 구성되었으며, 左軍에는 지천군 1만과 마군 1만으로 구성되었고, 右軍에는 보천군 1만, 마군 1만으로 구성되었다.
	순군부(徇軍部)	병부(兵部)의 상위조직으로서 궁궐 내의 치안 및 숙위(宿衛)를 담당하였다.
	내군경(內君卿)	궁궐의 시위를 담당하였던 왕의 친위대였다.
	2軍(응양군, 용호군) 6衛(좌우위, 신호위, 흥위위, 금오위, 천우위, 감문위)	각 軍과 衛 아래에는 領(부대)이 소속되었고, 이 領에는 1천 명의 정규군과 600명의 예비병으로 구성되었으며 총 45領이 존재하였다. 2군 6위의 상장군 8명과 대장군 8명으로 중방(重房)을 구성하고, 하급장교들은 교위방(校尉房)에 소속되었다. 6위 가운데 천우위(千牛衛)가 왕의 시종(侍從)과 의위(儀衛)[14]를 하였다. 성종(成宗, 981～997년)~목종(穆宗, 997～1009년)
	중추원(中樞院)	성종(成宗, 991년) 때 왕명의 출납(出納)과 숙위(宿衛), 군기(群機)의 업무를 관장하도록 설치하였다. 중추원→추밀원(樞密院)→밀직사(密直司)→추밀원→밀직사로 변천이 심하였다.
	내순검군(內巡檢軍)	'묘청의 난' 이후에 도성의 혼란 수습을 목적으로 인종(仁宗, 1136년) 때 좌우순검사(左右巡檢使)를 두었다가, 의종(毅宗, 1167년) 때에 궁궐의 경비 강화를 위하여 내순검군을 설치하였다.

무신 집권기	도방(都房)	경대승의 사병(私兵)집단으로서 신변보호와 숙위를 담당하였다.
	內外도방 (6番: 3,000명)	경대승의 병사로 일시 해체되었다가, 최충헌 집권 이후 크게 강화되었다. 원종(元宗, 1270) 왕정이 복구되면서 폐지되었다.
	마별초(馬別抄)	최씨 정권의 보호 및 강화를 위한 기병(騎兵), 사병(私兵) 특수부대였다.
	삼별초(三別抄)	최씨 정권의 사병(私兵) 성격이 강하였으나, 몽골과의 항전에서 유격전술로 몽골군을 위협하였으며, 강화 이후에도 항전을 계속하다가 1273년 여원연합군의 공격에 의하여 진압되었다.
후기	순마소(巡馬所)	무신정권 붕괴 이후 충렬왕(忠烈王) 때, 방도금란(防盜禁亂)[15]을 목적으로 원나라의 제도를 모방하여 설치되었으나, 실질적으로는 왕권 강화에 이용되었다.
	순군만호부 (巡軍萬戶府)	순마소를 확대 개편한, 왕 직속 기구로서 징계와 처벌의 임무를 부여받았다.
	사평순위부 (司平巡衛府)	공민왕(恭愍王) 때 순군만호부를 개칭하여 만들었고, 역모 또는 관료의 실정이나 태만에 대한 징계를 담당하였다. 사평순위부(고려)→순군만호부(고려)→순위부(巡衛府, 조선)→의용순금사(義勇巡禁司, 조선)→의금부(義禁府, 조선)로 개편을 거듭하였다.
	성중애마 (聖衆愛馬)	원나라의 영향에서 성중관(成衆官)의 몽골어인 'aimaq' 또는 'ayimor'와 한자의 가차음(假借音)인 애마(愛馬)에서 비롯된 것으로 궁성수비의 특수부대 역할을 하였다. 성중아막(成衆阿幕)이라 불리기도 하였다. 왕을 시종(侍從)하고 궁궐을 숙위(宿衛)하는 관인층이었으며, 일정기간(9년) 후에는 우수한 자를 골라 품관(品官)이나 지방관에 임명하였다.

3. 조선시대의 경호조직

태조 이성계의 즉위 이후 국호 문제로 논란이 분분하던 중, '화령(和寧)'[16]과 '조선(朝鮮)' 두 개 중에서 명나라가 '조선'이라는 칭호가 아름답다는 회신을 하여 국호가 조선으

14) 의식(儀式)이나 행차(行次) 때의 의장(儀仗)과 시위(侍衛).
15) '도적을 막고 변란에 대비한다'는 뜻이다.
16) 태조의 고향인 함경도 영흥의 옛 이름.

로 결정되었다.[17)18)] 개국 이래 조선은 통치기반을 공고히 하고자 3대 정책을 건국의 이념으로 제시하였다. 첫째는 사대교린주의(事大交鄰主義)를 채택하였는데, 이는 명나라에 대해서는 사신의 왕래를 통하여 경제적·문화적 실리를 취하는 동시에 국제적 지위를 확보하고자 하는 것이었다. 둘째는 문화정책으로서 숭유배불정책(崇儒排佛政策)을 내세우면서 불교를 배척하고 유교를 숭상함으로써 정치·문화·교육·의례 등 국가의 전반적인 분야가 유교적인 관습과 체제로 물들게 되었다. 셋째는 중농주의(重農主義)를 채택하고 농업을 장려하여 국민생활의 안정을 도모하였다.

태종(太宗, 1400~1422년) 때는 지방 권문세가를 통제하고 역모를 예방하기 위하여 사병(私兵)을 없애고 군사를 왕의 직접 지휘권 아래 두도록 하였다. 농업을 중시하였으나, 국가의 재정을 대부분 농업에서 충당하였으므로 이에 대한 갈등이 심하였다. 조선의 관리는 문반, 무반의 양반이 주축이 되었으며, 등급은 18등급, 당상관, 당하관 등으로 구분하였다. 6조의 기능(이조, 호조, 예조, 병조, 형조, 공조) 가운데 병조가 무관의 임명 및 군사에 관한 사무와 수도의 출입문을 관리하였다.

〈표 3-3〉 조선시대 경호관련 조직의 구성과 활동

시대	기관	비고
전기	중추원(中樞院)	태조 원년(1392년), 고려의 제도를 본받아 설치하였다가 삼군부(三軍府) 설치 이후 폐지되었다. 이후 다시 설치와 폐지가 반복되다가 점차 역할이 사라지게 되었다.
	갑사(甲士)	조선 초기 왕의 금위병(禁衛兵)으로서 양인 농민 가운데 부유한 자들로 선발되었으며, 3교대 1년을 근무기한으로 하였다.
	의흥친군위(義興親軍衛)	조선 초기 왕실의 사병적 성격을 지닌 군영으로서, 상장군이 1명, 대장군 2명씩 각위(총 10위)에 배치되었다.
	10사(十司)	조선 초기(태조 3년) 군대의 편제로서(軍營), 궐내 시위(侍衛)와 성내의 순찰 및 숙위(宿衛)를 담당하였다.
	별시위(別侍衛)	양반의 아들로 선발된 특별 시위부로서 태종이 가장 신임한 병종(兵種)이었으며, 병력은 적었으나 갑사(甲士)보다 우위에 있었다.

17) 이는 정도전의 작전으로, '조선'과 '화령'을 비교하면 당연히 '조선'이 선정될 것으로 예측하였다.
18) 이석호(2005). 조선사 길라잡이-다시 보는 조선왕조실록 제2장 조선(朝鮮)이라는 국호의 유래. 역사 & 문화. 2, 6-13.

	내금위(內禁衛)	왕의 측근에서 호종(護從) 및 숙위(宿衛)를 담당한 금군(禁軍)이었다.
	내시위(內侍衛)	내금위의 인원이 부족하여 추가로 설치하였던 왕의 근시(近侍) 정예부대를 말한다.
	겸사복(兼司僕)	왕의 신변보호를 위한 기병(騎兵) 중심의 정예 근위병으로서 시립(侍立), 배종(陪從), 의장(儀仗), 입직(入直), 부방(赴防), 포도(捕盜), 포호(捕虎) 등 중요한 임무를 부여받았다.
	충의위(忠義衛)	양반 자제들로 이루어진 특수 계층(양반 자제뿐만 아니라 공신의 적자, 적손, 증자, 증손)의 근위대였다. 그러나 군사적 능력과는 무관하였고, 숙위(宿衛)를 담당하고 일정 기간이 지나면 관리로 진출하였다.
후기	호위청(扈衛廳)	인조반정 이후 공신들의 군사들로 조직된 왕의 호위를 위한 군청(郡廳)이었으나 성격이 모호(공신들의 왕권 견제)하였다.
	어영군(御營軍)	임진왜란 이후 국내정세가 어수선한 가운데 왕을 호위하기 위하여 설치되었다. '이괄의 난' 이후에는 인원이 증원되었고, 정묘호란, 병자호란 이후에는 2만 명이 넘었다가, 나중에는 7만 명이 넘는 큰 군영(軍營)이 갖추어졌다.
	금군(禁軍)	왕의 친위군으로서 초기에는 무예가 출중한 자로 선발하여 190인으로 편성하였다. 겸사복과 우림위(羽林衛)가 설치된 이후에는 금군삼청(禁軍三廳)의 하나로서 좋은 대우를 받았다.
	숙위소(宿衛所) 장용위(壯勇衛) 장용영(壯勇營)	정조(正祖, 1777년) 때 금군(禁軍)의 존재에도 불구하고 암살위협이 계속되자 신변 보호를 위하여 별도로 설치한 호위 전담부대를 말한다. 홍국영의 전횡으로 숙위소를 폐지하고 장용위를 설치하였다가 후에 장용영으로 확대 개편하였다.

제 2 절 대한제국

조선 말기의 세계정세는 제국주의의 기치 아래 동아시아는 식민지 개척의 대상이 되었으며, 영국, 독일, 프랑스 등 유럽의 열강들은 아프리카와 아시아에 대한 침략을 가속화하였다.[19] 러시아, 청, 일본은 아시아의 강호로서 서로 한반도를 집어삼키려는 야욕을 불태우고 있었다. 한반도의 운명은 격랑에 휩쓸리는 작은 조각배임에도 불구하고, 1897년, 대한제국을 천명[20]한 고종은 자주적 대외정책을 표방하고 특명전권공사(민영익)를 영국, 독일, 러시아, 이탈리아, 프랑스, 오스트리아에 파견하여 주재하도록 하고, 이어 1등 공사관과 3등 참서관을 파견하였다.[21]

중국에서는 1899년부터 외세배척의 명분 아래 서양의 남녀와 기독교도를 잔혹하게 살해하였고, 정치의 다른 한편(서태후)에서는 이들과 결탁하여 베이징의 외국 공관을 포위 공격하였다. 이에 러시아, 일본, 독일, 미국, 영국, 이탈리아, 오스트리아, 프랑스 8개국이 연합하여 베이징과 양쯔강 이북 지역의 대부분을 점령하여 1901년 거액의 배상금을 받아내고 군대를 주둔하는 신축조약을 체결하였다.

중국이 위축되자 러시아가 만주로 육군 병력을 이동시키고, 남쪽으로는 마산, 목포, 용암포에 군사기지를 건설하려 하였다. 이에 일본이 영국과 동맹을 맺고 러시아는 프랑스와 동맹을 맺고 한반도를 사이에 두고 팽팽하게 맞서게 되었다. 1904년, 일본이 중국 랴오닝성의 끝에 있는 뤼순항을 공격하면서 러·일전쟁이 발발하였다. 일본은 영국과 미국의 배후지원에 힘입어 육상인 봉천 전투에서 러시아군을 크게 무찌르고, 해상인 대한해협에서는 러시아의 발틱함대를 격파하였다. 러·일전쟁 이후 미국 루스벨트 대통령의 중재로 포츠머츠 조약이 체결되었고 이로써 일본은 대한제국과 랴오둥 반도와 사할린 남부의 지배권을 공고히 하였다.[22] 이러한 외세의 큰 그림이 그려지는 가운데 대한제국은 대외적 중립을 표방하였지만, 약소국가의 전형적인 몸부림인 구호에 그치고 말았다.[23]

이 시기에 경호경비 제도를 살펴보면, 1873년(고종 10년)에 궁궐수비를 위하여 무위소(武衛所)를 설치하였고, 1881년(고종 18년)에는 근위부대인 무위영(武衛營)과 수도방

---

19) 박영규(2006). 조선왕조실록. 대전 : 웅진싱크빅.

20) 대한제국은 아관파천(1896년 2월 11일~1897년 2월 25일) 이후 고종이 러시아 공사관에서 경운궁으로 환궁하고 황제 즉위식을 하여 광무(光武)란 연호를 사용하면서 시작되었다. 그러나 1910년 한일병합이 되면서 대한제국이 막을 내리고 국호는 다시 조선으로 남게 되었다.

21) 박지현(2014). 프랑스 외무부 문서로 본 대한제국의 국제 관계. 사림, 48, 27-60.

22) 김원수(2004). 한국의 러일전쟁연구와 역사교육의 과제 : 개전원인을 보는 시각. 역사교육, 90, 85-104.

23) 이윤상(2003). 대한제국기 국가와 국왕의 위상제고사업. 진단학보. (95), 81-112.

어부대인 장어영(壯禦營)을 설치하였다. 1895년(고종 32년)에는 미국 군사교관들의 훈련을 받은 왕실 호위를 위한 시위대(侍衛隊)[24)]가 창설되었다. 그러나 을미사변(1895) 이후 해산되었다가 대한제국이 선포되면서 다시 부활되었다. 1907년, 군대가 해산되면서 시위대 중의 일부를 축소 개편하여 왕실호위로 남겨두었다가 이것마저도 1931년에 폐지되고 왕실의 호위는 일본군 헌병사령부로 이관되었다.[25)]

제 3 절 한일병합과 대한민국 정부 수립

1907년 '헤이그 특사 파견'을 구실로 고종이 강제 퇴위된 이후 1910년 8월 29일, 치욕적인 한·일병합조약으로 대한제국이 사라지고 우리 민족은 일제의 식민지 상태로 돌입하여 국권이 상실되었다. 이는 포츠머스 강화조약을 통하여 서구 제국주의 열강들의 한반도에 대한 지위 우월권을 인정받은 데서 기인하였다. 이러한 분위기 아래, 이토 히로부미 사후인 1909년 말부터 한일병합을 위한 치밀하고도 활발한 논의가 진행되었으며, 특히, 1905년 가쓰라·태프트 밀약을 통하여 미국이 필리핀에서의 독점권익을 가지게 되었고, 일본은 대한제국에 대한 독점적 지배권을 확보할 수 있었기 때문에 국제적인 걸림돌은 존재하지 않았다.[26)]

1919년 3·1운동 이후 국내외에 8개나 되는 임시정부가 수립되었고, 서울의 '한성임시정부', 노령의 '대한국민의회정부', 상해의 '대한민국임시정부'가 중심을 이루었으나, 실제로 활동한 것은 중국 상해의 임시정부였다. 따라서 점차 상해 임시정부로 통합되어 열강을 상대로 외교활동을 펼치다가 1932년 4월 윤봉길 의사의 '상해 홍구공원 폭탄투

24) 일제의 압박이 극심한 가운데 삼국간섭에 의하여 일본의 세력이 일시적으로 약화되자, 대한제국의 독자적 의지 아래 창설되었다가, 1907년 해산 당시 제1대대장 박승환의 자결을 계기로 항일의병운동으로 이어졌으며, 이는 일제에 대항하여 맞선 유일한 중앙군이 되었다.

25) 이두석(2016). 경호학 개론. 진영사, 126.

26) 정상천(2005). 일제강점기(1910-1945) 동안의 한국독립운동에 대한 프랑스 정부의 정책. 한국정치외교사논총. 26(2), 219-252.

척사건'으로 일제의 극심한 탄압이 시작되었다. 이후 중경(重慶)에 안착할 때까지 고난과 역경의 시기를 거쳐 1940년부터 1945년까지 중경 임시정부가 활동하였다.[27)]

1945년 8월 15일, 해방을 맞이하여 한반도에 미군이 주둔하면서 군정이 실시되었고, 당시의 사회혼란을 이유로 일제시대 식민지배의 중추기관이었던 경찰조직이 고스란히 유지되었다. 경찰제도의 획기적인 변화 및 인적 청산은 이루어지지 않았으나, 다행히도 조직법이나 작용법의 정비가 실행되었다. 일제의 치안입법인 「치안유지법」과 「정치범처벌법」, 「예비검속법」, 「보안법」 등이 폐지되었다. 또한, 일제 강점기에서 담당하였던 위생사무, 경제경찰, 고등경찰, 행정사무 등이 이관되거나 폐지된 대신, 정보과를 신설하고 경무부 공안국에 여성경찰과를 신설하였다. 1946년에는 서울 등 3개소에 경무총감부를 설치하고 그 아래 11개의 관구경찰서를 두었다. 이듬해에는 수도관구경찰청에 여성경찰서를 창설하여 부녀자와 14세 미만의 소년범죄를 취급하였다.[28)]

1945년 11월 13일부터 1946년 3월 29일까지는 역시 혼란기라는 사유로 경찰이 국방사령부의 지휘 감독을 받다가 경찰부로 승격되었다. 1946년 5월 17일, 미 군정에 의해 남조선과도정부가 구성된 이후 경찰조직은 중앙에 경무부, 서울 등 3개소에 경무총감부를 설치하고 그 밑에 11개의 관구경찰청을 두었다.[29)]

1948년 8월 15일, 대한민국 정부가 공식 선포되고, 「대통령령」 제59호(1949.2.23.)에 의하여 창덕궁 경찰서가 경무대 경찰서로 개칭되었으며 이 시점부터 대통령 경호업무가 본격적으로 시행되었다.[30)]

---

27) 고정휴(2000). 대한민국 임시정부의 성립과정에 대한 검토. 한국근현대사연구. 12, 88-127.
28) 신현기(2015). 경찰학 개론. 서울 : 법문사.
29) 장승수(2019). 미군정시대 경찰조직의 변천과정에 관한 연구. 경찰복지연구. 7(1), 93-110.
30) 한국경찰사편찬위원회(1973). 한국경찰사.

제 4 절 6 · 25전쟁과 대통령 경호

1950년 북한의 기습 남침으로 6 · 25전쟁[31]이 발발하자 군인뿐만 아니라 경찰에서도 많은 힘을 보태게 되었다. 특히, 강원도경찰은 전쟁 발발 이전부터 공비토벌을 주도하였고 전쟁이 시작되자 전투에 적극적으로 참여하면서 국군을 측면지원하였다. 국군 6사단이 춘천에서 철수할 때 북한군에 맞서 싸웠고, 삼척경찰서는 국군 8사단이 강릉에서 제천으로 철수하자 8사단 공병대대 등과 통신을 유지하며 북한군 945부대를 저지하였다. 이와 함께 학도의용군(학도병)이 조직되어 1951년 4월, 해산할 때까지 전후방 전투에 참여함은 물론, 공비소탕, 치안유지, 간호활동, 선무공작 등에 참가하면서 군과 경찰의 업무를 지원하였다.[32]

이러한 시기에 6 · 25전쟁 이전(1948년 5월)에 방첩업무를 위하여 창설된 군의 정보수사기관[33]이 전쟁 이후에 특무부대로 확대 개편되면서 이승만 대통령에 대한 경호를 담당하였다. 미 군정시기의 군 경비대는 일제소총을 지급받았으나, 경찰은 미제 칼빈소총을 지급받았으며, 각 경찰서에는 미군의 차량과 기관총을 비치하고 있었다. 해방 직후 공권력이 확립되지 못하였던 당시 남한의 치안력을 감안할 때 대통령의 경호업무는 경찰이 담당할 수밖에 없는 필연성을 가지고 있었다.[34] 그럼에도 불구하고 군사조직인 특무부대가 대통령의 1선경호를 담당하였던 것은 전시상황을 고려한 고육지책으로 판단된다.

---

31) 6 · 25전쟁은 '한국전쟁', '6 · 25사변', '6 · 25동란' 등 여러 명칭으로 불린다. 대체로 학계에서는 '한국전쟁' 또는 '6 · 25전쟁'으로 사용되므로 이 서적에서는 '6 · 25전쟁'으로 사용한다.

32) 이상균(2021). 6 · 25전쟁 개전초기 강원지역 전황과 태백중학교 학도병의 참전. 강원문화연구. 43, 91-119.

33) 軍 정보수사기관이란 軍隊 내에서 정보업무와 수사업무를 동시에 수행하는 기관을 의미하며 현재 우리나라의 정보수사기관으로는 국군방첩사령부가 유일하다. 군 정보기관으로는 정보사령부(정보사), 군 수사기관으로는 국방부 직할 조사본부가 있다.

34) 조광래(2011). 대통령 경호실장에 관한 연구. 고려대학교 박사학위논문.

〈표 3-4〉 우리나라 軍 정보수사기관의 창설배경 및 주요 연혁

창설배경 ('48.5.~'50.10.)	좌 · 우익의 극심한 대립과 사회의 혼란 속에서 대공활동 전담기구의 창설 필요성이 제기되어 조선경비대 정보처 소속의 특별조사과('48.5., SIS: Special Investigation Section) 설치 이후, 육본 정보국 특별정보대('48.11., SIS: Special Intelligence Service), 육본 정보국 방첩대('49.10., CIC: Counter Intelligence Corps)로 개칭
특무부대 ('50.10.~'60.7.)	한국전쟁이 터진 이후 대공업무 기구의 확대 필요성에 따라 육군 특무부대('50.10.), 해군 방첩대('53.1.), 및 공군 제26 특별수사대('54.3.) 창설
육군 방첩부대 ('60.7.~'68.9.)	1960년 4 · 19혁명을 계기로 정보기관 개편으로 특무부대에서 방첩부대로 변경('60.7.) 후 지하조직 침투간첩 검거 및 좌익세력 척결임무 부여
육군보안사령부 ('68.9.~'77.10.)	1 · 21사태 이후 보안 및 방첩업무 강화를 위해 부대명칭을 육군보안사령부와 해 · 공군 보안부대로 각각 개칭('68.9.), 울진 · 삼척지구 대간첩작전 등을 수행
국군보안사령부 ('77.10.~'90.12.)	각군 보안부대를 국군보안사령부로 통합('77.10.), 대공업무와 군내 비리색출 및 아시안게임과 올림픽 행사 개최를 지원
국군기무사령부 ('91.1.~'18.8.)	윤석양 이병 사건('90.10.)을 계기로 순수 軍 관련 업무로 체계를 정비하여 국군기무사령부로 개칭('91.1.)
군사안보지원사령부 ('18.9.~'22.11.1.)	댓글공작 세월호 민간인 사찰 촛불집회 계엄령 시행계획 문건 등의 논란으로 기무사 해편(解編) 후 과거와 역사적으로 단절된 새로운 사령부 창설('18.9.1.)
국군방첩사령부 ('22.11.1.~현재)	새정부 출범 이후 보안 · 방첩의 강화 기조와 함께, '지원'이라는 표현의 오해 우려로 인하여 '지원'이 빠지면서 완전히 새롭게 개칭하고 예하부대인 868부대가 대통령의 서울공항 또는 군부대 방문 시에 경호임무를 수행

출처 : 국군방첩사령부 홈페이지(2023.01.05. 검색), 재구성

〈표 3-4〉에서 보는 바와 같이, 군의 정보수사기관은 해방 직후 미 군정시기에 남한에서 활동하였던 주한미군의 방첩대 기능을 대한민국 정부가 이어받아 1948년 5월 27일 조선경비대 정보처에 설치된 '특별조사과'를 모체로 하였다.[35)]

이 정보수사기관의 핵심인물인 특무부대장 김창룡은 함경남도 영흥군 출생으로 일본 관동군 헌병대 오장(하사)으로 근무하다 일제 패망 후 국방경비대 사병으로 입대하였다. 1947년 1월 조선경비사관학교 3기로 입교하여 동년 4월 少尉로 임관하였다. 1948년 8월 육군본부 정보국에 배치된 이후 여순사건 직후, 대통령의 지시로 대대적인 숙군

35) 최종영, 정주호(2019). 軍 정보수사기관의 대통령 경호활동에 관한 연구−1950년대 특무부대의 이승만 대통령 경호를 중심으로−. 한국국가안보국민안전학회, 9, 9-46.

작업[36)][37)]이 실시되었고 이 업무에서 김창룡은 무리한 심문 등으로 논란이 되기도 하였지만, 결과적으로 대통령으로부터 뛰어난 실력을 인정받았다.[38)]

이 무렵, 이승만 대통령이 모종의 비밀업무를 맡기기 위해 유능한 정보장교를 찾고 있었고, 김창룡을 눈여겨본 신성모 국방장관이 1949년 10월 김창룡 중령(당시 육군 정보국 방첩대장)을 경무대로 데려가 이승만 대통령에게 인사를 시켰다. 첫 대면이 끝난 직후 이승만 대통령이 윤석오 비서를 불러 오랫동안 경무대 경호책임자로 임무를 수행하였던 김장흥[39)][40)] 경호책임자에게 김창룡이 자유롭게 출입하도록 전달할 것을 지시하였다. 이후, 2주에 1회씩 이승만 대통령을 파격적으로 독대하면서 업무보고를 하였으나 그 내용은 알려지지 않았다.[41)]

〈표 3-5〉 역대 경무대 경찰서 경호책임자

경찰서장	재임기간	역할
김장흥(金長興)	1949.3.23.~1951.7.9.	경호책임자
이기영(李起榮)	1951.8.27.~1952.2.13.	경찰서장
이정석(李丁錫)	1952.2.13.~1952.10.11.	경찰서장
서정학(徐廷學)	1952.10.11.~1954.7.21.	경호책임자
김국진(金國振)	1954.7.21.~1956.7.26.	경호책임자
곽영주(郭永周)	1956.7.26.~1957.6.15.	경호책임자
남태우(南泰祐)	1957.6.15.~1960.5.12.	경찰서장

출처 : 한국경찰사편찬위원회(1973). 재구성

36) 숙군작업이란 국군 창설 시 군에 침투하여 하극상 또는 반란을 주도하였던 좌익계열 색출작업으로 1949.2.~1949.11. 사이에 352명이 숙군대상으로서 고등군법회의에 회부되었다.

37) 노영기(2008). 1945-50년 한국군의 형성과 성격. 성균관대학교 박사학위논문.

38) 경남도민일보(2015.7.13.). 광복70년 잊지 말아야 할 이름들. 6화 '김창룡'.(2023.01.05. 18:00 검색)

39) 박성환(1969). 세종로일번지. 서울: 국민문고사.

40) 김장흥은 경호책임자에서 물러난 이후 1952년 치안국 부국장, 1954년 치안국장을 역임하였고, 1956년 강원도지사까지 오르며 승승장구하였다(김은정(2016). 제1 · 2공화국 대통령 경호의 역사적 재조명 : 경호책임자, 대통령경호특별수칙, 대통령경호대를 중심으로. 한국경호경비학회, 47, 37-59).

41) 동아일보(1974.7.15.). 제1공화국 비화, 12화; 김창룡 소장 저격사건.(2023.01.05. 20:40 검색)

한국전쟁이 발발하자 김창룡은 1950년 8월 경남지구 방첩대장에 임명됐고, 1950년 9월 28일 북한군에 점령당했던 서울을 수복하자마자 이승만 대통령은 김창룡을 군검경 합동수사본부 본부장으로 임명했다. 합동수사본부는 북한군이 수도권 지역을 점령하고 있을 당시 북한군에 협조한 부역자를 찾아내고 처벌하는 무시무시한 권한을 가졌다. 김창룡 합동수사본부장은 수시로 이 대통령에게 직접 보고를 하였고, 1950년 10월 초부터 1951년 5월까지 김창룡은 숙군 때와 마찬가지로 엄청난 속도와 적극성으로 부역자를 처벌하기 시작하였다.

당시 내무부 치안국 자료에 따르면 1950년 말까지 검거된 인원만 15만 3,825명, 자수한 인원 39만 7,090명으로 총 55만 915명이 부역혐의를 받은 것으로 나타났다. 과다한 검거에 따른 여론과 정치권의 거센 비판을 받았고 결국 설치근거가 없던 합동수사본부는 1951년 5월 23일 해체되었다. 그러나 오히려 김창룡은 이 시기 이승만 대통령에게 절대적인 신뢰를 얻게 되었고, 1950년 10월 말 대령으로 승진되었으며, 1951년 5월 15일 육군 특무부대장으로 임명되었다.[42)]

이후에도 김창룡은 수많은 군내 · 외 사건들을 처리하며 이승만 대통령의 신임을 이어갔으나, 1956년 1월 30일 출근길 차량 안에서 옛 부하였던 허태영 등의 총탄에 사망하였다.[43)]

한국전쟁 기간(1950~1953) 동안 남한 도처에 북한 무장병력들이 위협하는 전시(戰時) 상황하에서 경찰이 아닌 특무부대에서 이승만 대통령 경호와 관련된 활동이 전개되었다.[44)] 북한 인민군의 남침은 시간이 지남에 따라 그 속도가 빨라져 우리 국군은 후퇴를 거듭하여 방어선이 대전 아래 지역으로 축소되어가자 민심은 걷잡을 수 없을 정도로 악화되어 갔다.

이렇게 되자 후방지역의 공산세력 역시 날로 활발해져 지방토호나 상인들은 인공(인민공화국)이 되었을 때 유리한 처신을 하고자 기회를 엿보려는 경향이 나타나기 시작하

---

42) 경남도민일보(2015.7.13.). 광복70년 잊지 말아야 할 이름들. 6회 '김창룡'.(2023.1.5. 21:00 검색)

43) 동아일보 기사색인 목록(2023.1.5. 22:00 검색).

44) 최종영, 정주호(2017). 軍 정보수사기관의 대통령 경호활동 고찰 : 1950년 한국전쟁 이후부터 현재까지. 시큐리티 연구. 53, 61-79.

였다. 대통령을 비롯한 국무위원과 국회의원들이 부산으로 피난을 내려오게 되자 부산은 전시하의 임시수도가 되었다. 김창룡 중령은 계엄하에서 군경 합동수사본부장으로 대통령의 경호와 임시수도의 안전, 그리고 이에 필요한 정보 수사업무를 책임지고 있었다.[45)]

당시 민간 사찰의 기록 속에서 특무부대의 경호활동이 언급되는데, 이에 따르면 특무부대가 공식적인 경호책임기관인 경찰보다 더 측근에서 1선 경호를 담당하였음을 파악할 수 있다.

> … 원허스님(1889~1966)은 어떤 인연 때문인지 정확하게 밝혀지지는 않았지만, 당시 이승만 대통령과 막역한 사이였다고 한다. 스님이 낙산사 주지로 있을 무렵 이승만 대통령이 세 차례나 낙산사를 방문했을 정도. 수복지구 안에 있던 낙산사는 길 포장도 제대로 되지 않았기에 서울서 오기에는 여간 불편한 게 아니었다. 그럼에도 불구하고 낙산사를 이승만 대통령이 세 차례나 왔다는 것은 특별한 사이임을 증명한다. 대통령이 시골 절에 왔으니 비상이 걸린 것은 당연한 일이었다. 사찰 밖에는 경찰이 경비를 서고, 경내에는 특무대 요원들이 삼엄하게 경호를 서고 있을 때였다. 이승만 대통령과 원허스님을 비롯해 지역의 주요 인사들이 자리를 같이했다.
>
> 이 대통령은 지역치안을 책임지고 있던 36관구 군사정보부대 부대장인 김동석 대령에게 당부했다. "김 대령, 이 노스님 잘 모셔." 그 뒤부터 툭하면 스님들에게 도민증을 보자고 했던 경찰과 군인들의 태도가 싹 바뀌었다고 한다. 최준섭 부총재(한국불교법사총연합회)의 기억이다.[46)]

김창룡 특무부대장의 일대기를 통해 당시 한국전쟁이라는 시대적 상황의 긴박함 속에 이승만 대통령이 김창룡과 김창룡이 이끄는 특무부대를 얼마나 신뢰했는지 다시금 확인할 수 있고, 그러한 시대적 상황이 특무부대로 하여금 대통령 경호활동을 책임지고 수행하도록 하였음을 알 수 있다. 당시, 특무부대는 법적으로 명시된 임무에는 존재하

---

45) 이대인(2011). 대한민국 특무부대장 김창룡. 서울 : 기파랑.
46) 불교신문(2004.7.27.). 기획연재 〈105〉 원허스님 ⑦.

지 않았지만 이승만 대통령을 지근거리에서 선발 및 수행경호를 실시하였고, 가족 중에는 군복무 중인 양아들(이강석)에 대한 신변보호 업무도 실시하였다. 또한, 이 시기에는 軍, 民을 가리지 않고 사전 안전활동과 행사 당일 1선에서부터 외곽까지 광범위하게 특무부대가 경호활동을 주도하였다.

민간사찰의 한 스님(원허스님)에 관한 불교신문의 자료는 당시 대통령 경호책임기관인 경찰에게 2선을 맡기는 대신 대통령경호실이 창설되기 前 경호실의 위치인 1선 핵심구역에 특무부대 요원들이 배치되었음을 확인할 수 있는 대목이다. 특히, 당시에 경호를 담당하였던 생존자들의 증언에 의하면, 이승만 대통령의 신뢰를 바탕으로 특무부대 전체가 투입되어 경호업무를 주도적면서도 순발력 있게 수행하였다.[47] 이러한 실증적인 연구를 통하여 6·25전쟁 시기를 전후하여 우리나라의 대통령 경호가 어떤 상황하에서 어떠한 방식으로 실시되었는지를 제시했다는 점은 경호학문의 발전을 위하여 매우 큰 의의가 있다고 하겠다.

이상과 같은 연구자료를 통하여 살펴보면 6·25전쟁 발발 이후 1950년부터 휴전 이후 일정기간 동안의 경호는 특무부대가 담당하였음을 알 수 있고, 〈표 3-6〉과 같이 경호사의 중요한 한 획을 담당하였다고 하겠다.

〈표 3-6〉 해방 이후 대통령 경호 변천사

시기	세부내용
1949.2.23.	경무대경찰서 창설, 경무대경찰서에서 대통령경호 담당
1949.12.29.	내무부훈령 제25호로 '경호규정' 제정, '경호'용어 최초 사용, 대통령경호책임을 '경무대경찰서장'이 담당
1951.5.16.	김창룡 대령의 특무부대장 임명
1956.1.30.	김창룡 특무부대장 사망
1960.6.15.	4.19 의거를 계기로 내각책임제로 전환, 경무대경찰서 폐지되고 서울시 경찰국 경비과에서 경무대에 대한 경호를 담당
1960.8.13.	서울시 경찰국 경비국에서 '경무대 경찰관 파견대' 설치, 대통령 경호 및 관저 경비

47) 최종영(2020). 軍 정보수사기관의 대통령 경호활동에 관한 연구. 가천대학교 박사학위논문.

1961.5.20.	5 · 16 이후 군 중심의 '국가재건최고회의 의장 경호대' 구성, 박정희 의장 경호
1961.6.1.	'중앙정보부' 창설, 박정희 의장 경호 인수
1961.11.14.	중앙정보부령 제25호로 '경호대설치령' 제정, 국가원수, 최고회의 의장 · 부의장, 내각수반, 국빈 등을 경호
1962.12.17.	제5대 박정희 대통령 취임과 함께 '대통령경호실법'에 근거한 '대통령경호실'에서 대통령경호 담당

출처 : 이춘삼(2010). 경찰경호 발전방안에 관한 연구. 치안정책연구소 책임연구보고서. 18, 20. 재구성

제 4 장

세계 각국의 경호제도와 경호관계법

제 4 장

세계 각국의 경호제도와 경호관계법

제 1 절 세계 각국의 경호제도

1. 미국(United State of America)

1) 미국 경호제도의 역사

우리나라의 경호제도는 독립된 기관으로서 미국의 경호제도와는 제도적 차이점이 있지만, 경호자원의 운용이나 경호기법 등 많은 부분에서 영감과 영향을 받고 한국화하였다. 따라서 다른 나라의 경호제도보다는 비교적 상세하게 역사를 살펴보는 것이 중요한 의미를 가진다고 하겠다.

미국은 1865년 남북전쟁(1861~1865)을 전후하여 대량의 위조지폐가 유통됨으로 인하여 국가의 존립에 치명적인 영향을 미치게 되었다. 가장 큰 원인은 지폐의 발행을 단일화하지 않고, 미국 전역에 산재한 독립성이 강한 각 주정부의 1,600여 개나 되는 민간은행을 통하여 발행하였기 때문이다. 유통되는 지폐의 절반 이상이 위조지폐일 정도였으므로 통화의 신용이 크게 떨어지면서 국가적인 큰 골칫거리로 등장하게 되었다.

이에 당시 맥컬로우(Huge McCulloch) 재무장관의 건의와 링컨(Abraham Lincoln) 대통령의 재가로 재무성 산하의 연방수사기관으로 S.S.(Secret Service)를 창설하기로 하였다. 그러나 아이러니하게도 창설을 인가한 당일인 1865년 4월 14일, 링컨은 포드극장에서 연극관람 도중 극장에서 공연하였던 배우인 '존 윌키스 부스'로부터 머리에 치명상을 받고 사망하였다.

창설 초대 비밀경호대상인 윌리엄 우드는 "화폐에 대한 국민의 신뢰회복!"이라는 명제 아래 여러 차례 생명의 협박을 받으며 위조화폐 단속임무를 수행하였다. 링컨 대통령이 암살당한 이후 16년 만인 1881년, 가필드(James A. Garfield) 대통령이 암살을 당하자 미국 의회는 대통령에 대한 경호의 필요성에 대하여 숙고하였으나 결론을 내리지 못하였다.

그 이후 1894년, S.S 국장은 공식적 허가 없이 미국 역사상 처음으로 클리블랜드(Grover Cleveland) 대통령에 대하여 비밀리에 소규모의 경호원을 배치하고 여름휴가 등 특별한 경우에 경호임무를 수행하도록 하는 등 제한적인 경호활동을 개시하였다.

1901년, 매킨리(William McKinly) 대통령이 저격당한 지 8일 만에 사망하자, 미국 의회 일부의원이 S.S에 상시 경호업무를 수행하는 법안을 제출하였으나 논란이 지속되면서 결국 부결되었다.

매킨리 대통령 암살사건은 美 S.S 역사상 중대한 전환점이 되는 사건이었다. 왜냐하면 행사의 한 참석자가 경호원의 근무위치를 정치적으로 악용하였기 때문이다. 접견 라인의 대통령 우측 경호원 아일랜드(Ireland) 경호원의 위치를 범 미주박람회 회장인 밀번(John G. Milburn)이 자신의 과시를 위하여 대신 자리를 차지하였고, 이후 수분 만에 권총 저격을 당하였다.
이 사건을 계기로 근접경호이론의 기초인 경호낭 이론(protective envelope method)이 개발되었고 방호와 대피(Cover and Evacuate Work)가 강조되었다.

1902년 루스벨트(Theodore Roosevelt) 대통령에 대해서는 암살 기도사건 이후부터 24시간(Full-Time) 경호를 제공하기 시작했고 그로부터 4년 후인 1906년에 미국 의회에서는 「대통령 경호에 관한 법(The Sundry Civil Expenses Act)」을 통과시키면서 일부 예산 사용을 합법화하였으나, 아직까지도 대통령에 대한 공격을 연방범죄로 인정하지는 않았다. 그러나 비밀경호대에서는 공식적인 법적 경호 권한을 보장받은 것으로 받아들이고 보다 적극적인 경호임무를 수행하였으며, 1908년, 태프트(William Howard Taft) 대통령 때는 대통령 당선자를 경호하는 등 비밀경호대의 경호임무를 강화 및 확대시켰다.

1901년부터 백악관 수행 경호팀으로 2명이 상주하였고 대통령의 지방 출장에는 인원이 증원되었다. 그러나 의회가 경호활동에 대한 예산을 편성하지 않았기 때문에 애로사항이 많았고, 또한 법률적 근거가 없었던 수행경호팀의 구성에 대하여 의회의 강력한 반발이 있었다.

이러한 이유 때문에 비밀경호대와 의회와의 갈등이 첨예하였고, 이는 1913년까지 상호 간의 보복이 발생하는 등 대립이 극심하였다.

위와 같은 갈등의 여파로 루스벨트 대통령은 대통령의 직권으로 비밀경호대 요원 8명을 법무성으로 배속시키고 범죄수사를 전념토록 하였고, 이들은 1908년에 창설된 연방수사국(FBI) 발전의 핵심요원이 되었다.

1913년, 미국 의회에서는 대통령의 경호임무 권한을 조금씩 보장하였으나 1951년에 이르러서야 영구적으로 확정되었다.

1917년에는 대통령을 위협하는 우편물에 대한 수사기능을 부여하였고, 대통령의 직계가족에 대한 경호를 합법화하였으며 백악관 수행경호팀을 2명에서 5명으로 증원하였다.

1922년에는 하딩(Warren G. Harding) 대통령의 요구에 의하여 비밀경호대 '제복경호과(Uniformed Division)'의 전신인 '백악관 경찰대(The White House Police Force)'의 설치를 경비임무로 국한하여 의회 승인을 받았다.

1930년, 정신장애를 가진 한 시민이 백악관의 식당에 아무런 제지 없이 들어가 비밀경호대의 팀장에게 경비자세를 문제삼고 해명을 요구하였다. 이 사건이 발생한 후 후버(Herbert Clark Hoover) 대통령은 비밀경호대로 하여금 백악관 경호대를 장악하도록 하였고, 이는 후일 비밀경호대 제복경호과를 창설시키는 계기가 되었다.

1950년, 트루먼(Harry S. Truman) 대통령에 대한 암살기도사건을 계기로 비밀경호대에 대한 지속적 권한과 임무의 확대 및 기구 확장 등의 항구적인 경호 강화조치가 시행되었다.

1963년, 케네디(John F. Kennedy) 대통령이 암살된 이후 취임한 존슨(Lyndon B. Johnson) 대통령은 대통령 직속의 조사위원회(The Warren Commission)를 구성하고 그 결과보고서를 통하여 비밀경호대의 기능을 향상시키는 여러 조치를 단행하였다.

※ 케네디 암살 조사위원회 보고서 주요 내용

1. 비밀경호국의 편제를 재무성 산하의 '과'단위에서 '국단위'의 외청 형태로 확대 개편한다.
2. 대통령 경호요원의 숫자를 대폭 확충하고, 교육기관을 창설하며, 엄격한 교육을 실시한다.
3. 정보기능을 강화하며 이를 위하여 기타 연방 공안기구의 지원과 협조를 의무화한다.
4. 새로운 경호장비를 개발하고 통신장비를 개선한다.

1968년, 민주당 대통령 후보 케네디(Robert F. Kennedy) 상원의원 암살을 계기로 존슨(Lyndon B. Johnson) 대통령은 '대통령 후보 경호'에 대한 법안을 제출하였고 이에 의회의 만장일치 통과로 대통령 선거일 기준 120일 이전부터 공식적인 경호를 담당토록 하였다.

2003년, 국토안보국(The Department of Homeland Security)으로 소속이 변경되었으나 임무는 예전과 동일하다. 현재의 공식명칭은 'The United State Secret Service(USSS)'이고 미국 전역에 43개의 지부(출장소, 연락소를 포함하여 150개)가 있으며, 런던, 파리, 로마, 방콕, 홍콩, 오타와, 몬트리올, 밴쿠버, 마닐라, 보고타 등 12개의 해외 연락사무소를 운용하고 있다.

비밀경호국의 인원수는 경호 및 수사(Special Agent) 약 3,200명, 제복 경호과(Uniform Division) 약 1,200명, 행정 약 2,000명에 달한다.

경호대상으로는 대통령, 부통령 또는 대통령직 차기 승계예정 관료, 대통령 당선자 및 부통령 당선자, 경호대상자의 직계 가족, 전직 대통령 및 그들의 생존기간 동안의 배우자, 국토안보부 장관이나 비밀경호대 지휘관이 위해 정보 또는 주변 상황을 고려하여 특별한 경호조치가 필요하다고 인정하는 경우 한시적 경호를 제공한다.

또한, 16세 미만의 전직 대통령의 자녀는 10년을 초과하지 않는 범위 내 또는 16세에 도달하기 전까지 경호를 제공하고(두 가지 중 먼저 도달하는 1가지 우선 적용), 미국을 방문하는 외국의 국가원수 또는 행정수반, 기타 중요한 외국 국빈, 현직 대통령이 경호를 제공하도록 지시하는 경우에 한하여 해외에서 특별한 임무를 수행하는 미국 대표단, 경호대상 자문위원회(하원의장, 하원의회 소수당 대표, 상원 다수당 및 소수당 대표 등)와의 협의 후 국토안보부 장관이 인정하는 주요 대통령 및 부통령 후보자, 대통령 선거 120일 기간 이내의 후보 배우자 등에 대하여 경호를 제공한다. 경호대상에 관해서는 제3절의 〈표 4-3〉에서 다시 상세히 다룬다.

2) 교육과 훈련

① 신임교육

제1차 신임교육은 범죄수사관 훈련 프로그램(CITP; The Criminal Investigator Training Program)으로 교육기간은 10주간이며, 형법, 취조(조사)기술 등 직무 기초지식을 학습한다.

제2차 신임교육은 경호 훈련 프로그램(The Secret Service Training Academy)으로 17주간의 교육이 실시된다. 교육 과목은 경호 직무교육, 위조수사, 사기, 재정적 범죄행위의 방법, 정보수사, 물리적 경호기술, 응용경호, 응급처치 등 다양한 시나리오에 대한 상황 훈련을 받게 되며 사격술, 통제선술, 수중생존기술, 신체 관리에 대한 교육이 필수과목으로 편성되어 있다.

② 직무교육

직무교육은 타 법집행기관의 훈련에 참가하고, 이론적으로 경영 및 관리기법, 윤리성, 다양성, 대인관계, 리더십 등을 수강한다.

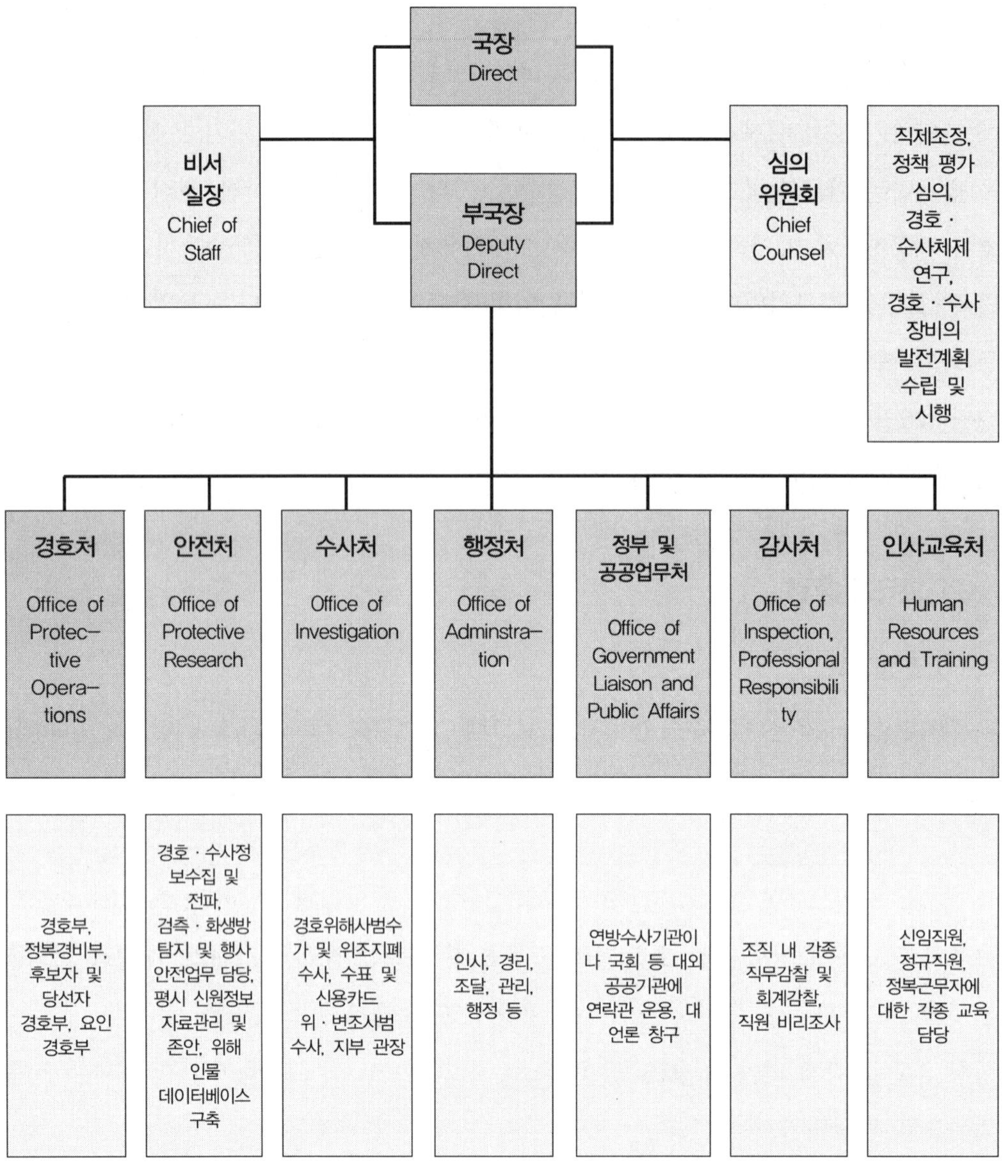

출처 : 박준석 · 정주섭(2010). 재구성

[그림 4-1] **미국 비밀경호대(S.S) 조직도**

2. 영국(The United Kingdom)

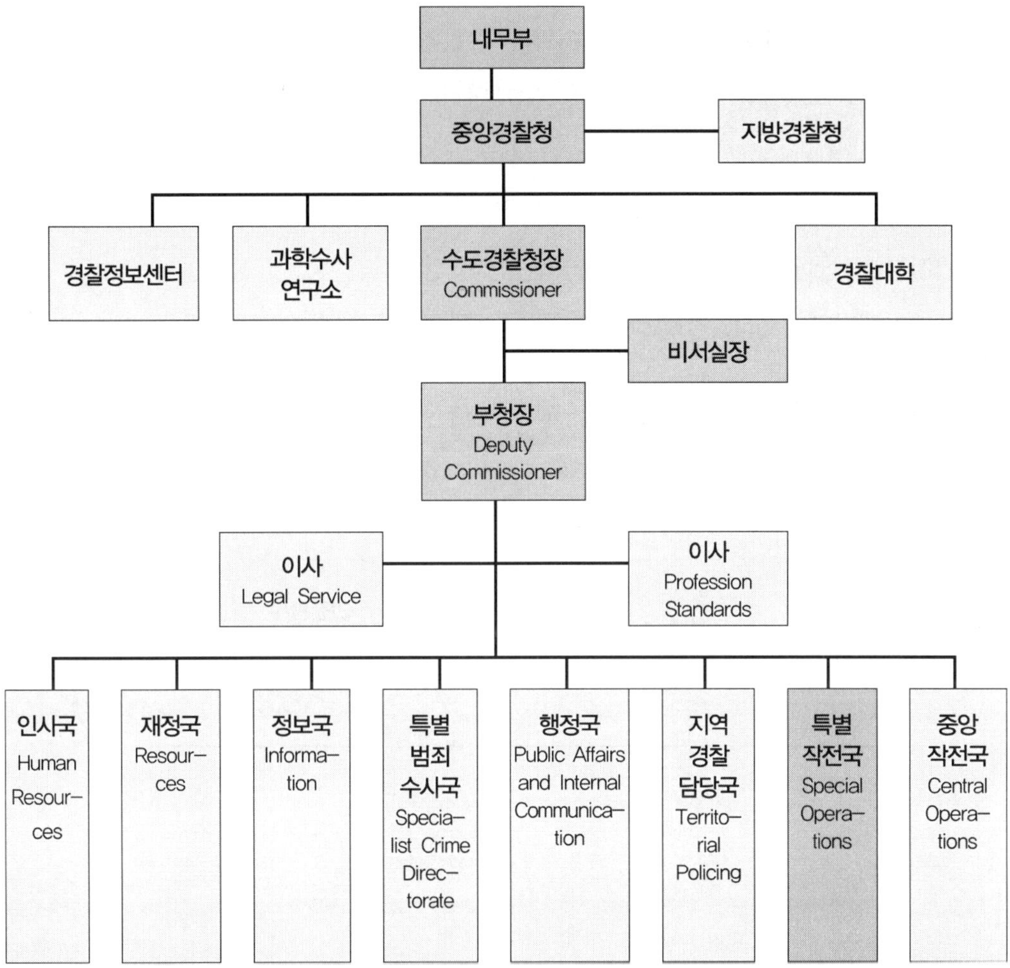

출처 : 박준석 · 정주섭, 2010) 재구성

[그림 4-2] **런던 수도경찰청(MPS : The Metropolitan Service) 조직도**

영국에서는 수도경찰청(MPS : Metropolitan Police Service) 산하에 특별작전국(Special Operations)을 두고, 이 특별작전국 아래 호위본부(Protection Command)와 안전본부(Security Command), 그리고 대테러작전부(Counter Terrorism Command)를 배치하였다. 이 호위본부 산하에는 다음과 같은 과가 있다.

특별호위과(Special Protection) : 전현직 수상, 정부각료, 자국 외교관 및 특별요인을 경호

왕실경호과(Royalty Protection) : 여왕과 왕실의 경호, 각국의 각료, 외교관의 경호, 런던 윈저궁, 스코틀랜드 거주지역에 대한 경비

외국국빈과(Diplomatic Protection Group) : 해외 국가원수, 외국 각료 등 경호

국회경호과(Palace of Westminister) : 국회의사당 지역에 대한 경호 및 경비

안전본부(Security Command) : 항공안전 및 업무지원

대테러작전부(Counter Terrorism Command) : 테러 관련 업무 수행

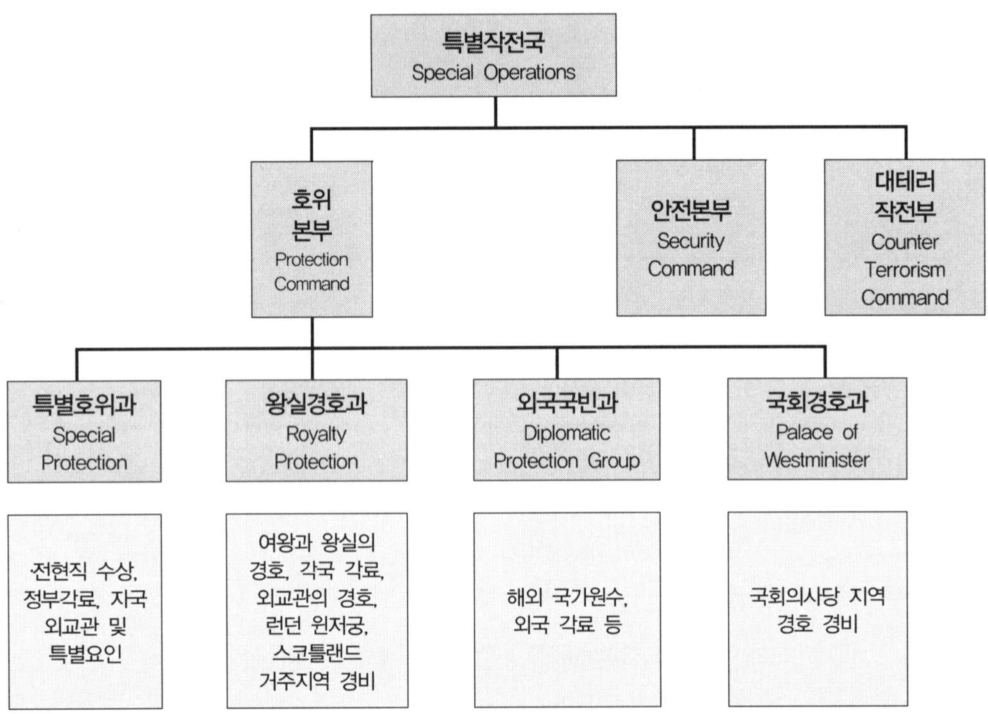

[그림 4-3] **특별작전국 조직도**

3. 일본(Japan)

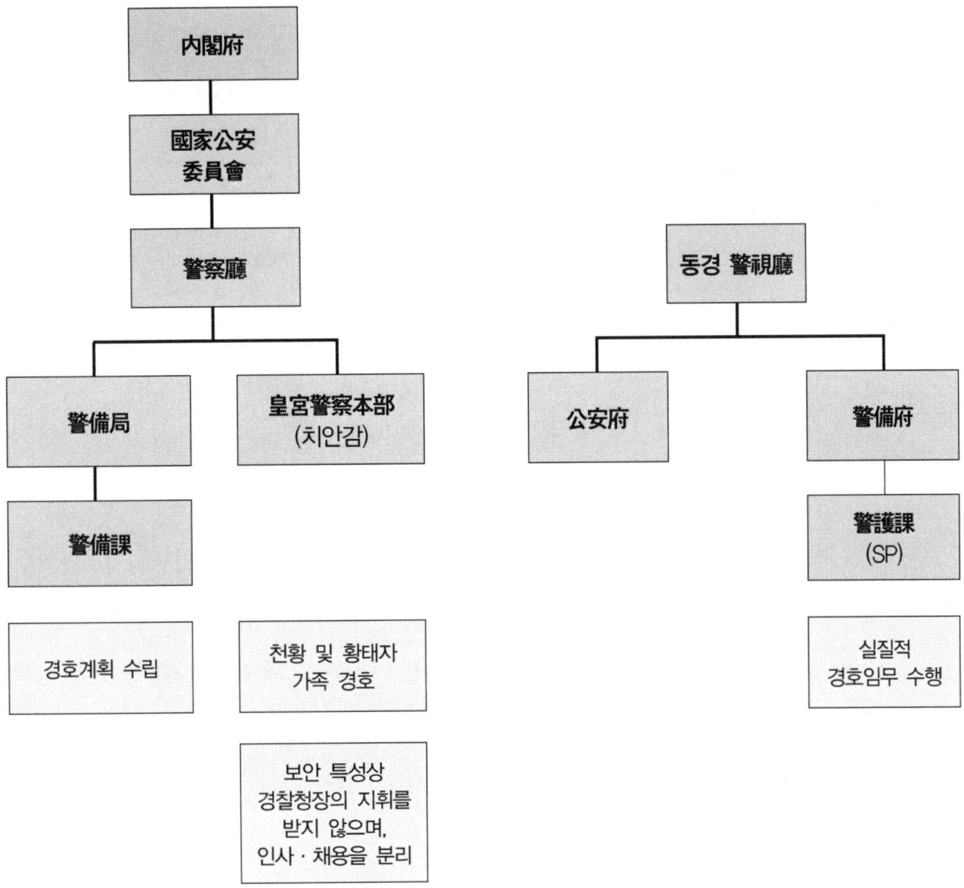

출처 : 양재열(2012). 재구성

[그림 4-4] **일본 경호조직도 및 업무**

일본의 경호조직은 경찰청 산하에 다음과 같은 조직이 있다.

생활안전국 : 범죄, 사고 및 시민 생활 안전, 지역 경찰, 범죄예방, 보안경찰에 대한 업무

형사국 : 일반범죄수사, 범죄감식, 범죄통계, 조직범죄수사, 국제범죄수사, 약물 및 총기관련 범죄 단속, 국제수사 공조 등을 실시

교통국 : 교통경찰에 관한 사무

경비국 : 경호 및 경비계획에 관한 사무

경비국 공안2과 : 내각총리대신 등 국가 주요 각료 및 중요인물 등에 대한 경호정보를 지원하고, 위해 첩보수집 및 전파, 전반적인 경호계획을 수립, 경호업무 조정 및 통제, 국내요인 해외순방 또는 국빈 방일 시 외국경호기관과의 창구역할 수행

정보통신국 : 경찰통신, 범죄단속을 위한 정보기술의 해석 등을 수행

황궁경찰본부 : 1886년 궁내성 황궁경찰서로 시작하였으나, 1954년 경찰청 부속기관으로 편입되어 헌병부, 경비부, 호위부, 사카시타 호위서, 후키가미 호위서, 아카사카 호위서, 황국 경찰학교를 운영

4. 프랑스(France)

프랑스의 경호제도는 내무부 산하 '국립경찰청'과 국무부 산하 '국립헌병대'가 합동으로 치안 및 경호활동을 하는 것이 특징이다. 프랑스 경찰은 한국의 경찰제도와 매우 흡사한 조직 및 활동을 하고 있으며,[1] 수상 아래 내무장관, 그리고 경찰청장으로 이어지는 국가경찰체계의 전형적인 모습을 보여주고 있다.[2] 도시지역은 일반국가경찰이 담당하고 그 외의 지역에 대하여 군인경찰이 담당하며, 지방자치단체인 시 또는 읍에서는 시장의 자치권 범위에서 자치경찰을 창설할 수 있다.[3]

국립경찰청 산하에 '국립경찰직속부(DGPN)'가 있고, 그 아래에 '요인경호과(SPHP)'가 있다. 이 요인경호과는 1935년 '공식방문과(Voyage Offical)'로 창설되었다가 1994년 현재의 '요인경호과(SPHP)'로 명칭이 변경되었다. 인원은 500명을 기준으로 하고 임기는 5년으로 제한이 있다.

국립헌병대(GN)의 국립헌병대 진압부대(GIGN)는 2007년 현재의 형태를 갖추었으며 인원은 320명 정도이고, 산하 공화국 대통령 경호대(GSPR)는 테러와 각종 위해로부

1) 이종화 외 8인(2003). 비교경찰제도론. 법문사, 530.
2) 임준태(2009). 비교경호제도론. 백산출판사, 324.
3) 박창호 외 4인(2004). 비교수사제도론. 박영사, 66-67.

터 대통령을 보호한다는 목적으로 1983년에 창설되었다. 그러나 2007년 '니콜라스 사르코지' 대통령이 '공화국 대통령경호대'를 해체하고 대통령궁에 대한 경비를 내무부 산하 요인경호과(SPHP)로 대체하였다.

공화국수비대(GR)는 군악대, 기마대, 모터사이클을 이용한 순찰과 의전을 하고, 국가인사와 주요 외국인에 대한 의전과 안전확보를 실시하며, 외국공항과 국내공항의 수하물 출입에 대한 안전활동을 수행하며, 각종 국가행사에서의 에스코트 및 파리를 중심으로 국가 주요 인사 및 주요 시설에 대한 경비를 수행한다.

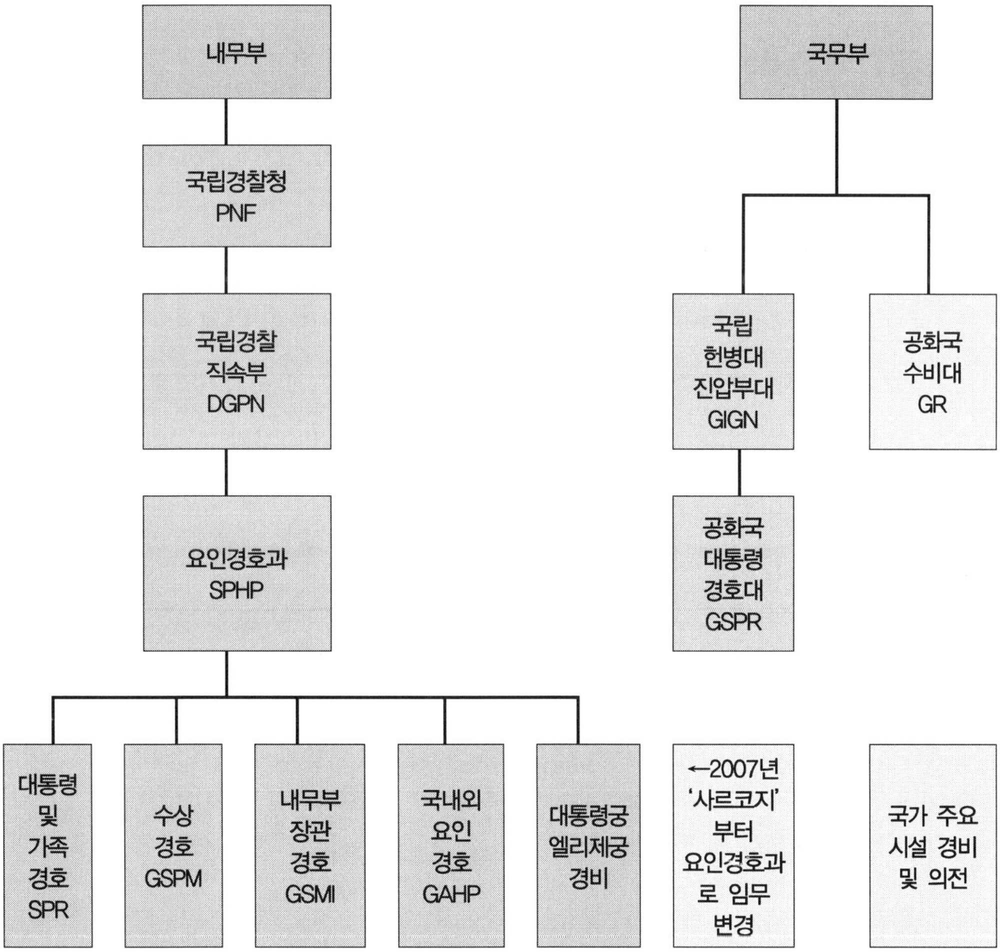

출처 : 최정택(2008). 재구성

[그림 4-5] **프랑스 경호제도 기구표**

한편, 요인경호과는 국내외 주요 인사를 보호하기 위하여 근접경호를 담당하고 있으며, 1994년부터 군인경찰과 합동으로 대통령 경호업무를 수행하다가, 2007년부터 단독으로 경호업무를 수행하고 있다.

구체적인 주요 국내 경호대상자는 대통령, 수상, 내무부 장관, 국방부 장관, 외무부 장관 등이며, 외국의 주요 인사는 외국의 국가원수, 정부수반과 그의 동반가족, 유럽의회 의장 등이다. 프랑스의 경호 유관기관으로는 재테러 조정통제실, 경찰 특공대, 대외보안총국, 대외 정보 · 방첩국, 국토감시국, 군사 정보국 등이 있다.[4)]

5. 독일(The Federal Republic of Germany)

독일에서는 미국의 FBI에 해당하는 '연방범죄수사청(BKA)'이 수사, 국제범죄협력, 경호, 정보 등의 임무를 수행한다.

'연방경찰(BPOL)'은 2005년 연방국경수비대(BGS)에서 명칭이 변경되었으며, 해안경비를 포함한 국경경비, 연방건물경비, 교통, 공항, 철도, 대테러, 국제경찰지원 등의 임무를 수행하며, 독일을 북부, 동부, 중부, 남부, 서부 등의 5개 중점지역을 중심으로 나누어 82명의 지역 수사관, 19명의 공항수사관, 18명의 범죄수사관, 5명의 경호수사관, 3명의 해양경찰, 1명의 특별작전수사관 등 총 128명의 수사관이 활동하고 있다.

이외에도 헬리콥터 작전부(BPOL Flying Service), 정보 및 홍보부(BPOL Information and Communications Center), 대테러부대인 GSG 9(Grenzschutzgruppe 9) 등이 있다.[5)]

4) 최정택(2008). 경호학 개론. 진영사, 161-165.
5) 최정택(2008). 상게서. 167-168.

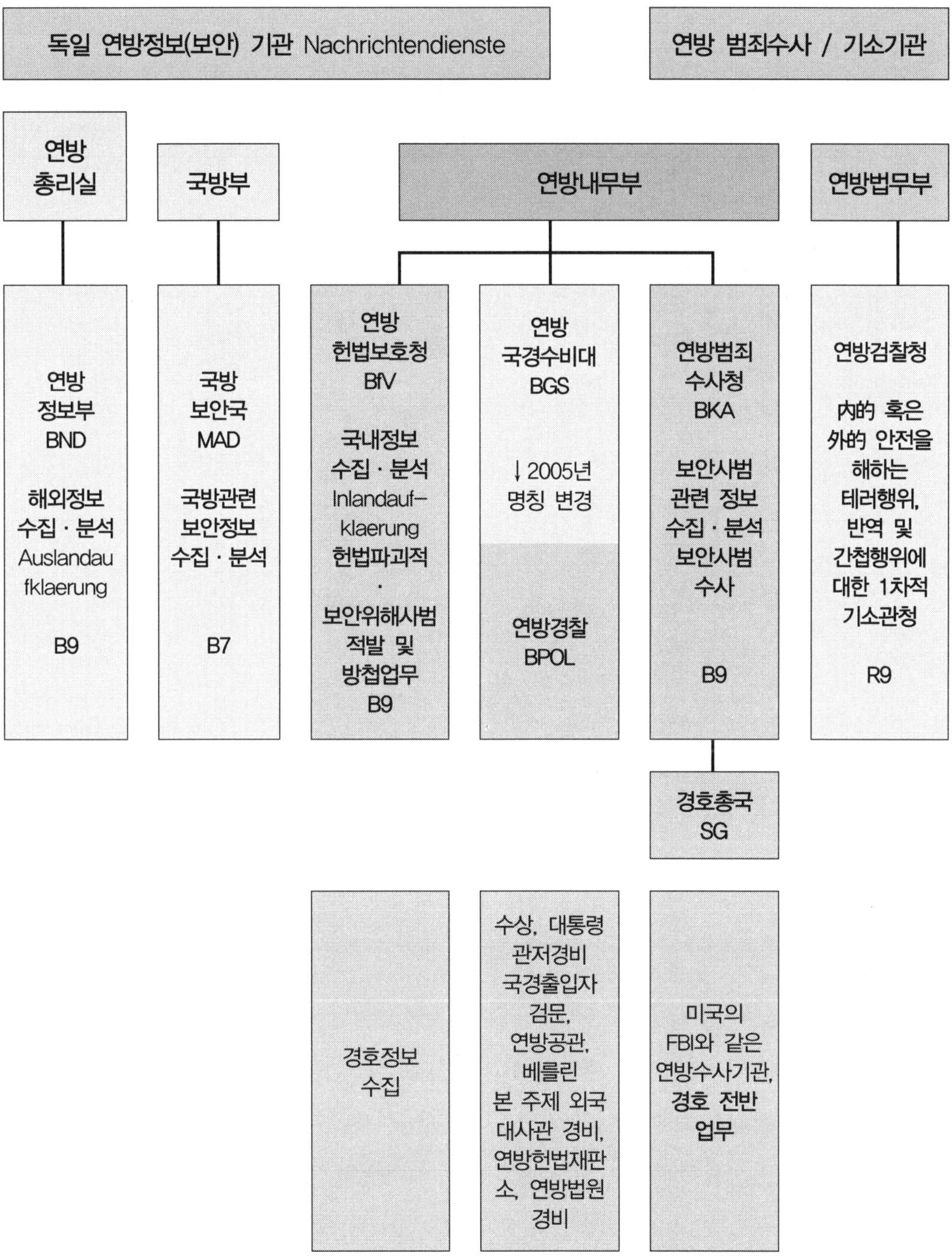

출처 : 임준태(2010); 양재열(2012). 재구성

[그림 4-6] 독일의 연방정보기관, 수사기관, 경호기관 기구 및 업무

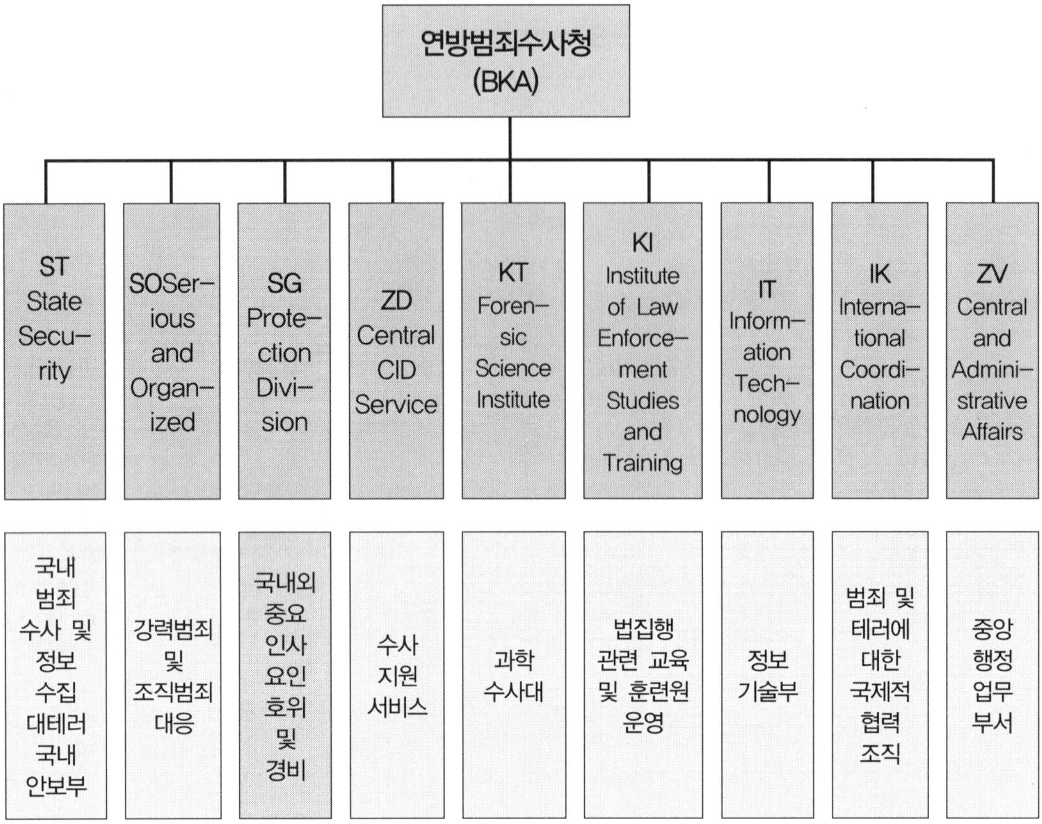

출처 : 최정택(2008), 재구성

[그림 4-7] **독일 연방범죄수사청의 조직도**

6. 러시아

러시아는 2004년 8월 24일 러시아판 '9/11사건'으로 알려진 TU-154 및 TU-134 여객기 연쇄추락 사건으로 80명이 사망하고(범인은 러시아와의 전장에서 가족을 잃은 20대 중반 4명의 여성들로 구성), 그해 8월 31일 지하철역 입구 차량(2대) 연쇄폭탄 테러로 8명이 사망하고, 22명이 중경상(각 차량에 1kg 분량의 TNT에 금속베어링, 나사못 등을 포함하여 사제폭발물 장착)을 입었다.

또한, 연이어 9월 1일 러시아 연방 북오세티야 베슬란시에서 학생 및 학부모를 대상으로 인질사건이 발생하였다. 40여 명의 무장 체첸 반군이 인질을 잡고 대치하다가 9월

3일 오후 1시경 러시아군의 전격 진압작전으로 사건발생 52시간 만에 종료되었다. 이 사건으로 사망 200명, 부상 900명, 테러범은 40명 중 사망 27명, 생포 3명, 나머지는 도주하였다. 이후 어린이들의 사망이 늘어나 결국 사망자는 335명에 달하였다.

이처럼 러시아는 경제적 불평등에 의한 범죄가 자주 발생하고 소수 분리독립을 위한 테러리즘 등에 의하여 경호환경이 상당히 열악한 편이다. 따라서 강력한 통제 위주의 경호가 실시될 수밖에 없는 특성을 가지고 있다.

경호조직의 변천과정을 살펴보면, 구소련의 경호임무를 담당하였던 '국가보안위원회(KGB; Committee for State Security)'[6]가 1991년 8월 소련연방이 붕괴되면서 '연방 안전사무소(AFB)'로 변경되었다가 1992년 1월 '러시아 안전부(MBR)'로, 다시 1993년에 '연방 방첩국(FSK)'으로 격하되었다.

1992년 7월 '연방경호실(FSO : Federalinaya Sluzba Oxranlye)'이 창설되었고 경호유관기관으로 연방보안부(FSB), 해외정보부(SVR), 내무부(경찰) 등이 있다.

연방 경호실장 아래 대통령 경호국이 대통령 경호를 전담하면서 수행과 선발경호팀을 운용하고 경호 업무의 효율화를 위하여 상트페테르부르크 및 소치 등에 연방경호실 지부를 두고 있다.

조직구조 측면에서 우리나라와 같이 독립된 국가기관의 형태를 가지고 있다. 경호원의 선발은 연방보안부와 군 등에서 우수 자원을 비공개로 특채하고 있으며, 장기근무를 하다가 원소속으로 복귀할 수 있도록 하고 있다. 대통령 직속의 단일 조직으로 운영되는 기관의 특성상 보안성이 유리하고 군 및 기타 정보기관의 지원 및 협조체계가 잘 이루어지고 있다.[7]

6) KGB 산하에는 10개 부서가 편성되어 있었고, 국경경비대를 관장하며, 첩보 및 방첩활동, 군 보안활동, 통신 암호 해독, 경비 등 국가안보에 관련된 모든 것을 장악한 막강한 권력기관이었다.

7) 양재열(2012). 경호학 원론. 박영사, 209-211.

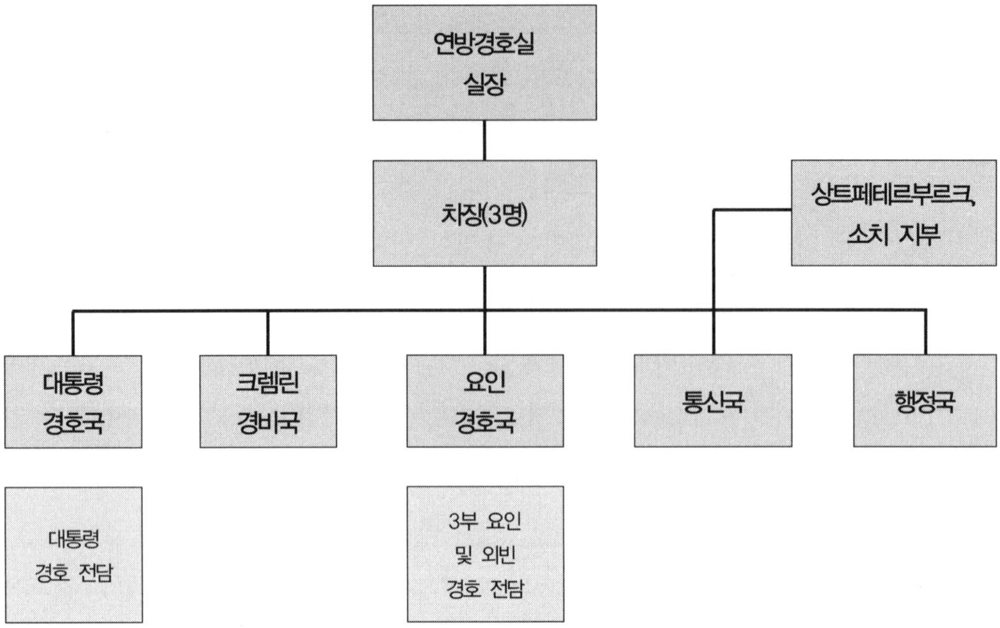

출처 : 양재열(2012). 재구성

[그림 4-8] **러시아 경호조직**

7. 북한

북한의 경호는 그 체제의 특성상 군이 중심이 되어 강력한 권한을 바탕으로 4선 경호개념의 중첩경호체계를 갖추고 있다. 조선인민군 제963부대인 호위사령부가 주축이 되어, 정치부, 간부부, 참모부, 후방부, 보위부 등의 지휘부가 있고 그 아래 4처 3국 체제를 갖추고 그중에서 제6처인 974부대가 경호의 중심이 되어 활동한다. 총병력은 12만 명 이상이고 이 가운데 제6처는 2만 6천여 명이며, 평양방어사령부와 평양고사포사령부를 작전통제하고 있다.

제1선과 제2선의 경호는 제6처에서 담당하고 제3선은 참모부 직속대대와 인민보안성이, 제4선은 국가안전보위부에서 담당한다. 제6처는 일반 군인들은 보유할 수 없는 특수하게 제작한 무기와 장비를 지급받고 있으며, 평양시 중심과 기타 핵심구역에 배치된 탱크 및 장갑차도 특수하게 제작하여 성능이 뛰어난 것으로 알려져 있다.

호위총국에서 승격된 호위사령부는 산하에 기갑, 포병, 공병, 기계화부대, 해군, 공군까지 거느리고 있으며, 국방위원장 및 가족의 신변보호는 물론이고 전용 농장, 목장, 과수원 등을 운용한다.

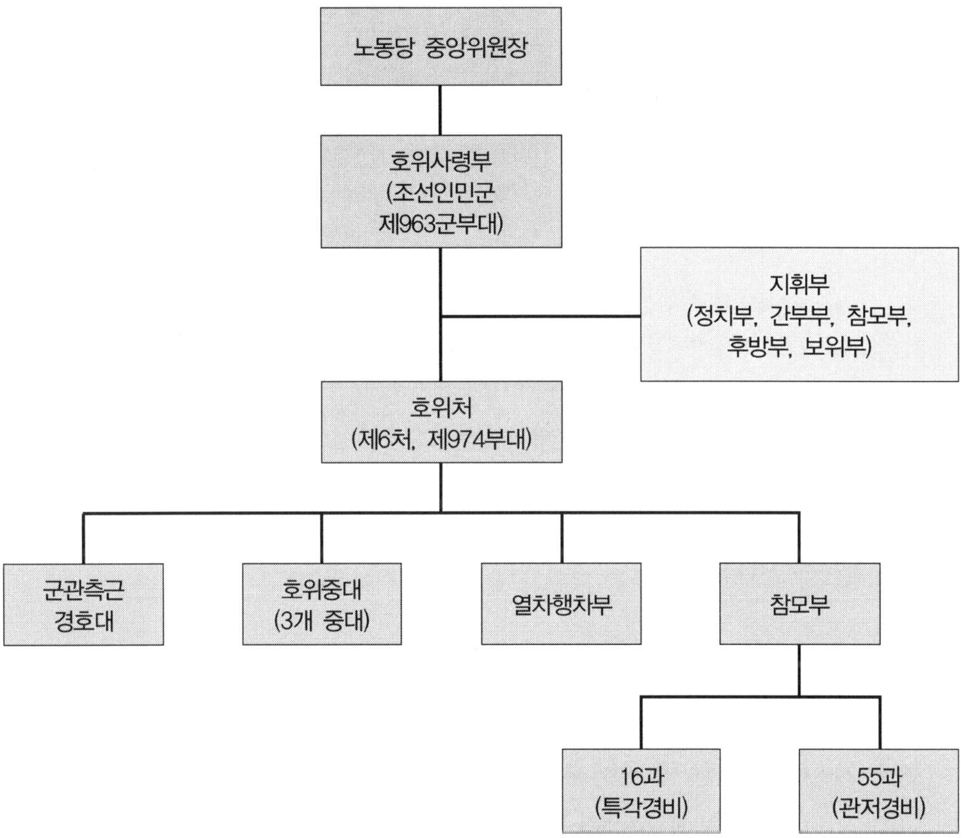

[그림 4-9] **북한의 경호조직**

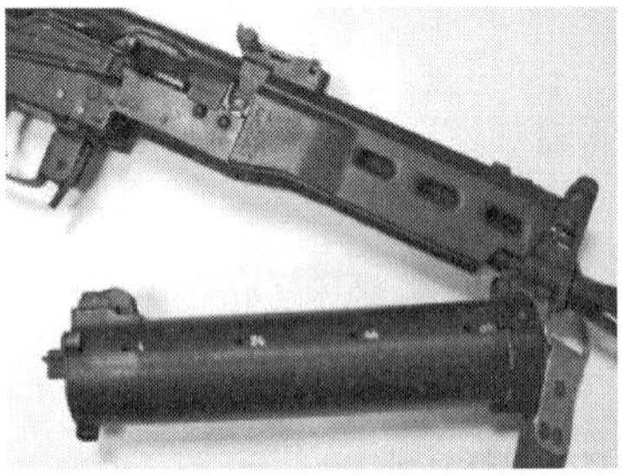
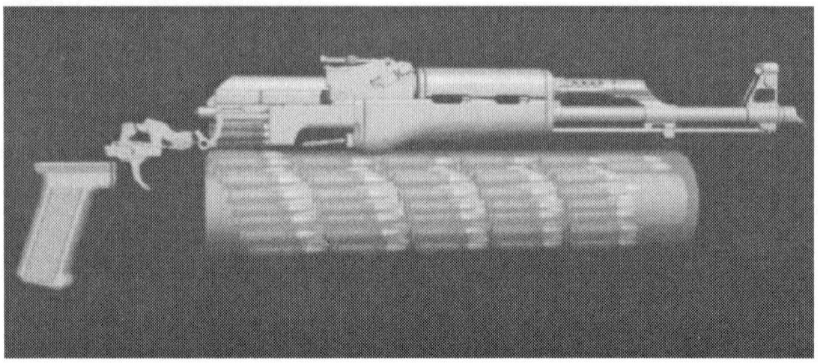

북한의 경호현장과 무기

8. 경호조직의 비교

세계 각국의 경호제도는 그 나라의 정치체제의 영향을 받아 구성되었으며 소속이 독립기관, 직속기관, 군 또는 경찰 어디인가에 따라서 장단점이 다르게 나타난다.

〈표 4-1〉과 같이 대통령 중심제의 대표적인 나라로는 한국을 비롯하여 미국, 러시아, 필리핀, 인도네시아, 멕시코 등이 있으며 이들 국가는 대부분 경찰이 경호를 담당하고 있다. 내각제 국가로는 영국, 일본, 캐나다, 이스라엘, 호주, 태국, 스페인, 독일 등이 있으며 주로 경찰청 소속으로 편제되어 있다. 이원집정부제인 국가로는 프랑스와 헝가리를 꼽을 수 있으며 경찰청에서 담당하고 있고, 인민공화제인 중국은 군과 경찰에게, 북한은 군에게 임무를 주고 있다.

〈표 4-1〉 정치체제에 따른 각국 경호조직의 소속기관

대통령 중심제		내각제	
한국	대통령 직속기관	영국	경찰청
미국	국토안보부 (일반 공무원)	일본	경찰청
러시아	대통령 직속기관 (군)	캐나다	연방 경찰청
필리핀	대통령 직속기관 (군)	이스라엘	국가 보안부
인도네시아	대통령 직속기관 (군)	호주	법무부 (연방 경찰청)
멕시코	대통령 직속기관 (군)	태국	독립기관 (군. 경찰)
		스페인	왕실-독립기관 수상-경찰청
		독일	내무성 (일반 공무원)

이원집정부제		인민공화제	
프랑스	경찰청	중국	중앙경위국 공안부
헝가리	경찰청	북한	호위사령부 (군)

〈표 4-2〉와 같이 녹립기관 또는 직속기관의 형태를 가지고 있는 경호기관은 보직의 이동에 대한 불편을 줄일 수 있으며 단일업무 수행으로 전문성이 뛰어나고, 경호관련 제반 기능의 통합과 효율성을 이루기 쉽다. 또한, 유관기관으로부터의 협조가 용이하고 보안성이 높은 장점이 있다. 그러나 경찰 또는 군 소곡의 경호조직은 보직 또는 업무분야의 분산으로 전문성이 약화될 우려가 있고, 유관기관과의 유기적 협조체계를 갖추기 어렵다.

〈표 4-2〉 소속기관에 따른 각 기능의 장단점

구분	독립기관	군	경찰
전문성	O	X	X
경호기능의 통합 및 효율성	O	X	X
유관기관과의 협조성	O	X	X
경호업무의 보안성	O	X	X
지휘계통의 일관성	O	X	X
보직의 순환성	X	O	O

제2절 비교법적 검토

1. 비교방법론적 검토

이 장에서는 비교법의 논술형식과 사회과학 연구방법론을 통합하여 우리나라 경호제도에 관한 바람직한 방안을 논의 형식을 통하여 제시하였다. 따라서 비교법의 설명이론이라고 할 수 있는 루소와 몽테스키외의 상호관계론적 접근을 통하여 공경호관계법 비교의 타당성을 제시하고, 해외 주요 국가의 공경호관계법 중에서 미국의 공경호관계법을 심층 분석하여 양자 간의 근거 법령에 대한 이해를 높임과 동시에 법률적 비교를 통하여 우리나라에 대한 바람직한 경호활동의 이론적 논거를 제시하였다.[8)]

이 비교법을 통하여 살펴볼 것은, 정주호(2022)의 '공경호관련 주요 법률적 논점'을 중심으로 한국과 미국 대통령에 대한 경호활동의 근거법 중, 경호대상 및 경호기간, 경호구역, 경호유관기관, 경호공무원의 사법경찰권, 손실보상 및 면책특권에 대하여 중점적으로 분석하고 그 결과를 도출하는 것이다. 많은 학문 분야에서 비교를 통한 연구의 방법은 매우 유용한 탐구수단으로 활용되었고, 특히 형사사법분야의 발달에 끼치는 영

8) 정주호(2022). 한국의 대통령경호처 관련법에 대한 비교법적 연구. 한국경찰학회보. 24(2), 47-75.

향은 거의 결정적이었다.[9][10]

비교함에 있어서는 관계되는 자료의 정확성과 충실성, 그리고 비교법을 통하여 구하고자 하는 목적에 얼마나 부합하는지가 중요하다. 그런데 비교법적 연구가 비교와 동일한 의미로 받아들여지는가에 대해서는 많은 학자들이 부정적으로 답을 하고 있다.[11] 즉 단순한 비교가 아니라 방법론적 절차를 통해 진행해야 한다는 것을 말하고 있으며, 법률적인 기초자료의 확인 및 분석과 함께 문화적인 배경까지 함께 살펴보아야 한다는 뜻을 내포하고 있다.[12]

2. 루소와 몽테스키외의 상호관계론

비교법적 연구에 있어서 근간이 되는 것은 몽테스키외의 '법의 정신(1748)'과 루소의 '사회계약론'이라고 할 수 있으며, 각 나라의 관습 또는 문화와 법과의 연관성을 이해하는 좋은 척도로 활용된다.[13] 몽테스키외는 자신이 출생하고 수학한 프랑스를 중심으로 오스트리아, 독일을 비롯한 헝가리, 이태리, 영국 등에서 장장 5년간의 여행과 체류를 통하여 각국의 문화와 제도에 대한 성찰을 하게 되었다.[14] 스위스 출생인 루소는 당시의 정규교육을 받지 못하고 최하급 노동자 생활을 하면서 당시 유행하였던 계몽사상가들의 견해와 다르게 사회적 불평등에 대한 관심을 가지면서 상호 계약을 통한 해결방안을 제시하고자 하였다.[15] 이러한 고전적 비교법인 상호관계론적 입장에서 한국의 공경호 제도와 미국 공경호제도를 비교하여 더 발전적인 경호제도를 모색하고자 하는 것은 학문적 발전에 도움이 되는 일이다.

---

9) Chodosh, Hiran E.(2005). Global justice reform: A comparative methodology. NYU Press.

10) Frase, R. S.(1990). Comparative criminal justice as a guide to American law reform: How do the French do it, how can we find out, and why should we care. Calif. L. Rev., 78: 539.

11) Ewald, W.(1994). Comparative Jurisprudence (I): What was it like to try a rat. U. Pa. L. Rev., 143: 1889.

12) 박찬호(2006). 비교법 연구 방법론에 대한 고찰. 한국법제연구원 비교법제연구. 15-100.

13) 박찬호(2006). 상게서.

14) 김용민(2001). 몽테스키외의 정치사상 : 법의 정신을 중심으로. 계간 사상. 237-256.

15) 은은기(2013). 루소의 '사회계약론' 한계 고찰. 인문연구. 68, 153-17.

1) 몽테스키외의 상호관계론

몽테스키외와 루소의 사회적 상호관계의 공통점은 법률이 관습을 지배하거나 인위적으로 바꾸려 하는 것은 바람직하지 않다고 보는 점이다. 그는 2년간 체류하며 심취하였던 영국의 법제를 권력분립, 혼합정부, 균형법제, 견제와 균형이라는 네 가지 상호작용으로 규정하고 이를 프랑스에 적용하고자 하였다.[16)]

그의 '영국 법제를 이상적인 국가 제도로 간주하였는가?', '귀족계층에 속한 몽테스키외가 이데올로기가 아닌 진정 이성과 자유를 중심으로 하는 계몽주의 신봉자인가?' 하는 점은 논외로 하고, 프랑스인 몽테스키외는 루이 14세의 독재적이며 비민주적인 절대주의적 왕정을 제거하는 것이 아닌, 프랑스 군주정을 보다 융성한 정치체제로 정립하고자 '법의 정신'을 서술하였다.[17)]

또한, 루이 14세의 사망 이후에 군주정 개혁을 위한 수많은 주장들 중의 하나라고 하는 비판적 시각에도 불구하고 영국 법제와 프랑스 법제의 장단점을 비교하면서 자연스럽게 영국 법제의 장점을 프랑스에서 취하고자 했던 그 방법론에 주목할 필요가 있다는 것이다.[18)] 그의 비교의 중심은 통치자의 리더십이 아니라 다양한 사회적 관계성이었고, 이러한 관계성은 당시의 정치체제인 공화정, 군주정, 전제정이라는 세 가지 체제에서 바로 '인간 감정(Human Passion)'을 공통분모로 하여 풀어냈다는 점에서 의의가 있다.

'관습'과 '법률'의 상호관계에 있어서 어떤 것이 선행하는가에 관한 질문에서 몽테스키외는 '관습'이라고 분명하게 손을 들고 있다. 따라서 각국의 어떠한 법률행위는 그 나라의 생활양식과 문화적 성격과 상관관계가 있음을 강조하는 동시에, 비교의 관점에서도 바로 이러한 관습적인 배경을 전제로 해야 한다는 것이다.

---

16) Cohler, A. M., Miller, B. C., & Stone, H. S.(1989). Montesquieu: The spirit of the laws. Cambridge University Press.

17) Ellis, H. A.(1989). MONTESQUIEU'S MODERN POLITICS: "THE SPIRIT OF THE LAWS" AND THE PROBLEM OF MODERN MONARCHY IN OLD REGIME FRANCE. History of Political Thought, 10(4): 665-700.

18) 안두환(2006). 몽테스키외의 '법의 정신': 정치, 경제 그리고 법 개혁. 법철학 연구. 9(2), 315-350.

2) 루소의 상호관계론

출생 직후부터 겪게 된 모성의 박탈과 병약함으로 인한 인간적 고통, 그리고 사회적 빈천함은 루소를 패배자로 만들기보다는 프랑스 혁명의 지적 기원(원천)을 만드는 위대한 인물로 가꾸는 역설적인 결과를 만들게 되었다.[19] 루소가 주장한 사회계약의 목표는 사회구성원의 신체와 재산을 안전하게 지켜주는 공동체를 설립하는 것이었고, 이를 위하여 개개인의 권리를 전적으로 공동체에 양도하여야 한다는 것이었다.[20] 이를 바탕으로 사회계약에 의하여 법률이 정당화되고 바로 이 법률에 의하여 한 나라의 질서가 전체적으로 파악된다고 하였다.[21]

사회적 질서를 규정하는 측면에서 몽테스키외가 관습 우선적 표상을 가지는 것에 반하여 루소는 법률 우선적이다. 즉, 루소에 의하면 관습은 수동적이므로 법 자체의 비교만으로도 그 목적하는 결과를 달성하게 된다는 것이다. 이에 따라 이 장에서는 몽테스키외의 상호관계론에 무게중심을 두어, 미국의 공경호 법률과 한국의 공경호 법률의 장단점을 비교하되 문화적 · 관습적 차이에서 오는 문제점들을 함께 검토하였다.

3. 해외 주요국의 관계법

미국을 비롯한 주요 국가의 경호활동을 위한 법률은 〈표 4-1〉에서 보는 바와 같이 대부분 중심이 되는 근거법률과 이의 보완 및 세부사항을 규정하는 하위 법률로 구성되어 있다. 미국의「국토안보법」 제8절에는 비밀경호국이 창설 초기 재무성 산하의 법집행기구(Federal Law Enforcement Agency)로부터 국토안보부 산하로 이전된다는 것과, 관련 업무를 위하여 지출되어야 하는 비용의 사용 및 회계처리, 재무감사 그리고 예산편성 등에 관한 내용이 담겨 있다.

---

19) 정태욱(2014). 루소, 인간, 혁명의 시작. 법철학 연구. 17(3), 123-158.
20) 은은기(2013). 루소의 '사회계약론' 한계 고찰. 인문연구. 68, 153-174.
21) 박찬호(2006). 전게서.

「US CODE 18, Section 3056 Powers, authorities and duties of United States Secret Service」에서는 국토안보부 장관의 지시를 받아 경호대상, 경호활동을 위한 수사 및 체포, 비밀경호요원의 권한, 경호활동 관련 포상금 등을 제시하고 있다.

「Public Law 94-524, Presidential Protection Assistance Act」는 1976년 미국 상원 하원 합동으로 제정한 미국 대통령 보호 보조법으로서 'Secret Service'가 '미국의 비밀경호국'을 의미한다고 명시하였다. 이와 함께 보호대상, 법집행 기관 등을 미국 의회 차원에서 다시 확인해 준 법률이다. 즉,「US CODE 18, Section 3056」의 관련 법률들의 권위를 인정한다는 내용들로 구성되어 있다.

독일의 연방범죄수사청(Bundeskriminalamt; BKA)은 내무부 직속 연방 사법경찰기관으로서 국제조직범죄, 테러리즘 등 국가안보관련 사항들의 수사를 담당한다. 이와 함께 연방헌법기관들의 구성원들을 보호하고 수사절차관련 증인보호를 담당한다. 이에 대한 근거법률로는「독일기본법」 제73조와 제37조 제1항이 있으며 이에 따라 연방경찰기구 업무와 설치에 관한 독점적 입법권을 가지고 있다. 이 법에 근거하여 다시「연방범죄수사청의 설치에 관한 법률」로써 설치 근거를 가지게 되었으며, 연방과 각 주의 경찰사무 협력에 관해서는「연방범죄수사청 및 연방과 주의 형사경찰사무 협력에 관한 법률」에 나타나 있다.

러시아 연방 경호총국은「러시아 연방법」 No. 57에서 경호활동의 법적, 제도적, 기술적 조치와 경호관련 수사, 심문 등의 법적 근거를 부여받았고,「러시아 연방법」 No. 308에서는 경호총국 산하에 연방정부 통신 및 정보국이 편입되어 경호정보의 효율화를 가지게 되었으며,「러시아 연방법」 No. 1013에서는 경호활동의 세부적인 임무를 명시하였다.[22)]

프랑스는 내무부 산하 경찰총국(DGPN) 아래 요인경호실(Service de Protection des Hautes Personnalities ; SPHP)과 헌병군 중 일부인 군인경찰총국(DGGN) 아래 대통령 수행경호대(GSPR)가 대통령, 수상 등을 대상으로 경호활동을 하고 있다. 이것에 대한

22) 김창호, 오제환, 박준호(2010). 러시아 연방법령 고찰을 통한 경호총국 소개. 한국콘텐츠학회 논문지. 286-293.

근거법률로는「보호 서비스의 임무 및 조직에 관한 2013년 8월 12일 명령」제4조에서 프랑스 영토 내외에서 보호조치를 수행하고 경호관련 필요한 사항을 이행하도록 하고 있고, 제5조에서는 방문하는 국빈에 대한 보호조치를 규정하고 있으며, 제7조에서는 경호 자원관리 및 교육 등에 관하여 명시하고 있다.

〈표 4-3〉 주요 국가별 경호활동 근거법률

국가	법률
미국	**「Homeland Security Act」** : Subchapter VIII—Coordination with Non-Federal Entities; Inspector General; United States Secret Service; Coast Guard; General Provisions / Part C-United States Secret Service.7) **「US CODE 18, Section 3056 Powers, authorities and duties of United States Secret Service」** **「Public Law 94-524, Presidential Protection Assistance Act」**
독일	**「독일기본법」**(Grundgesetz) 제73조, 제37조 **「연방범죄수사청의 설치에 관한 법률」**(Gesetz über die Einrichtung eines Bundeskriminalpolizeiamtes) **「연방범죄수사청 및 연방과 주의 형사경찰사무 협력에 관한 법률」** (Gesetz über das Bundeskriminalamt un die Zusammenarbeit des Bundes und der Länder in kriminalpolizeilichen Angelegenheiten, Bundeskriminalamtgesetz-BKAG) 경찰직무규정 중 일부
러시아	**「러시아연방법」** No. 57 : 국가경호「러시아연방 대통령령」No. 308; 러시아연방 안전보장에 대한 국가 조정의 현실화 **「러시아연방 대통령령」** No. 1013; 러시아연방 경호총국
프랑스	**「보호 서비스의 임무 및 조직에 관한 2013년 8월 12일 명령」** 제4조(Article4), 제5조(Article5), 제7조(Article7)

제3절 한국의 경호 관계법과 미국 비밀경호국의 관계법

한국의 대통령경호에 관한 근거법은 〈표 4-4〉에 나타나 있는 것처럼 「대통령 등의 경호에 관한 법률」 등의 법률과 「대통령 등의 경호에 관한 법률 시행령」 등의 명령 및 규칙을 포함하여 「외교관 등 국제적 보호인물에 대한 범죄의 예방 및 처벌에 관한 협약」 등과 같은 국제조약 및 국제법규를 들 수 있다. 여기에서는 공경호 관련 주요 이슈로 부각되어 온, 경호대상 및 경호기간, 경호구역, 경호유관기관, 경호공무원의 사법경찰권, 손실보장 및 면책특권에 대하여 제시한다.

〈표 4-4〉 한국의 대통령경호처 관련법

구분	법률
법률	「대통령 등의 경호에 관한 법률」 「전직 대통령 예우에 관한 법률」 「경찰관 직무집행법」
명령 및 규칙	「대통령 등의 경호에 관한 법률 시행령」 「전직 대통령 예우에 관한 법률 시행령」 「대통령경호안전대책위원회규정」(대통령령)
국제조약 및 국제법규	「외교관 등 국제적 보호인물에 대한 범죄의 예방 및 처벌에 관한 협약」 「주한미군 지위협정(SOFA : Status of Forces Agreement)」

1. 경호대상 및 경호기간

한국의 경호대상에 관한 법률은 「대통령 등의 경호에 관한 법률」 제4조(개정 2017.07.26.) ①항, ②항, ③항에 나타나 있으며, 미국의 경우에는 「Public Law(82~79 & 103~329), Unite States Code Title 18 Section 3056」에서 찾을 수 있다.

〈표 4-5〉 경호대상과 관련한 한국과 미국의 근거법률과 내용

한국	미국
「대통령 등의 경호에 관한 법률」 제4조(경호대상) ① 〈개정 2013.3.23., 2013.8.13., 2017.7.26.〉 제1호 대통령과 그 가족 제2호 대통령 당선인과 그 가족 제3호 본인의 의사에 반하지 아니하는 경우에 한정하여 퇴임 후 10년 이내의 전직 대통령과 그 배우자. 다만, 대통령이 임기 만료 전에 퇴임한 경우와 재직 중 사망한 경우의 경호 기간은 그로부터 5년으로 하고, 퇴임 후 사망한 경우의 경호 기간은 퇴임일부터 기산(起算)하여 10년을 넘지 아니하는 범위에서 사망 후 5년으로 한다. 제4호 대통령권한대행과 그 배우자 제5호 대한민국을 방문하는 외국의 국가 원수 또는 행정수반(行政首班)과 그 배우자 제6호 그 밖에 처장이 경호가 필요하다고 인정하는 국내외 요인(要人) ② 제1항 제1호 또는 제2호에 따른 가족의 범위는 대통령령으로 정한다. ③ 제1항 제3호에도 불구하고 전직 대통령 또는 그 배우자의 요청에 따라 처장이 고령 등의 사유로 필요하다고 인정하는 경우에는 5년의 범위에서 같은 호에 규정된 기간을 넘어 경호할 수 있다. 〈신설 2013.8.13., 2017.7.26.〉	「Public Law(82~79 & 103~329), United States Code Title 18 Section 3056」; Powers, authorities, and duties of United States Secret Service (a) (a) 미국 비밀경호국은 국토안보부 장관의 지시에 따라 다음과 같은 사람을 보호할 권한이 있다. (1) 대통령, 부통령(또는 대통령직 승계 서열의 다른 임원), 대통령 당선자 및 부통령 당선자 (2) 제1항에 열거하는 개인의 직계가족 (3) 재혼한 경우를 제외한 전직 대통령과 그 배우자 (4) 16세 이하의 전직 대통령의 자녀들 (5) 방문하는 외국 국가 또는 외국 정부 수반 (6) 그 밖에 미국을 방문하는 저명한 외국인 방문객 및 해외에서 특별 임무를 수행하는 미국의 공식 대표자 가운데 대통령이 보호가 제공되도록 지시할 경우 (7) 주요 대통령 및 부통령 후보자 및 일반 대통령 선거 후 120일 이내에 후보자 및 배우자. 이 항에서 사용하는 '주요 대통령 및 부통령 후보자'란 국토안보부 장관이 하원의장, 소수당 대표, 다수당 및 민원으로 구성된 자문위원회와 협의하여 확인한 개인을 말한다. 국토안보부 장관은 상원의원들과 다른 위원들에 의해 추가로 한 명의 의원을 추가한다. 위원회는 「연방자문위원회법」(5 U.S.C. App. 2)의 적용을 받지 않는다. (8) 전직 부통령과 그 배우자, 만 16세 미만의 자녀가 전직 부통령이 퇴임한 날로부터 6개월을 넘지 않는 기간을 보호한다. 국토안보부 장관은 정보나 조건이 그러한 보호를 보장한다고 결정한 경우 그 이후 언제라도 이러한 개인에 대한 임시 보호를 제공하도록 비밀경호국에 지시할 권한을 갖는다.

이 두 개의 법률을 비교해 보면, 경호대상에 있어서 큰 틀에서는 유사점이 많으나, 방문하는 국내외 요인에 대하여 한국은 경호처장에게 그 권한을 부여하고 있고, 미국의 경우에는 대통령의 지시에 따르도록 되어 있다. 재혼과 관련한 점에 대하여 미국과는 달리 한국에서는 문화적 차이와 함께 재혼 경험을 가진 전직 대통령 또는 배우자가 없기 때문으로 풀이된다. 한국에서는 제①항 제1호와 제2호에 명시된 것처럼 '가족'이라고

포괄적인 용어를 사용하고 가족의 범위를 대통령령으로 별도로 정한 데 반하여 미국은 '직계가족(immediate families)'이라고 분명하게 명시하고 있다.

사회적 논란이 된 경호기간에 대해서는 우리나라의 경우에는 제①항 제3호와 제③항에 명시한 것처럼 10+5와 5+5를 기준으로 하고 있으나, 미국의 경우에는 종신 경호를 보장한다.

2. 경호구역

우리나라의 경호구역에 관한 법률은「대통령 등의 경호에 관한 법률」제5조 경호구역의 지정 등(개정 2017.07.26.)과「대통령 등의 경호에 관한 법률 시행령」제4조(경호구역)에 나타나 있으며, 미국의 경우에는「18 U.S.C. § 3056A-U.S. Code-Unannotated Title 18. Crimes and Criminal Procedure § 3056A.」Powers, authorities, and duties of United States Secret Service Uniformed Division에서 확인할 수 있다.

〈표 4-6〉 경호구역과 관련한 한국과 미국의 근거법률과 내용

한국	미국
「대통령 등의 경호에 관한 법률」 제5조(경호구역의 지정 등) ① 처장은 경호업무의 수행에 필요하다고 판단되는 경우 경호구역을 지정할 수 있다. ② 제1항에 따른 경호구역의 지정은 경호 목적달성을 위한 최소한의 범위로 한정되어야 한다. ③ 소속공무원과 관계기관의 공무원으로서 경호업무를 지원하는 사람은 경호 목적상 불가피하다고 인정되는 상당한 이유가 있는 경우에만 경호구역에서 질서유지, 교통관리, 검문·검색, 출입통제, 위험물 탐지 및 안전조치 등 위해 방지에 필요한 안전 활동을 할 수 있다. 〈개정 2012.2.2.〉	「18 U.S.C. § 3056A - U.S. Code - Unannotated Title 18. Crimes and Criminal Procedure § 3056A.」 Powers, authorities, and duties of United States Secret Service Uniformed Division (a) 미국 비밀경호국 제복경호대라고 불리는 상설 경호대가 창설됨. 국토안보부 장관의 감독하에, 미국 비밀경호국 제복경호대는 다음 각 호의 보호와 관련하여 미국 비밀경호국장이 규정한 직무를 수행한다. (1) 컬럼비아 특별구에 있는 백악관을 보호 (2) 대통령 집무실이 위치한 모든 건물 (3) 재무부 건물과 구역 (4) 대통령, 부통령(또는 대통령직 승계 서열의 다른 임원), 대통령 당선자, 부통령 당선자 및 그 직계 가족 (5) 컬럼비아 특별구의 대도시 지역에 위치한 외국 공관들 (6) 부통령의 임시 관저와 컬럼비아 특별구에 있는 지역 (7) 미국의 대도시 지역(컬럼비아 특별구 제외)에 위치한 외

「대통령 등의 경호에 관한 법률 시행령」 제4조(경호구역) ① 법 제5조제1항에 따른 대통령경호처(이하 "경호처"라 한다)의 경호구역 중 대통령집무실 · 대통령관저 등은 내곽구역과 외곽구역으로 나누며, 그 범위는 부도(附圖)와 같다. 〈개정 2013.8.20., 2017.7.26.〉 ② 제1항에 따른 대통령집무실 · 대통령관저 등을 제외한 각종 행사장 · 유숙지 등에 대한 경호구역은 행사의 성격, 경호위해요소 등을 고려하여 처장이 지정한다. 〈개정 2012.2.2., 2013.3.23., 2017.7.26.〉	국공관으로서 20명 이상의 상근 직원이 있는 장소 (A) 비상시 보호 필요성에 근거 (B) 피해 입은 대도시권의 요청이 있을 경우 (C) 방문 시 또는 방문과 관련하여 특별한 보호 필요성이 발생할 때 (i) 미국이 회원으로 있는 국제기구에 대한 영구임무 또는 그 업무에 참여하도록 초청된 참관임무 (ii) 미국이 회원인 국제기구 단, 이러한 보호는 자동차 승강장 및 해당 방문과 관련된 기타 장소에도 제공될 수 있으며, 해당 방문과 관련하여 임시 거주지도 대상 (8) 미국 내 해당 지역에 위치한 외국 영사 및 외교 공관은 대통령의 사안별로 지시를 따름 (9) 20명 이상이 근무하는 영사 또는 외교 공관이 위치한 대도시 지역(컬럼비아 특별구 제외)에 대한 외국 정부 공무원의 방문지(모터케이드 및 그와 관련된 기타 장소 포함)

Secret Service Act(18 US Code 3056)는 미 Secret Service의 경호대상에 관해 규정하고 있으며, Secret Service Uniformed Division Act(18 US Code 3056A)는 Secret Service의 경비구역에 관해 규정하고 있다.

Uniformed Division은 Secret Service에 설치된 제복경호부대로 한국의 101경비단과 유사한 역할을 하고 있다. 동법8)에 따라 Secret Service의 책임구역은 (1) 백악관, (2) 대통령 집무실이 위치한 건물, (3) 재무부 청사 및 구역, (4) 경호대상, (5) 워싱턴 D.C 내 위치한 외국공관, (6) 부통령 공관, (7) 워싱턴 D.C 외의 지역에 위치한 외국 공관 중 경비가 필요한 경우-경비요청이 있는 경우, 해당 지방 정부의 요청이 있는 경우, 미국이 회원국인 국제기구의 청사인 경우, (8) 미국 영토 내 위치한 외국 공관 중 대통령이 지정한 곳, (9) 20명 이상의 영사 및 외교사절단이 미 정부와의 사업을 위해 방문한 대도심 지역에 대한 모터케이드와 그 장소의 경비, (10) 전직 부통령 및 그 배우자, (11) 국토안보부 장관에 의해 지정된 국가기념일, (12) 대통령 및 부통령 후보자와 그 배우자, (13) 외국 국빈으로 규정하고 있다.

Secret Service는 홈페이지를 통해 요인경호활동(Protecting Leaders)과 지역 경비활동(Safeguarding Places)을 소개하고 있다.[23] 요인경호활동은 주로 Secret Service 소속

의 경호요원(Special Agent)이 담당하며,[24] 지역경비활동은 Secret Service Uniformed Division의 경호관(Officer)이 담당하고 있다.[25] Secret Service는 공식적으로 경호활동에 관한 규정을 공개하고 있지 않으나, 실질적으로 3선 경호활동을 진행하고 있다. 전직 Secret Serivce 출신인 경호요원 Jonathan Wackrow는 유튜브 채널 WIRED와의 인터뷰를 통해, 대통령 경호기법으로 3선 경호가 이용되고 있다고 설명한다.

〈표 4-7〉 한국과 미국의 외곽 경비부서 비교

	경찰 101경비단	Secret Service Uniformed Divison
소속 조직	서울경찰청 소속 경비부서	Secret Service 소속 부서
감독 주체	대통령경호처	Secret Service 경호본부
업무	대통령실 및 숙소 내 · 외곽 경비	백악관을 포함한 주요 청사 경비 모터케이드 등 노출 경호 K-9부대, 대(對)저격 부대 운영
권한	경찰 소속으로 경비활동	SS 소속으로 일반경찰권한을 부여
인사	순경 공개채용시험을 통해 개별로 선발	Secret Service 요원(Special Agent)과 별개의 경호관(Officer)으로 선발

3. 경호유관기관

미국 대통령 경호관계법은 한국의 「대통령 등의 경호에 관한 법률」 등과 다르게 경호유관기관을 직접 열거하고 있지 않다. 그러나 「President Protection Assistance Act」와 「Presidential Threat Protection Act」를 통하여 타 연방, 주, 지방 소속의 법 집행기관과 경호업무를 협력할 수 있다고 명시하고 있다.

23) US Secret Service Website. https://www.secretservice.gov/protection, 2022.12.28. 20:55 검색

24) US Secret Service Website. https://www.secretservice.gov/sites/default/files/reports/2022-01/TAD%20Special%20Agent%20Brochure_Print%20safe.pdf. 2022.12.28. 21:50 검색

25) US Secret Service Website. https://www.secretservice.gov/sites/default/files/reports/2022-01/TAD%20Uniformed%20Division%20Brochure_Print%20safe.pdf. 2022.12.28. 22:50 검색

〈표 4-8〉 경호유관기관과 관련한 한국과 미국의 근거법률과 내용

한국	미국
「대통령 등의 경호에 관한 법률」 제5조의2(다자간 정상회의의 경호 및 안전관리) ① 대한민국에서 개최되는 다자간 정상회의에 참석하는 외국의 국가원수 또는 행정수반과 국제기구 대표의 신변(身邊)보호 및 행사장의 안전관리 등을 효율적으로 수행하기 위하여 대통령 소속으로 경호 · 안전 대책기구를 둘 수 있다. ② 경호 · 안전 대책기구의 장은 처장이 된다. ③ 경호 · 안전 대책기구는 소속공무원 및 관계기관의 공무원으로 구성한다. ④ 제1항에 따른 경호 · 안전 대책기구의 구성시기, 구성 및 운영 절차, 그 밖에 필요한 사항은 대통령령으로 정한다. ⑤ 경호 · 안전 대책기구의 장은 다자간 정상회의의 경호 및 안전관리를 위하여 필요하면 관계기관의 장과 협의하여 「통합방위법」 제2조 제13호에 따른 국가중요시설과 불특정 다수인이 이용하는 시설에 대한 안전관리를 위하여 필요한 인력을 배치하고 장비를 운용할 수 있다. **「대통령 등의 경호에 관한 법률」** 제16조(대통령경호안전대책위원회) ① 제4조 제1항 각 호의 경호대상에 대한 경호업무를 수행할 때에는 관계기관의 책임을 명확하게 하고, 협조를 원활하게 하기 위하여 경호처에 대통령경호안전대책위원회(이하 "위원회"라 한다)를 둔다. 〈개정 2012.2.2., 2013.3.23., 2017.7.26.〉 ② 위원회는 위원장과 부위원장 각 1명을 포함한 20명 이내의 위원으로 구성한다. ③ 위원장은 처장이 되고, 부위원장은 차장이 되며, 위원은 대통령령으로 정하는 관계기관의 공무원이 된다. 〈개정 2012.2.2., 2013.3.23., 2017.7.26.〉 ④ 위원회는 다음 각 호의 사항을 관장한다. 1. 대통령 경호에 필요한 안전대책과 관련된 업무의 협의 2. 대통령 경호와 관련된 첩보 · 정보의 교환 및 분석 3. 그 밖에 제4조 제1항 각 호의 경호대상에 대한 경호에 필요하다고 인정되는 업무 ⑤ 위원회의 구성 및 운영에 필요한 사항은 대통령령으로 정한다.	「Presidential Protection Assistance Act of 1976 [Public Law 94-524, Enacted October 17, 1976; 18 U.S.C. 3056]」 section 6. 행정부서 및 행정기관은 경호책임자의 사전 서면 요청이 있을 경우 장비 및 시설을 제공하여 비밀경호국의 직무수행을 지원한다. section 8. (1) 국방부 또는 해안경비대는 각각 할당된 예산에서 비밀경호국의 활동과 직접 연관된 직무를 수행하기 위하여 파견된 인력에 대한 비용을 지출할 수 있다. (2) 행정부처는 비밀경호국의 요청에 따라 경호활동 보조를 하며 변제가 가능한 선에서 비용을 지출할 수 있다. 「Presidential Threat Protection Act of 2000 [Public Law 106-544]」 section 3. (e) 대통령이 정하는 바에 따라, 비밀경호국은 국가적으로 중요한 행사 등에 대한 보호작전계획, 조정 및 시행에 참여할 권한을 가진다. section 4. (b) 기능–대통령경호국은 각 지부를 통해 연방, 주 및 지역 법 집행기관에 다음을 제공할 수 있다. (1) 위협 평가 분야의 교육 (2) 복잡한 위협 평가 사례 또는 계획에 대한 협의 (3) 위협 평가 및 표적 폭력 예방에 관한 연구 (4) 보호 또는 공공 안전 책임이 있는 모든 기관 간의 정보 공유 촉진 (5) 연방, 주 및 지역 위협 평가 및 위협관련 조사의 표준화를 촉진하기 위한 프로그램 (6) 장관이 포괄적인 위협 평가 기능을 구현하는 데 필요하다고 결정한 기타 활동

「대통령 등의 경호에 관한 법률 시행령」 제4조의2(경호 · 안전 대책기구의 구성시기 및 운영기간) **「대통령 등의 경호에 관한 법률 시행령」** 제4조의3(경호 · 안전 대책기구의 구성 및 운영) **「대통령경호안전대책위원회규정」** 제2조 (구성)	

「President Protection Assistance Act」(이하 PPAA)의 Section 6은 Secret Serivce 국장의 요구가 있을 경우, 행정부처 및 기관은 서비스, 장비, 시설을 일시적이고 변제 가능한 수준에서 보조해야 한다고 규정하고 있다. 또한, Section 8의 (1)은 국방부와 해안경비대가 경호활동 보조에 파견한 인력에서 발생한 비용을 지출할 수 있으며, (2)는 행정부처가 Secret Service의 요청에 따라 경호활동 보조를 하며 변제가능한 선에서 비용을 지출할 수 있다고 규정하고 있다.

「Presidential Threat Protection Act」(이하 PTPA)는 Section 4에서 Secret Service에 경호 위협을 평가할 수 있는 국립위협평가센터(National Threat Assessment Center 이하 NTAC)의 설립을 규정하고 있다. 동법의 (b)는 Secret Service 위협평가 관련 내용을 연방, 주, 지방의 법 집행기관에 공유할 수 있다고 명시하고 있다. 구체적인 내용으로는 (1) 위협평가 분야의 교육(Training in the area of threat assessment), (2) 복잡한 위협평가 사례 및 계획의 협의(Consultation on complex threat assessment cases or plans), (3) 위협평가 및 피해예방 연구(Research on threat assessment and the prevention of targeted violence), (4) 경호 및 공공안전 담당 기관 간의 정보공유 촉진(Facilitation of information sharing among all such agencies with protective or public safety responsibilities), (5) 연방, 주, 지방의 위협평가 및 수사의 표준화를 위한 프로그램 촉진(Programs to promote the standardization of Federal, State, and local threat assessments and investigations involving threats), (6) 장관이 포괄적 위협 평가 능력을 구현하기 위해 필요하다고 결정한 활동(Any other activities the Secretary determines are necessary to implement a comprehensive threat assessment capability)이 있다.

미국의 경호체계에 있어 우리나라의 대통령경호안전대책위원회와 같이 명목상으로 열거된 경호유관기관이 없더라도 경호관계법을 통하여 연방, 주, 지방의 법집행기관과 군, 해안경비대와도 경호업무를 위해 협력할 수 있다는 것을 알 수 있다.

또한, PTPA법은 Section 3의 (e)조항[26]을 통해 비밀경호국은 대통령이 지정한 국가특별보안행사(National Special Security Events 이하 NSSEs)의 보안을 기획, 조정 및 경호작전을 수행할 수 있다고 규정하고 있다. 미국의 주요 국가특별보안행사(NSSEs)로는 대통령 취임식, 미국에서 개최되는 주요 국제회의, 주요 스포츠 이벤트, 대통령 경선이 있다. 최근까지도 비밀경호국은 대통령 취임식을 포함한 국가특별보안행사(NSSEs)를 주관하고 있으며, 대표적으로 2021년 01월 21일 67회 국가특별보안행사 및 59회 미국 대통령 취임식을 끝마쳤다고 공개하였다. 해당 행사에서 Secret Service는 연방수사국(FBI), 연방재난안전청(FEMA), 워싱턴 D.C 경찰, 국립공원경찰, 의회경비대, 국방부 및 기타 연방, 주, 지방 법집행기관과 협업했다고 발표하였다.[27]

미국의「정보자유공개법(FOIA)」에 의해 공개된 비밀경호국의 답변에 따르면 보안상의 이유로 Secret Service와 MOU 혹은 MOA를 맺고 있는 기관의 명단을 공개할 수는 없으나, 수도권(National Capital Region)의 중요성으로 인해 국경세관보호국(CBP)의 항공해상작전(Air and Marine Operation) 시 지원을 받았다고 설명하였다.[28]

따라서 미국 비밀경호국의 경호유관기관은 PPAA법과 PTPA법에 따라 미국 내 모든 연방, 주, 지방의 법 집행기관 및 군, 해안경비대가 될 수 있으며 FBI, CBP, 지방 경찰과 같은 수사기관과 함께 FEMA와 같은 재난대응기구도 포함될 수 있다.

---

26) "USSS—when directed by the President—to plan, coordinate, and implement security operations at special events of national significance"

27) US Secret Service Website. 'U.S. Secret Service Announces Conclusion of National Special Security Event'. https://www.secretservice.gov/newsroom/releases/2021/01/us-secret-service-announces-conclusion-national-special-security-event. 2022.12.28. 23:30 검색

28) American Oversight, 'U.S. SECRET SERVICE RECORDS OF INTERAGENCY AGREEMENTS REGARDING PROTEST SURVEILLANCE'. https://www.americanoversight.org/docuent/u-s-secret-service-records-of-interagency-agreements-regarding-protest-surveillance. 2022.12.29. 01:50 검색

4. 사법경찰권

한국의 경우 사법경찰관 또는 사법경찰관리의 자격을 부여하되 단, 「대통령 등의 경호에 관한 법률」 제4조 제1항 각 호의 경호대상에 대한 경호업무 수행 중 인지한 그 소관에 속하는 범죄에 해당하는 사항을 처리하는 업무로 한정하고 있으나, 미국의 경우에는 상시 총기휴대는 물론이고 소관에 해당하는 사항에 대하여 수사 및 체포 권한까지 매우 광범위한 권한을 부여하고 있다.

또한, 체포 대상자가 상당히 엄중한 범죄라고 판단되면 영장 없이도 체포할 수 있는 막강한 권한이 있으며, 경호활동을 함에 있어서 경비의 사용에 어려움이 없도록 하고 있음을 알 수 있다. 특히 주목할 만한 것은 (g)항에서와 같이 국토안보부 소속이지만, 독립적 기능으로 보호되고 있으며, 보고라인을 단일화하고 비밀을 엄수할 수 있는 법적 장치를 마련해 주고 있다.

〈표 4-9〉 경호공무원의 사법경찰권과 관련한 한국과 미국의 근거법률과 내용

한국	미국
「대통령 등의 경호에 관한 법률」 제17조(경호공무원의 사법경찰권) ① 경호공무원(처장의 제청으로 서울중앙지방 검찰청 검사장이 지명한 경호공무원을 말한다. 이하 이 조에서 같다)은 제4조 제1항 각 호의 경호대상에 대한 경호업무 수행 중 인지한 그 소관에 속하는 범죄에 대하여 직무상 또는 수사상 긴급을 요하는 한도 내에서 사법경찰관리(司法警察官吏)의 직무를 수행할 수 있다. 〈개정 2013.3.23., 2017.7.26.〉 ② 제1항의 경우 7급 이상 경호공무원은 사법경찰관의 직무를 수행하고, 8급 이하 경호공무원은 사법경찰리(司法警察吏)의 직무를 수행한다. **「대통령 등의 경호에 관한 법률」** 제18조(직권 남용 등) ① 소속공무원은 직권을 남용하여서는 아니 된다. ② 경호처에 파견된 경찰공무원은 이 법에 규정된 임무 외의 경찰공무원의 직무를 수행할 수 없다. 〈개정 2013.3.23., 2017.7.26.〉	「Public Law(82~79 & 103~329), United States Code Title 18 Section 3056」; Powers, authorities, and duties of United States Secret Service (c), (f), (g) (c) (1) 국토안보부 장관의 지시에 따라 비밀경호국의 장교와 요원은 다음과 같은 권한을 가진다. (A) 미국 법률에 따라 발부된 영장을 집행할 수 있다. (B) 총기를 휴대한다. (C) 체포 대상자가 그러한 중범죄를 저질렀거나 저지르고 있다고 믿을 수 있는 합리적인 근거가 있는 경우, 미국에 대한 범죄 또는 미국법에 따라 인지할 수 있는 중범죄에 대해 영장 없이 체포한다. (D) 비밀경호국이 집행할 권한이 있는

「대통령 등의 경호에 관한 법률」 제19조(무기의 휴대 및 사용)

① 처장은 직무를 수행하기 위하여 필요하다고 인정할 때에는 소속공무원에게 무기를 휴대하게 할 수 있다. 〈개정 2013.3.23., 2017.7.26.〉

② 제1항에 따라 무기를 휴대하는 사람은 그 직무를 수행할 때 필요하다고 인정하는 상당한 이유가 있을 경우 그 사태에 대응하여 부득이하다고 판단되는 한도 내에서 무기를 사용할 수 있다. 다만, 다음 각 호의 어느 하나에 해당할 때를 제외하고는 사람에게 위해를 끼쳐서는 아니 된다.

1. 「형법」 제21조 및 제22조에 따른 정당방위와 긴급피난에 해당할 때
2. 동법 제4조 제1항 각 호의 경호대상에 대한 경호업무 수행 중 인지한 그 소관에 속하는 범죄로 사형, 무기 또는 장기 3년 이상의 징역 또는 금고에 해당하는 죄를 범하거나 범하였다고 의심할 만한 충분한 이유가 있는 사람이 소속공무원의 직무집행에 대하여 항거하거나 도피하려고 할 때 또는 제3자가 그를 도피시키려고 소속공무원에게 항거할 때에 이를 방지하거나 체포하기 위하여 무기를 사용하지 아니하고는 다른 수단이 없다고 인정되는 상당한 이유가 있을 때
3. 야간이나 집단을 이루거나 흉기나 그 밖의 위험한 물건을 휴대하여 경호업무를 방해하기 위하여 소속공무원에게 항거할 경우에 이를 방지하거나 체포하기 위하여 무기를 사용하지 아니하고는 다른 수단이 없다고 인정되는 상당한 이유가 있을 때

해당 법률 조항의 위반 또는 위반 가능성에 관련된 사람을 체포하도록 유도하는 서비스 및 정보에 대한 포상금을 제공하고 지급한다.

(E) 국토안보부 장관의 지시에 따라 예기치 못한 비상사태에 대한 비용을 지급하며, 장관의 증명만으로 회계 처리한다.

(F) 법률이 승인한 기타 기능 및 의무를 수행한다.

(2) 위조품 구매를 위해 비밀경호국이 사용할 수 있는 지출금에서 지출된 후 회수된 자금은 상환 당시 비밀경호국이 사용할 수 있는 지출금으로 변제된다.

(f) 국토안보부 장관의 지시에 따라 비밀경호국은 국가 또는 지방 사법기관의 요청이나 실종 및 착취 아동에 대한 국립센터의 요청에 따라 법의학 및 수사 지원을 제공할 권한이 있다.

(g) 미국 비밀경호국은 국토안보부 내에서 별개의 기관으로 유지되어야 하며, 다른 부처의 기능과 합병되어서는 안 된다. 어떠한 미국 비밀경호국 직원 및 작전요인도 미국 비밀경호국장을 제외한 개인에게 보고할 수 없으며, 개인은 부서의 다른 공무원을 통해 보고할 필요가 없고 국토안보부 장관에게 직접 보고할 수 없다.

5. 손실보상 및 면책특권

경호공무원의 소관 업무행위 중에 발생한 것으로 인한 손실보상이나 면책특권은 서로 연관성이 있다고 할 수 있다. 면책에 대한 긍정 입장이 클 경우에는 손실보상이 그만큼 상대적으로 줄어들 수 있기 때문이다. 따라서 손실보상과 면책특권의 부여는 부적 상관관계에 있다고도 볼 수 있다. 한국의 경우 「국가배상법」, 「형법」, 「형사소송법」, 「경

찰관직무집행법」 등을 참고법으로 하여 사법경찰관의 경비관련 공공행위로 인한 손해배상에 대한 판결이 이루어지고 있다.

미국의 경우 면책특권은 공무원이 불분명한 상황에서 '부작위에 의한 직무태만'과 '작위에 의한 손해배상'이라는 양자택일에 놓이는 것을 방지하기 위한 개념으로 설명하고 있다.[29]

〈표 4-10〉 손실보상 및 면책특권과 관련한 한국과 미국의 근거법률과 내용

한국	미국
「형사소송법」 제211조(현행범인과 준현행범인) **「형사소송법」** 제212조(현행범인의 체포) **「국가배상법」** 제2조(배상책임) **「경찰관직무집행법」** 제2조 제1호(국민의 생명 · 신체 및 재산의 보호) **「경찰관직무집행법」** 제2조 제2호(범죄의 예방 · 진압 및 수사) **「경찰관직무집행법」** 제2조 제3호(경비, 주요인사경호 및 대간첩 · 대테러작전 수행) **「경찰관직무집행법」** 제6조(범죄의 예방과 제지) **「형법」** 제20조(정당행위) **「형법」** 제21조(정당방위) **「형법」** 제22조(긴급피난)	**연방대법원 판례_** Hunter V. Bryant, 502 U.S. 224(1991) 1. 비밀경호국 요원들은 Bryant에 대한 타당한 질문과 대화를 그의 자택에서 하였다. 2. 비밀경호국 요원들은 Bryant와의 대화 결과에 따라 합법적인 체포를 하였다. 3. 비밀경호국 요원들은 대통령의 안전을 위해 정당한 예방조치를 하였다. 4. Bryant의 서신과 다른 증거가 불충분하였다. **연방대법원 판례_** Wood v. Moss, 572 U.S. 744(2014) 1. 실내(식당 내)의 시위자는 비밀경호국 요원들이 통제 가능하였으나, 외부에는 통제가 어려웠음이 인정된다. 2. 지지자들은 호텔에 가로막혀 시야가 제한되었으나, 시위자들은 대통령에게 위해를 가할 수 있는 직선거리였다. 3. 비밀경호국 요원들은 지지자와 시위자를 구분하여 대처했다는 증거가 없었다. 4. 만장일치로 비밀경호국 요원들에 대한 공무상의 면책을 인정한다

29) Gildin, G. S.(1989). Immunizing intentional violations of constitutional rights through judicial legislation: The extension of Harlow v. Fitzgerald to Section 1983 actions. Emory LJ, 38, 369.

제 4 절 쟁점에 대한 논의

1. 경호대상 및 경호기간

한국과 미국의 경호대상에 관해서는 다소 차이가 있기는 하지만 논란의 여지가 없다고 보아야 할 것이나, 경호기간에 대해서는 위에서 밝힌 바와 같이 여러 의견들이 상충되었고 앞으로도 정쟁의 불씨로 남을 가능성이 높다. 전직 대통령 부인에 대한 경호기간의 차별적 수혜 여부, 법해석의 차이, 대통령의 지휘 · 감독을 받는 하위관청인 '법제처' 유권해석의 권위 등 논란의 여지가 크다.

미국에서는 1997년 1월 1일부터 대통령 퇴임 이후 최대 10년 동안 경호서비스를 받도록 하였는데, 이는 전직 대통령에 대한 평생 경호의 인적 · 비용적 부담을 줄이고자 한 때문이었다.[30] 그러나 2011년 9 · 11테러의 발생을 기점으로 테러의 위협에 대한 위기감이 고조되면서 전직 대통령에 대해서도 평생 경호의 필요성이 대두되었다. 이에 따라 2013년 「The Former President Act, 3USA §102(전직 대통령 보호법)」이 개정되어 미국의 모든 전직 대통령은 비밀경호국으로부터 평생 동안 경호서비스를 제공받게 되었다.

한국의 경우에도 경제적 부담이 가중되기는 하지만 사회적 논란을 잠재우고 예우차원이 아닌 국가안보에 관한 민감한 정보 소유자로서 전직 대통령을 평생 보호해야 한다는 전향적 접근이 필요한 시점이라고 하겠다. 경호수준을 탄력적으로 운영하거나, 「경찰관직무집행법」상의 전직 대통령에 대한 경호규정을 정확하게 명시적으로 나타내도록 하는 방안 등도 함께 연구되어야 한다.

30) 김종오(2017). 전직 대통령에 대한 경찰의 경호실태와 개선방안. 경찰학논총. 12(4), 205-223.

2. 경호구역

경호구역은 상시적 · 장기적 경호구역과 임시적 · 일시적 경호구역 그리고 중장기적 경호구역으로 나눌 수 있다. 상시적 · 장기적 경호구역은 대통령집무실 및 대통령관저 이외에도 공식경호행사장 또는 비공식경호행사장 등이라고 할 수 있다. 과거 특정 시기에는 대통령휴양지, 안전가옥 등도 상시적 · 장기적 경호구역에 속하였다. 이는 한국의 「대통령 등의 경호에 관한 법률 시행령」 제4조 ①에 나타난 바와 같다. 임시적 · 일시적 경호구역은 「대통령 등의 경호에 관한 법률 시행령」 제4조 ②에 제시된 것처럼 각종 행사장 또는 단기 유숙지 등을 말한다. 중장기적 경호구역은 앞의 두 경호구역의 중간 정도의 기간을 가지며 규모 면에서는 매우 방대한 성격을 지닌다. 대규모 행사란 엑스포, 대형 전시회, 국제포럼 등을 말하며 장기적 안전조치가 요구된다.[31]

미국은 국토안보부 장관의 감독과 비밀경호국 국장의 지휘에 따라 제복경호대를 통하여 경비구역을 구체적으로 지정하는 반면에, 한국은 「대통령 등의 경호에 관한 법률 시행령」 제4조에서 경호구역을 간략히 정리하여 규정하였고, 「대통령 등의 경호에 관한 법률」 제5조에서는 매우 소극적이고 포괄적인 규정을 담고 있으며, 특히 경호활동에 있어 대국민 불편을 최소화해야 한다는 지극히 제한적인 범위를 보여주고 있다.

그럼에도 불구하고 문화적 차이와 대통령 경호를 바라보는 국민적 시각인 국민협조성[32]의 이질적 상황에 따라 경호구역 내에서 이루어지는 집회, 기본권 침해, 검문검색 등의 논란이 지속적으로 발생하고 있다. 문제 발생의 소지는 다음과 같은 곳에서 나타날 수 있으며 이를 해소하기 위한 방안도 함께 논의되어야 한다.

첫째, 「헌법」 제37조 ①, ②에서 '국민의 자유와 권리의 본질적인 내용이 침해될 수 없다.'는 조항과 「대통령 등의 경호에 관한 법률」 제5조 ①과 ③은 불가피하게 매우 상충적인 성격을 띠고 있다. 더군다나 질서유지, 교통관리, 검문 · 검색, 출입통제 등의 활동을 할 수 있다는 비교적 추상적이고 포괄적인 경호활동을 명시함으로써,[33] 이를 의도

31) 양재열(2012). 경호학 원론. 서울 : 박영사, 255.

32) 경호의 3요소 중 하나인 국민에게 신뢰를 주면 국민은 협조로 되돌려준다. 그러나 이 협조성에는 정치적인 상황이 어느 정도 작용된다.

적 또는 비의도적일지라도 방해 또는 지연에 대한 조치가 없다는 것은 추후에 많은 소모적인 논쟁의 불씨를 제공하는 것이 된다.

둘째, 언론에서 지적한 바와 같이 경호구역 내의 검문검색 및 출입통제 대상의 구체적인 설정과 규정화가 필요하다. 막연한 포괄적인 법규는 상황에 따라 많은 갈등을 일으킬 수 있으니 이를 미연에 방지하는 것이 필요하다.

셋째, 경호구역 내에서 일반 시민들이 협조해야 하는 내용을 법규에 명문화시킬 필요성이 제기된다.

3. 경호유관기관

경호유관기관과 관련해서는 전직 대통령의 사저(私邸) 매입에 관한 논란을 제외하고는 법규상의 이유로 나타나는 문제는 없는 상황이며, 비교적 구체적이고 실질적인 협조를 위하여 잘 정비되어 있다. 다만, 미국에서는 위협 평가 부분에 대한 교육, 예방에 관한 공동 연구 등의 프로그램을 시행할 수 있도록 한 규정을 참조하여 관련 사례를 발굴 및 벤치마킹해서 도입할 필요성이 제기된다.

4. 사법경찰권

이 비교법적 연구의 5가지 사항 중에서 가장 큰 차이를 보이는 것이 사법경찰권이며 이는 인구사회학적 특성과 문화적 배경에 기인한다고 할 수 있다. 따라서 일관성 있고 효율적인 경호활동을 위한다는 명분하에 미국의 광범위하고 막강한 사법권을 흉내 낸다는 것은 우리나라의 국민 정서에 부합되지 않는다.

그러나 전직 대통령 경호에 있어서 현행과 같은 경호기간에 대한 규정이 지속될 경우에는 「경찰관직무집행법」을 보완할 필요성이 제기된다. 「경찰관직무집행법」의 어디

33) 오재환(2012). 대통령 등 경호에 관한 법률의 문제점 및 개정방향. 한국민간경비학회보. 11(3): 143-164.

에도 전직 대통령의 경호에 관한 규정이 없기 때문이다. 이와 함께 전직 대통령의 경호는 전직 대통령 개개인의 법적인 상황을 떠나 국가의 중요한 보안사항을 지니고 있는 보안대상이며 이는 국가안보를 위해서도 중요하다는 것을 국민을 대상으로 적극적으로 홍보할 필요성이 있다.

5. 손실보상 및 면책특권

슈웨이커트(2020)는 미국 법 집행관(Law Enforcement Officer)의 면책특권(Qualified Immunity)을 성문법이 아닌 판례에 의해 규정된 원칙(Judicial Doctrine)이라고 설명한다. 비밀경호국 역시 성문규정으로 별도의 면책특권을 명시하고 있지 않으나 대법원 판례인 'Hunter V. Bryant(1991)'와 'Wood V. Moss(2014)'에서 비밀경호국 요원들의 면책특권을 인정하고 있다.

'Hunter V. Bryant(1991)'의 사례를 살펴보면, 미국 법원은 대통령에 대한 위협을 심각하게 받아들이고 있음을 알 수 있다. 수정헌법 1조에서 실질적 위협(true threats)에 관계하는 일반인들에 대하여 보호하지 않는다고 일관되게 판결해 왔다. 암살 모의에 대한 신고를 받고 출동한 S.S. 요원들과의 면담 결과 체포되자, 브라이언트는 영장 없이 체포한 행위를 고소하였다. 그러나 법원은 재판관들의 논란 끝에 적절한 조치였음을 인정하고 비밀경호국 요원들에게 면책특권을 부여하였다.[34)]

'Wood V. Moss(2014)'의 사례에서는 연방대법원 만장일치로 비밀경호국 요원들도 공무원 면책특권의 대상이 된다고 판결하였다. 2004년 재선 캠페인 중이던 조지 부시 대통령은 오리건주 잭슨빌에서 저녁 식사 중이었으며, 식당 근처에는 부시 대통령의 지지자와 항의자가 결집해 있었다. 지지자와 항의자는 모두 부시 대통령의 사정거리 내에 있었으며, 그 사실을 인지한 두 명의 비밀경호국 요원은 지역 경찰에게 항의자들을 이

---

34) John Vile is a professor of political science and dean of the Honors College at Middle Tennessee State University. He is co-editor of the Encyclopedia of the First Amendment. This article was originally published in 2009.

격시킬 것을 지시하였다. 이에 시위자들은 비밀경호국 요원들이 차별적 대우와 함께 수정 헌법 1조를 침해하였다고 소송을 제기하였다.

판결의 요지를 살펴보면, 식당 내 시위자는 경호국 요원들이 통제할 수 있었으며, 식당 외 다수의 군중은 통제 및 식별이 어려운 상황이었다. 또한, 지지자들은 호텔에 가로막혀 시야가 제한되었기 때문에 시위자들만이 대통령에게 위해를 가할 수 있는 상황이었다.

원고(시위자)가 군중 통제를 담당하는 비밀경호국 요원들이 대통령에 대한 두 집단의 동등한 접근권을 보장해야 한다는 것을 인지했음을 입증하지 못했으므로, 공무원 면책특권에 의해 보호된다고 판결한 것이다. 이에 대한 참조 판례를 보면, 'Pierson V. Ray(1967)'의 경우 공무원이 불분명한 위해 상황에서 '부작위에 의한 직무태만'과 '작위에 의한 손해배상'을 해야 하는 양자택일에 놓이는 상황을 면하기 위해 손해배상 면책특권을 인정한 판례로서 이는 공무원 면책특권의 개념을 제시한 것으로 평가받는다.

참조 판례 'Harlow V. Fitzgerald(1982)'의 경우에는 재량권을 행사하는 공무원이 합리적인 수준에서 알 만한 헌법상의 권리 침해가 아닌 한 민사책임의 대상이 되지 않는다고 하여, 선의에 의한 합리적 행위에 대해서는 보호해야 한다는 공무원 면책특권의 개념을 확립한 것으로 인정되고 있다.

한국의 경우 청와대 앞 피켓시위 제지에 대한 판결에서 표현의 자유에 대한 침해의 일부 승소로 결정된 바 있으며,[35] 1인 시위 도중 강제연행된 것에 대한 손해배상 청구소송에서 국가가 위자료 500만 원을 지급하라는 일부승소 판결을 내린 적이있다.[36] 이처럼 한국과 미국은 다른 현장 상황과 문화, 그리고 공경호에 대한 역사적 배경의 차이가 있다.

---

35) 연합뉴스(2018.07.11.). 청와대 앞 '1인 시위' 금지에 손해배상 판결. 2022.12.29. 10:00 검색
36) 동아일보(2002.11.07.). 청와대 '1인 시위' 연행 국가배상 판결. 2022.12.29. 11:10 검색

미국의 경우에는 손실보상과 면책특권에 대한 판결에서 대통령 보호에 방점이 있는 반면, 한국의 경우에는 아직 과도기적 문화와 시민의 인식에 따라 인권에 대하여 무게가 실려 있다고 할 수 있다. 우리나라 경호활동의 근간이 되는 「대통령 등의 경호에 관한 법률」에서 적법한 공무집행 행위로 발생한 손실 및 손해의 보상 등에 관한 규정이 없다는 것은 높은 경호수준과 비교해 볼 때 그 필요성이 매우 높다고 하겠다.

제 5 장

경호의 분류

제 5 장

경호의 분류

제 1 절 개인임무별 분류

일반적으로 경호의 3요소를 경호의 주체인 경호원, 객체인 피경호인, 그리고 일반 시민으로 두고 있으나, 학자들의 시각에 따라 그 범위가 점차 넓어지는 추세이다. 먼저, 경호의 주체로서 경호원 개인 또는 경호조직, 아니면 공경호인가? 아니면 사경호인가?를 구분한다. 경호의 객체에서는 지금까지는 오로지 경호대상자에 한정하였으나, 현재는 그 가족과 함께 이들이 사용하는 시설물도 함께 경호의 객체로 포함시키고 있다. 경호의 세 번째 요소인 일반 국민은 당해 행사 참석자를 말하였으나, 현재는 직접적인 행사 연관자가 아닌 간접적인 관찰자 및 행사와 무관한 일반 시민과 여론을 포함시키는 등 상당히 포괄적인 범위로 확대되고 있다.

경호활동에 있어서 경호조직의 구성원인 어느 개인은 단일 또는 직책상 부여된 임무에 따라 크게 선발경호업무와 수행경호업무로 구분된다. 선발경호는 행사지역에 피경호인이 함께 움직이는 본대에 앞서서 출동하여 행사장 안전조치 등의 임무를 수행하고, 수행경호는 본대에 소속되어 경호대상자를 가까운 위치에서 보호하는 임무를 수행한다.[1)]

1) 이두석(2011). 경호학 개론. 진영사.

1. 선발경호

선발경호란 여러 개의 기능을 가진 각 조직의 일부인 선발대가 경호행사 예정 지역에 사전에 도착하여 유관기관 및 행사주관기관과의 협력을 통하여 경호에 필요한 정보 및 첩보활동을 실시한다. 이와 함께 행사지역이나 특정 장소에 대한 경호활동을 총괄하고 각 경호기능을 조정 또는 통제하며 그 지역 또는 장소에 대한 각종 취약요소를 배재하는 등의 안전조치를 이행하여 경호대상자의 신변안전을 도모한다.

위해가 발생하는 상황은 전적으로 위해를 목표로 삼고 행동하는 공격자의 시기적, 장소적, 방법적 선택에 달려 있으므로, 선발경호활동은 이를 위해자의 입장에서 예측하여 행사장의 모든 상황과 여건에 적합한 각종 대응방법을 강구하고 실질적 대비태세를 유지한다.

선발경호의 특성은 예방경호활동, 통합성, 안전확보, 비상대책이라고 할 수 있다. 예방경호활동이란 경호대상자에 대한 위해기도에 대하여 그 성공기회를 원천적으로 차단하거나 최소화시킴으로써 위험요소를 사전에 제거 또는 최소한으로 감소시켜 경호대상자에 대한 안전을 보장하는 활동이다. 이 예방경호활동은 구체적 임무, 규모 및 특성이 각각 상이한 여러 부서 또는 기관이 사전 출동 선발대로 구성되어 현장에서 상호 유기적인 협조관계를 필요로 한다. 이는 고유한 각각의 기능을 최대한 살리면서 사각지대가 생기지 않도록 유기적 통합성을 갖추어야 한다.

또한 선발경호는 3중경호(3선경호)의 원리를 바탕으로 외곽의 제3선(경계구역)에서부터 점차 예방경호활동을 강화해 나감으로써 인적 · 물적 · 환경적 · 지리적 위해요소를 사전에 제거 또는 차단하는 실질적인 활동을 전개한다. 이를 위하여 행사장 외곽부터 의심스러운 지점을 검측하고 제1선(안전구역)으로 갈수록 상세히 검측을 실시하고 이후, 불필요한 인원을 행사장 내부로 접근하지 못하게 하는 출입통제와 경호근무자에 의한 직접적인 안전유지활동을 실시한다. 이렇게 철저를 기함에도 불구하고 예기치 않은 돌발상황이 발생할 경우에 대비하여 비상대피소, 최근접병원, 비상탈출로 등의 조직적 비상대책을 강구하고, 각 경호근무자는 자신의 근무위치에서 이에 대비한 심상훈련을 선발경호활동 시에 꾸준히 실시한다.

2. 수행경호

경호의 주된 목적은 경호대상자의 신체안전과 재산을 보호하는 것으로, 이에 대한 직접적인 위해로부터의 보호와 욕설, 시위 등과 같은 정신적 압박이나 활동의 방해 등과 같은 간접적 위해로부터의 보호를 포함한다.

그러나 학문적으로 살펴보면, 욕설이나 활동 방해도 능동적 또는 수동적 직접공격에 해당하므로 이에 대한 대책 및 보호활동은 지극히 당연한 것이다. 이에 대한 근거는 Buss(1971)가 정확히 제시해 주고 있다.

그는 다음의 〈표 5-1〉과 같이, 인간의 공격성이 얼마나 다양한 방법으로 표출되는가를 매우 세부적으로 구분하여 주장하였다. 즉, 살인이나 폭행 등은 지극히 당연한 신체에 대한 능동적 직접공격이지만, 통로를 차단하는 행위도 수동적 직접공격으로 보았다. 언어적 공격에 있어서도 모욕이나 굴욕감 주기 등은 능동적 직접공격으로, 질문에 대한 답변의 거부도 수동적 직접공격으로 구분하였다.[2)]

〈표 5-1〉 인간 공격의 다양성(Physical aggression & Verbal aggression)

	능동적 직접공격	능동적 간접공격	수동적 직접공격	수동적 간접공격
신체적 공격	살인, 폭행	부비트랩	통로 차단	업무수행의 거부
언어적 공격	모욕, 굴욕감 주기	적의 있는 이야기	말하기 거부	문서 또는 음성에 의한 거부

출처 : Buss(1971), 재구성

수행경호에서 인간의 공격성을 설명하는 이유는 선발경호활동으로 철통 같은 경호예방활동을 하였다고 하더라도, 위해기도자의 위해방법 전체를 모두 파악하기는 불가능하므로 위해상황의 발생을 완전무결하게 차단하는 데는 어려움이 있다는 것이다.[3)] 만에 하나 그러할 경우에는 최후의 보루로서 신속하며 완벽하게 보호활동을 하는 것이

---

2) Buss, A. H.(1971). The control of aggression and violence. New York: Academic Press, 7-18.

3) 이는 대국민 불편 최소화라는 제한점이 존재한다. 이와 함께 최근에는 경호활동비용 대비 효율성도 고려요소로 대두되고 있다.

수행경호의 주된 임무이며, 이를 위하여 이동 간이나 행사장 내에서 경호대상자에 가장 근접하여 경호활동을 실시한다.

수행경호의 특성은 노출성, 기동성, 방벽성, 대피성, 기만성이라고 할 수 있다. 경호대상자의 이동에는 불가피한 물리적 수단이 필요하고 관련된 인원이 필수적으로 요구된다. 국가의 수반이자 원수이며, 외국에 대하여 국가를 대표하는 사람[4]이 혼자서 위치를 옮기는 경우는 동서고금을 막론하고 존재하지 않는다. 따라서 경호대상자의 이동에서는 거리와 행사의 성격, 기상 등을 고려하여 가장 적합한 기동수단을 이용하게 된다. 이때 불가피하게 기동수단이 노출되거나 짧은 거리를 이동할 경우 도보대형에 따른 수행근무자의 노출이 필수적으로 수반된다. 이러한 상황에서는 항상 움직이는 아메바와 같은 유동적 기동성이 요구된다. 이러한 유동적 기동성은 다양한 현장상황에 대처하는 기민하고 스마트하면서 융통성 있는 기동수단과 도보대형 및 방호대형의 경호형태를 필요로 한다.

수행경호활동에는 위해기도자의 시야를 제한하여 경호대상자에 대한 직사화기에 대한 공격기도를 차단하고 폭발물, 총기 등 기타 위해기도로부터 경호근무자의 신체를 활용하여 보호막을 형성한다. 이러한 방탄기능을 최대화하기 위하여 방탄복을 착용하거나 방탄막 등을 휴대하고 돌발상황에 대비한다.

경호의 기본이론에서 위해상황 발생 시에는 대적보다는 대피가 우선이라고 강조한다. 그러나 이 역시 상황에 따른 융통성 있는 행동이 필요하다. 이러한 돌발상황에서 위해자와 가장 가까이에 위치한 경호근무자가 대적활동을 하지 않고 피경호인에 대한 대피활동을 한다는 것은 있을 수 없는 일이다. 그렇지 않은 경호대상자 근접 근무자는 반사적 동작으로 신속하게 경호대상자를 방호한 상태로 현장을 이탈하고 제2 또는 제3의 공격에 대비한 대피를 하여야 한다.

수행경호의 특성인 노출성과 경호대상자의 행사시점까지의 여러 절차상 보안의 누수로 인한 경호대상자 일정의 노출을 위해기도자는 철저한 관찰을 통하여 분석하게 된

---

4) 「헌법」 제66조~제85조

다. 이를 대비하여 수행경호에서는 실제 행사상황 또는 행차기동을 오판하도록 기동수단, 기동로, 기동시각, 기동대형 등 여러 가지 방법으로 기만기법을 구사한다.

3. 경비경호

경호대상자가 사용하는 시설물에 대한 안전을 확보하는 것은 선발경호 및 수행경호 못지않게 중요한 경호과업이다. 시설물에 대한 안전확보는 세 가지로 분류할 수 있다. 경호근무자는 우선 경호대상자의 평상시 숙소 및 활동장소에 대한 경호경비를 실시하며, 다음으로 국내 지방 또는 해외 유숙지에 대한 경호경비를 실시하고, 일반적인 각종 행사장에 대한 시설물을 보호하는 임무를 수행한다. 이러한 각각의 대상에 대한 경호경비 과업에 있어서는 경호조직의 구성에 따라 전담조직이냐 아니면 선발경호부서를 순번제로 투입하느냐가 다를 수 있으나 업무의 기능 면에서는 모두 동일하다고 할 수 있다. 즉, 출입의 절차, 출입자의 기록 및 유지, 출입자의 안전절차 등의 어떠한 조직의 구성이라도 같은 방법을 준수하게 된다.

제2절 이동수단에 의한 분류

경호대상자 이동의 고려요소는 앞서 언급한 것처럼 행사장 참석을 위한 이동거리와 행사의 성격, 기상 등을 고려하여 가장 적합한 기동수단과 방법을 선택한다. 이 중 도보대형은 가장 기본적이며 가장 유동성 및 융통성이 필요한 수행경호방법이다. 이와 함께 이동수단을 이용한 승용차경호, 열차 · 항공기 · 선박 경호 등이 있다.

1. 도보경호

도보경호는 기민하고 유동적이며 자연스러운 도보대형을 통하여 성공적으로 이루어지는데, 이는 경호대상자를 중심으로 근접하여 위치한 수행경호 근무자들이 신체를 이용하여 경호대상자 주변의 인적 · 물적 · 지리적 취약요소에 따라 다양한 인간방호벽을 형성하여 위해기도자의 시야를 차단함과 동시에 직사화기로부터의 방탄을 제공하고 돌발상황 시 즉각조치를 실행하기 위한 팀워크를 이루는 행동을 말한다.

선발경호가 안전이 확보된 행사장소를 제공하는 공간개념의 경호활동이라면, 수행경호는 경호대상자의 도보 또는 기동수단에 의한 이동 동선에 따른 선 개념의 경호활동이다. 선발경호와 수행경호의 공통점은 경호대상자의 완벽한 보호와 함께 일반 국민에 대한 불편 및 경호대상자의 국민 접촉 활동에 지장을 초래해서는 안 된다는 두 가지의 상반된 목표를 동시에 달성하는 일이다.

경호대상자의 국민에 대한 접촉은 매우 당연하면서도 필수적인 정치행위이며,[5] 이 과정에서 경호대상자의 활동에 지장을 초래하지 않도록 하면서도 경호목적을 달성한다는 것은 쉬운 일이 아니다. 이를 위하여 고려할 사항으로 행사의 수준, 실내외 행사여부, 행사 참석자의 인원, 행사의 노출 정도, 시위 또는 집회 현황, 경호대상자와 행사참석자의 거리, 승차 및 하차지점의 노출 정도 등 인적 · 물적 · 지리적 요소를 살펴본다. 차량 기동 중에 경호대상자의 요구에 의하여 일시적으로 정지하여 대국민 접촉을 시도하는 경우를 제외하고 대부분의 도보경호에서는 선발경호가 제공된다.

2. 기동경호

1) 차량 기동경호

차량 기동경호는 경호대상자가 도보거리 이상의 구간을 이동하기 위하여 제공되는

5) Rottinghaus, B.(2008). Opening the president's mailbag: The Nixon administration's rhetorical use of public opinion mail. Presidential Studies Quarterly. 38(1), 61-77.

차량수단을 이용한 경호방법으로서, 선발경호 제공이 제한되거나 부재한 상황에서 차량이라는 기동수단을 효과적인 빠른 속도를 활용하여 경호대상자의 안전을 도모하는 것이다.

차량 기동경호의 취약점은 다음과 같다. 경호대상자에게 제공되는 차량은 방탄기능을 갖추어 안전성이 높은 반면, 정지상태에서 순간 가속력이 약한 취약성을 가지고 있다. 또한, 기동로의 불가피한 노출이 따르며 기존도로를 이용하므로 기동로의 선택이 제한적이다. 각도가 크게 구부러진 도로에서는 이동 속도가 현저히 떨어지므로 원격 폭파 및 근접 기습공격 가능성이 높아진다. 마지막으로 기계의 기능고장은 예기치 않게 언제든 발생할 수 있다. 이러한 여러 가지 취약점을 극복하고 경호대상자를 안전하게 목적지까지 이동시키기 위한 다양한 대책이 요구된다.

그럼에도 불구하고 차량은 기상이나 야간 등에도 비교적 효과적인 기동수단이 되므로 이동 구간이 너무 멀거나 도서지역 등의 특별한 지역을 제외하고는 가장 빈번히 사용된다. 아주 먼 거리라 하더라도 경호대상자가 열차, 선박, 항공기 등 다른 기동수단을 활용한 후에 행사장까지 다시 차량 기동경호를 할 수 있도록 공차로 이동하는 경우가 매번 뒤따르게 된다.

2) 열차 기동경호

열차 기동경호는 제한된 철로를 이용하여 열차라는 기동수단을 통하여 장거리를 이동하며 출발장소로부터 도착지점까지 역에 대한 선발경호를 제공하고, 터널, 교량, 공사구간 등의 취약지점에 대한 안전점검 등을 실시한다. 열차 기동경호의 장점으로는 기상에 영향을 적게 받으며, 동시에 많은 수행원이 탑승할 수 있고, 경호대상자의 활동 공간이 비교적 넓다는 것을 꼽을 수 있다. 단점으로는 고정된 철로를 이용하므로 비상상황이 발생할 경우에 대피로 운용에 제한이 따르고, 사전 노출된 철도선을 통하여 위해기도 발생 가능성이 상존하며, 긴 구간의 완전한 검측이 불가능하다는 것이다. 또한, 2호 열차만을 이용하여 매우 제한된 기만경호를 실시한다는 단점이 있다.

3) 항공기 기동경호

항공기 기동경호는 비행기 또는 헬리콥터 등의 공중이동 수단을 통하여 경호대상자를 목표한 지점으로 안전하게 이동시키는 경호방법이다. 비행기 기동 시에는 2대 또는 3대를 적당한 시간대별로 축차적 이동을 하면서 기만경호를 실시하고, 헬리콥터 기동경호에서도 여러 대를 활용하여 기만경호를 실시하고 필요시에는 전투기 또는 무장헬기의 근접지원을 받게 된다. 이와 함께 기동 간에는 원거리 전투초계비행, 기동로상의 비행통제, 기상상황 확인 등이 수반되는데 이러한 조치는 공군연락관을 통하여 시행한다.

항공기 기동경호의 장점으로는 경호대상자 및 경호근무자를 포함한 많은 인원이 단시간에 먼 거리를 이동할 수 있으며, 지형이나 교통혼잡에 의한 영향을 거의 받지 않는다는 것이다. 또한 열차에서처럼 경호대상자가 이동 간 넓은 활동공간을 가질 수 있으며, 특히 교통의 통제로 인한 국민의 불편이 해소된다는 것이다. 단점으로는 기상의 영향을 크게 받으며 야간에는 헬기 기동이 제한된다는 것이다. 또한 돌발상황 발생에 대한 대응이 어렵고 기내에서는 최소한의 근접경호만 제공된다는 것을 들 수 있다.

4) 선박 기동경호

선박 기동경호란 경호대상자가 바다의 이동구역을 선박이라는 기동수단을 통하여 이동할 경우 안전을 제공하는 경호방법으로 해상에서 총체적으로 이루어지는 경호활동이다. 해상 이동 시에 경호대상자가 탑승하는 선박은 해군이 보유하고 있는 함정으로 동종의 경호용 함정과 초계함 등이 대형을 형성하여 기동한다.

선박 기동경호의 장점은 경호대상자의 넓은 활동공간이 확보되며, 기동수단 가운데 최대한의 인원이 동시에 이동할 수 있다는 것이다. 또한, 육로나 항공로에 비하여 비상상황이 발생할 경우 다양한 이탈이 가능하며, 공중 및 해저 지원을 통하여 최대한의 안전을 보장할 수 있다. 단점으로는 해상기상의 영향을 받기 쉽고 넓은 지역적 특성으로 사전 안전점검에 한계가 있다는 것이다. 또한 어업활동을 하는 어민에게는 통제로 인한 불편을 초래할 수 있다.

제3절 행사장소에 의한 분류

1. 행사장경호

행사장경호는 경호대상자가 참석하여 사전에 정해진 행사절차 및 의전 순서에 따라 이루어지는 장소에 대한 안전확보와 실시간 경호가 제공되는 경호를 말한다. 행사장경호는 경호대상자가 장기간 머무르는 숙소를 중심으로 이격 거리에 따라 시내 행사장경호와 지방 행사장경호로 구분된다.

1) 시내 행사장경호

시내 행사장경호는 서울시내 또는 일부 수도권 지역에 위치한 행사장의 경호활동을 말한다. 실질적인 경호는 고유한 개인임무별 분류 가운데 선발경호활동과 차이가 없으나, 출동 및 배치 시기가 다르다고 하겠다. 행사장경호는 선발경호 지침에 따라 사전 안전활동이 특별히 강조되며 경호대상자가 단시간 또는 상황에 따라 여러 시간을 머물기도 한다는 점에서 때로는 근무자의 식사를 위한 근무교대가 이루어지기도 한다.

2) 지방 행사장경호

시내행사이긴 지방행사이긴 행사의 성격, 행사장의 위치 및 취약성, 국내의 정치적 상황 등 경호환경에 따라 경호등급과 수준이 결정되며, 이러한 수준에 따라 선발경호대의 출동 규모가 정해진다. 그러나 지방 행사장경호는 이동거리가 길고 활동시간이 상대적으로 장기간을 요하는 관계로 시내 행사장경호보다 많은 선발인원을 필요로 하며, 수행경호 역시 다양한 기동수단을 활용해야 하므로 활동 반경이 넓을 수밖에 없다.

2. 숙소경호

숙소경호란 경비대상자가 평소에 거처하는 숙소뿐만 아니라, 이 숙소로부터 원거리에 떨어진 지방행사 등으로 인하여 일시적으로 머물게 되는 유숙지를 포함한다. 숙소경호는 일반 행사장경호와 마찬가지의 경호활동이 필요하고, 특히 출입인원, 물품의 반입 등에 대한 안전조치 및 통제가 필수적이나, 근무자의 교대 및 숙식계획 등 시설물 경비업무에 준하여 장기적인 보호대책이 뒤따르게 된다.

3. 연도경호

연도경호란 경호대상자가 차량을 이용하여 도로상을 기동할 경우에 교통의 흐름을 자연스럽게 관리하고(수행경호) 공사지점이나 교차로 등 취약지점에 대한 안전조치(검측) 등을 실시하며, 완전공식행사의 경우 오픈카 또는 하차가 예정된 장소에서는 감제건물에 대한 안전조치(경찰, 대적조)를 실시한다. 동시에 선발 및 수행경호근무자의 철저한 사주경계활동이 요구된다.

제4절 경호행사 성격에 의한 분류

경호행사는 일반 국민에 대한 노출 정도에 따라 투입되는 경호자원의 규모가 달라진다. 이를 경호등급으로 규정하고 이 등급에 따라 지역적 경호구역(3선~1선), 유관기관의 동원 범위, 안전유지 기간, 교통관리 및 통제 등이 결정된다. 따라서 성격에 의한 분류보다는 의전적 수준 또는 노출 정도에 의한 분류가 오히려 적당하다. 과거에는 이 분류를 완전공식행사 경호, 공식행사 경호, 비공식행사 경호, 완전 비공식행사 경호로 구분하였고, 이외에도 안전가옥행사와 같이 선발경호가 전혀 가동되지 않는 경우도 있었으나, 현재는 일반적으로 공식경호, 비공식경호, 약식경호로 구분된다.

1. 공식경호

경호행사의 최상위등급이며 경호1등급으로서 3선개념을 적용하고 경호관회의가 실시되며, 안전유지기간(필요시 5일 이상 또는 20일 이상)이 가장 길다. 경찰과 군의 지원이 요구되고, 교통관리에 있어서 적어도 3~4개 차로를 확보하고 사전 통제에 의하여 피경호인의 차량행렬이 무정차로 이동한다. 이러한 경호활동은 대통령 취임식, ASEM[6], APEC[7] 등과 같은 대규모 국제행사와 공개된 국경일 기념식, 기공식, 준공식 등에서 이루어지는데, 경호상황본부가 꾸려지고 경호자원의 규모가 가장 크며 강화된 경호조치가 필수적이다.

2. 비공식경호

경호행사의 중간등급이며 경호2등급 또는 3등급으로서 가능한 3선개념을 적용하고 경호관회의가 실시되며, 적절한 안전유지기간(1~2일)을 필요로 한다. 경찰과 군의 지원이 요구되고, 교통관리에 있어서 진행방향 1~2개 차로를 확보하고 가능하면 사전 통제에 의하여 피경호인의 차량행렬이 무정차로 이동한다. 경호상황본부를 운용한다.

---

6) 아시아유럽정상회의(ASEM : Asia Europe Meeting): 아시아 10개국과 유럽연합(EU) 15개 회원국의 국가원수 또는 정부수반과 유럽연합의 집행위원장이 참석하여 환경보호, 국제범죄, 테러예방 등에 관하여 상호간의 동반자 관계를 구축함을 목적으로 한다. 2년마다 개최되며, 그 사이에는 외무, 경제, 재무장관회의가 실시된다.

7) 아시아태평양경제협력체(APEC : Asia Pacific Economic Cooperation): 21개 회원국으로 구성되며, 세계인구, GDP, 교역량의 반을 차지하는 세계최대 지역협의체이다. 우리나라에서는 1991년 서울, 2005년 부산에서 주최한 바가 있다. 코로나19로 인하여 2020년과 2021년은 화상회의로 개최되었다.

3. 약식경호

약식경호는 이전의 완전 비공식행사 경호와 유사하며, 경호행사의 가장 낮은 단계인 경호4등급에 속하며, 1선개념을 적용하고 근접위주의 경호활동이 실시된다. 또한, 의전절차가 생략되며 선발경호활동이 2~4시간 정도로 짧거나 아예 선발경호에 의존하지 않는 경우도 있다. 이는 주로 경호대상자의 업무 또는 정무적 관계로 이루어지는 행사로서 비공식적 불시 방문, 가벼운 운동, 공연 및 영화관람, 새벽시장방문 등이 있다. 가능하면 교통의 통제 없이 행차로를 이용하며, 경호상황본부 운용이 필요치 않은 경우가 많다.

제 6 장

경호준비와 경호기본이론

제 6 장

경호준비와 경호기본이론

제 1 절 경호 준비

1. 경호정보

'정보'란 현대인의 생활에서 자주 접하게 되는 친숙한 용어이다. 비슷한 의미를 가진 자료, 첩보 등과의 관계를 [그림 6-1]이 잘 보여주고 있다.

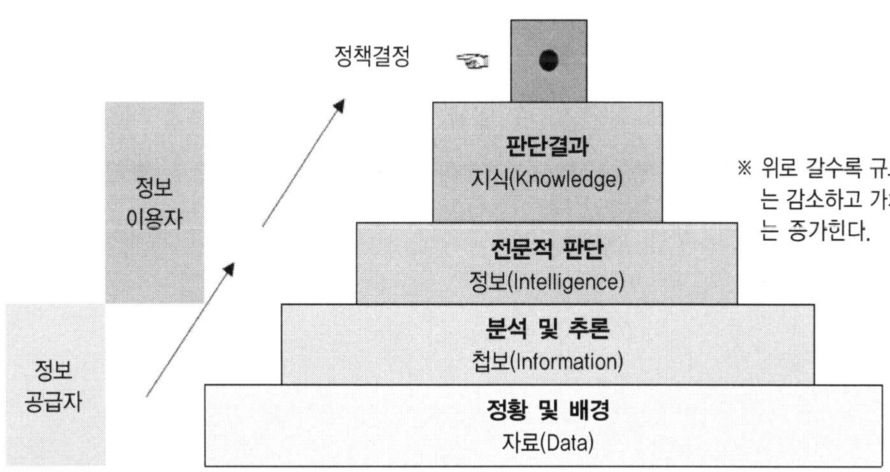

[그림 6-1] **자료, 첩보, 정보, 지식 간의 관계[1] 재구성**

---

1) 윤정석(2014). 국가정보학의 이해. 도서출판 오름, 31.

[그림 6-1]과 같이 사회현상 속에 널리 퍼져 있는 생자료(raw data)[2]는 가장 기초적인 수준으로서 이 자체는 정보로서의 가치가 거의 없으며, 상위 단계인 '첩보'는 정보생산을 위하여 관측, 보고, 풍문 등 각종 출처로부터 입수한 가공되지 않은 모든 자료를 일컫는데, 그 내용의 신뢰성과 타당성이 검증되지 않은 상태를 말한다. 따라서 '첩보'란 '생자료' 또는 이 '자료들의 집합체'라고 할 수 있다.[3] 이러한 첩보내용을 분석하여 다음 단계로 넘어가 '정보'가 된다.

'정보'란 사용자의 요구나 지시 또는 필요성에 근거하여 첩보를 분석, 평가하여 사실관계가 확인된 것을 말한다. 이 '정보'는 다시 전문적 판단에 의하여 정보활동의 최종 산출물인 '지식'으로 불린다.

그러나 '지식'은 국가 정책이나 국가안전보장 관련 국가기관에서 사용하는 특수한 용어이고, 일반적으로 정보를 취급하는 기관에서는 기밀성이 요구되는 지식을 '정보(Intelligence)'라고 지칭한다.[4] 이 '정보(情報)'의 어원을 살펴보면, 일본의 메이지 정부(1868~1889)가 프랑스식 병제(兵制)를 도입하면서 프랑스 군사용어를 번역하였는데, '적정(敵情)에 대한 보고(報告)'라는 말이 축약되어 '정보(情報)'라는 단어로 널리 사용되었고, 이에 일제 강점기를 거쳐 우리나라에서도 널리 사용하게 되었다.[5]

〈표 6-1〉은 자료, 첩보, 정보와의 관계를 보여준다. 이를 통하여 볼 때, 정보란 가치나 유용성 면에서 매우 중요함을 알 수 있다. 정보기관에서는 정보를 '국가의 정책결정을 위하여 수집된 첩보를 평가, 분석, 해석한 결과로 얻은 지식'으로 정의하고, 사용자 관점의 활용성을 중요하게 여기고 있다.[6]

---

2) 실험이나 조사를 위한 초기 자료로서 변환이나 가공 이전의 자료를 말하며, '원자료'라고도 한다.
3) 전웅(1997). 국가정보와 안보정책. 국제정치논총. 36, 209.
4) 전웅(2015). 현대 국가정보학. 박영사, 4.
5) 민진규(2011). 국가정보학-역사와 혁신. 도서출판 배움, 10.
6) 신제철 · 김순석(2013). 산업보안론. 도서출판 그린, 28.

〈표 6-1〉 자료, 첩보, 정보와의 관계

구분	자료(data)	첩보(information)	정보(intelligence)
의미	단순사실, 기호	목적의식에 따라 수집	가공하여 처리된 지식, 사용자를 위한 정보
용어	데이터, 자료, 생자료, 원자료	1차 정보, 첩보, 생정보	2차 정보, 정보, 가공정보
활동	입력	수집	평가, 분석, 해석
활동의 특성	임의적, 의식적	의식적	의식적
일반적 특성	무의미	불확실성	확실성
가치/유용성	미약	검증 필요	가치 인증/매우 유용

출처 : 국가정보연구회(2012). 분단국가의 국가정보. 박영사, 16. 재구성

한편, 통상적으로 정보라는 용어가 지식의 집합체라고 볼 수 있으나, 굳이 전문적인 '정보'와 일반적인 '정보'를 구분하자면, 전자는 국가차원의 안전보장 또는 국익을 위하여 조직적으로 광범위한 분야를 대상으로 첩보를 수집하여 분석 및 평가 과정을 통하여 생산해 내는 제반 정보활동을 지칭한다. 후자의 경우에는 '활동'과 '지식'이라는 측면이 강하다.[7]

경호정보란 경호작전 또는 경호활동에 영향을 미칠 수 있는 인적·물적·지리적 취약요소에 대한 자료를 수집하고 분석하여 도출된 결과를 말한다. 경호란 보이지 않는 적을 대상으로 안전확보 활동을 하는 것이므로 폭넓고 정확한 경호정보가 필수적으로 요구된다.[8] 또한, 경호정보는 광의의 경호정보와 협의의 경호정보로 구분할 수 있는데, 광의의 경호정보는 간접위해정보로서 세계 테러리즘 상황이나 정치·사회적 현상 등에서 나타나는 치안정세 등이 포함된다. 이러한 간접위해정보는 경호대상자의 통치활동이나 신변의 안전에 미치는 영향력을 면밀히 분석해야 한다. 반면에 직접위해정보는 경호대상자의 활동이나 개인적인 관계에 직접적·구체적으로 영향을 미치는 위협정보를 말하며, 경호정보에서는 직접위해정보를 매우 중요하게 다루어야 한다.[9]

7) 박동철(2021). 임진왜란 기간 충무공 이순신의 정보활동에 관한 연구–「임진장초」에 나타난 정보전 사례를 중심으로–. 가천대학교 박사학위논문.
8) 이두석(2016). 경호학 개론. 진영사.

경호정보활동은 유기적이며 통합적인 경호작전의 한 과정으로서 경호책임자의 판단과 경호활동의 안전성 확보에 기여한다. 또한, 경호정보활동은 효과적인 정보지원과 안전활동, 기만경호, 정보통신, 사이버 및 물리적 위협과 공격 등에 대비하는 제반 경호활동요소이며, 대국민 여론 등 경호관련 활동의 효과적인 통합과 상호작용으로 수행된다.

경호정보는 경호활동에 영향을 미치는 요소에 따라 인물정보, 물질정보, 교통정보, 기상정보 및 행사정보 등으로 분류할 수 있다.[10)]

인물정보는 직접적인 위해를 기도하거나 기도할 가능성이 있는 개인이나 단체의 동향에 관한 정보를 말하며 경호정보에서 가장 우선시된다. 인물정보는 경호대상자에 관한 정보를 기본으로, 우호적 또는 비우호적이거나 더 나아가 지극히 사생활적이거나 적대적인 주변 인물들에 대한 정보를 포함한다.

물질정보는 경호행사장 내의 구조시설물과 이 시설물 내에 속한 전기시설, 가스시설, 공조시설 및 승강기 등의 이용시설에 대한 관리 및 안전상태에 대한 정보를 말한다. 이와 더불어 직접적 위해에 사용될 수 있는 총기 도검류, 폭발물, 화약류, 가스 및 유류, 독극물 등의 이동 및 거래 또는 소유자에 대한 정보가 필요하다.

지리정보는 행사장이나 이동 등을 위한 지리에 관한 정보를 말한다. 행사장에 이르는 도로망, 행사장이 육안이나 망원경으로 직시(直視)되는 감제고지 및 고층건물 등에 관한 정보가 필요하다. 또한, 위해기도자가 공격장소로 이용가능한 행·환차로상의 열차 건널목이나 교량, 서행이 요구되는 굽은 도로나 좁은 도로 등의 정보를 포함한다.

교통정보는 행·환차로 및 예비로의 교통상황, 사고 및 공사 등과 같은 교통의 흐름에 영향을 주는 여러 가지 요인에 대한 정보를 말한다. 이러한 정보는 이동소요시간을 산출하거나 이동로상의 취약성을 판단하는 중요한 자료로서, 사전답사, 선발대 이동 간 상황파악, 실시간 교통상황 파악 등을 통하여 획득한다.

기상정보는 일기 예보, 기상 특보, 기상에 관한 보도 등 경호행사에 영향을 미칠 수 있는가에 대한 면밀한 검토가 필요하다. 이를 토대로 행사장의 결정, 행사의 진행과정

9) 장기붕(2007). 근접경호론. 홍익출판사, 66-67.
10) 이두석(2016). 전게서. 208.

과 본행사의 시나리오 결정, 이동수단의 결정 등에 영향을 미친다.

행사정보는 행사에 관한 행사진행순서, 의전절차 또는 의전계획, 참석자 입장계획, 안내계획, 주차계획 등 행사 전반에 걸친 정보를 말한다. 이는 경호행사에 필수적인 요소로서 정보차원을 넘어 매우 기초적이며 기본적인 경호숙지사항이다.

2. 위협의 분석과 평가

위협 분석은 경호의 주체가 경호의 객체인 경호대상자에게 어떠한 위험에 직면하고 있으며, 그 위험이 누가, 언제, 어디서, 어떻게(어떤 방법으로) 시도하게 될 것인가에 대한 정보를 분석하는 과정이며, 이를 통하여 위협의 본질을 파악할 수 있다. 잠재적인 위해기도자와 관련된 위협의 분석 못지않게 필요한 것이 경호대상자에 대한 신상정보의 확보이다. 이는 위해기도자의 입장에서 바라본 표적의 취약점을 파악할 수 있게 한다. 그들이 가장 목표로 하는 정보는 표적의 일상적 활동에 관한 것이며, 이를 토대로 표적의 움직임을 예측하기 때문이다.[11]

이러한 분석을 바탕으로 위협의 평가는 다음과 같은 요소를 필요로 한다.

- 잠재적 위협의 확인
- 확인된 위협의 평가
- 위협 요소별 우선순위 부여
- 경호대상자의 공적 생활에 대한 평가
- 경호대상자의 사적 생활에 대한 평가
- 숙소 및 사무실에 대한 평가
- 현재의 경호방식에 대한 평가
- 위험 감소를 위한 고려사항

11) 이두석(2016). 전게서. 212-216.

- 경호자원의 분배
- 변화된 경호방식의 실행

〈표 6-2〉는 위협 평가 결과를 바탕으로 위험성과 위험발생가능성 간의 관계를 나타낸 것이다. 세로 F와 가로 0이(Fx0) 상호관계라면, 무시해도 좋은 사항이 되고, 세로 A와 가로 5(Ax5)라면 최고상태의 경호자원이 투입되며 안전조치는 최상위로 강화해야 할 것이다. 세로 A와 가로 0이 상호관계라면 가능성이 없다 하더라도 치명적인 경우에 해당되므로 적절한 경호조치가 이루어져야 할 것이다.

〈표 6-2〉 위험성과 위험발생가능성 매트릭스[12)]

		위험발생가능성					
		0	1	2	3	4	5
		가능성 없음	가능성 거의 없음	가능성 약간 있음	가능성 보통	가능성 높음	실제로 확실함
위험성	F	위험성 없음					
	E	비교적 중요치 않음					
	D	위험					
	C	약간 위험					
	B	매우 위험					
	A	치명적					

〈표 6-3〉은 국가차원의 위협수준을 단계별로 표시하는 방식을 나타낸 것인데 미국은 해당 용어와 함께 색깔로도 표시를 한다.

12) 이두석(2016). 전게서. 219. 재구성

〈표 6-3〉 미국과 영국의 위협수준 평가[13)]

위협수준	미국(국토안보부, DHS)	영국(종합테러분석센터, JTAC)
Level 1	Severe(red) : 심각한 위험	Critical : 공격 임박
Level 2	High(orange) : 높은 위험	Severe : 공격가능성 높음
Level 3	Elevated(yellow) : 중대한 위험	Substantial : 공격가능성 상당함
Level 4	Guarded(blue) : 일반적인 위험	Moderate : 공격 가능하나, 실제 가능성 낮음
Level 5	Low(green) : 낮은 위험	Low : 공격 가능성 낮음

〈표 6-4〉는 미국 국토안보부의 시설보안 수준 결정 매트릭스를 백악관 등에 관한 임무의 중요성, 백악관이나 의회와 같은 국가의 상징성, 시설물에 임대한 회사의 위험성, 시설에 대한 보안수준 등을 나타낸 것이다. 이처럼 보안수준의 판단은 위험수준에 따라 달라진다. 위험판단의 기준은 국가마다 그리고 판단의 대상마다 차이가 있으며, 어떤 방식을 기준으로 삼는가 하는 것은 경호책임자에게 달려 있다.

〈표 6-4〉 미국 보안위원회의 시설보안 수준 결정 매트릭스(Interagency Security Committee Facility Security Level Determination Matrix)

Factor	Points			
	1	2	3	4
임무 중요성 Mission Criticality	Low	Medium	High	Very High
상징성 Symbolism	Low	Medium	High	Very High
임대회사 위험성 Threat to Tenant	Low	Medium	High	Very High
시설보안 Facility Security	I	II	III	IV

13) 이두석(2016). 전게서. 219. 재구성

3. 경호부서와 부서별 임무

경호부서는 행사장에 사전 출동하여 경호활동을 하는 선발부서를 중심으로 보안사항을 고려하여 개략적인 내용을 살펴보도록 하겠다. 여기에 해당되는 부서에는 선발, 수행선발, 검측, 검식, 정보, 기원부대, 금속탐지기 운용을 위한 소규모 조직이 포함된다.

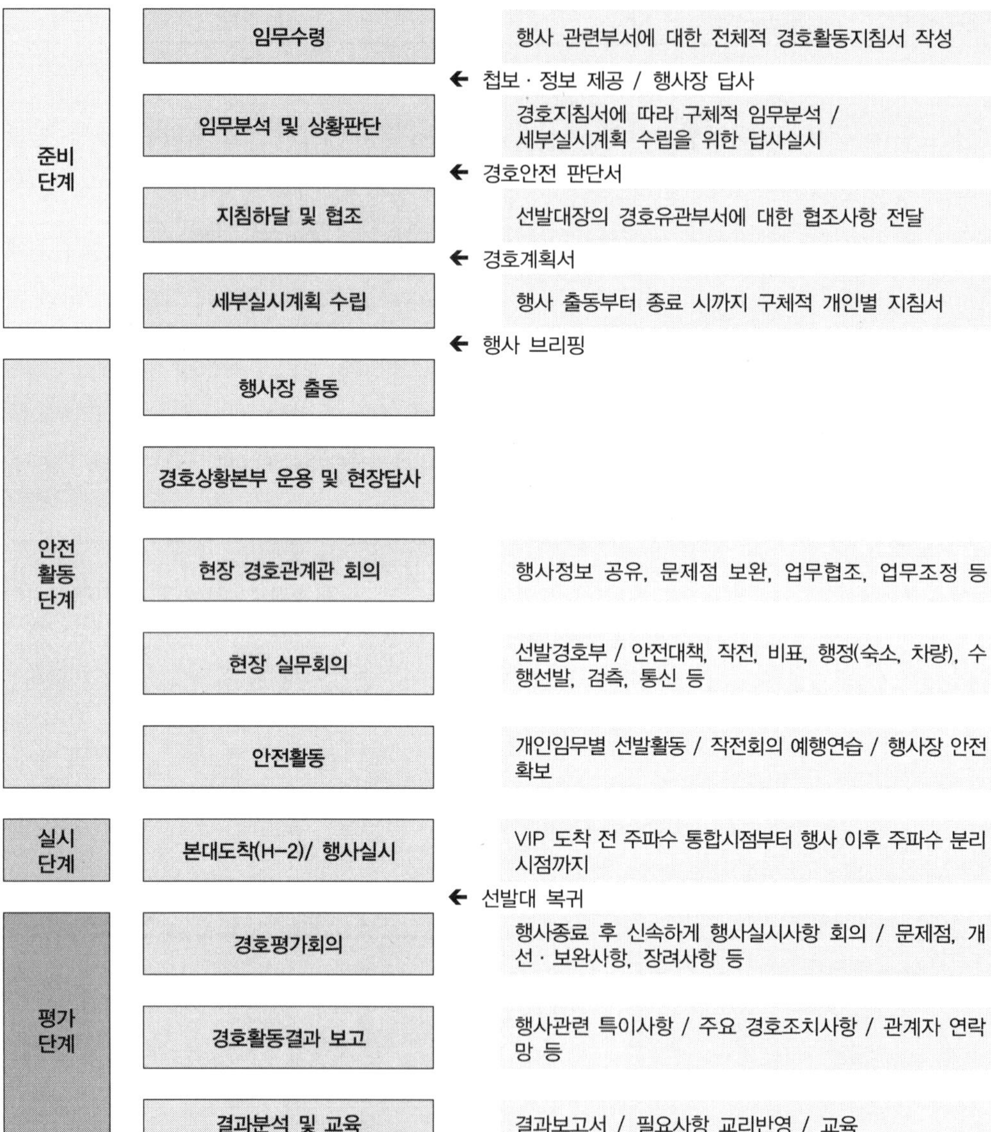

[그림 6-2] **선발경호 업무수행절차**

1) 선발경호부

선발경호부는 현장 경호상황본부를 운용하며, 행사장 선발경호활동을 총괄하고 제반 요소를 지휘 · 조정 · 통제하며 업무수행절차(분비단계, 안전활동단계, 실시단계, 평가단계)의 과정을 통하여 경호대상자에 대한 안전을 목표로 사전 예방경호 임무를 수행한다.

경호활동 업무수행절차는 [그림 6-2]와 같이 크게 준비단계, 안전활동단계, 실시단계, 평가단계의 4단계로 나눌 수 있는데, 각 단계별 절차를 일목요연하게 제시하였다. 각 단계의 하위 세부절차를 살펴보면 다음과 같다.

'준비단계'에서는 경호임무를 수령한 시점부터 행사장에 선발대로 출동하기 전까지 임무를 수령하고 분석한 후에 각 출동기관 및 부서에 전파 및 브리핑을 하는 등의 단계로서 행사장에 대한 사전의 충분한 이해를 필요로 한다.

- 임무수령 : 경호계획부는 경호지휘부, 비서실(의전 및 행사 담당), 행사관련 정부기관, 행사 주최 측 등의 경로를 통하여 행사계획서를 접수하고 이를 토대로 경호계획서를 작성하여 경호행사 출동부서에 전파한다. 선발출동부는 경호계획부로부터 행사실시를 위한 관련자료(자체 경호계획서[14], 유관기관 경호계획서, 주최 측 행사계획서)를 수령한다.
- 임무분석 및 상황판단 : 주어진 자료 및 경호정보와 안전판단서 등을 토대로 실무적 경호상황 판단과 세부실시계획 수립을 위하여 필요한 경우[15] 행사장 답사를 실시한다.
- 지침하달 및 협조 : 선발대장은 임무를 분석하고 경호선발대[16], 경호유관부서(경찰, 군 등) 책임자 또는 담당관에게 경호지휘부의 지시사항, 업무 협조사항 등 부

14) 행사명, 일시, 장소, 진행순서, 참석범위, 이동 및 철수계획, 안전유지 지침, 행사장 현황, 행 · 차로, 행사장 내곽, 외곽 및 행사장 내부 게략 배치도 등이 담겨 있다.

15) 행사지역 또는 장소를 처음 실시하는 경우거나 최근에 행사 경험이 없었던 경우에 관련부서가 최소인원으로 보안을 유지하여 답사한다.

16) 경호선발대는 22특경대, 경찰특공대, 통신, 소방, 한국전력 등의 지원부대와 지원부서로 편성된다.

서별 세부 실시계획 수립에 필요한 사항을 전달한다.

- 세부실시계획 수립 : 선발대의 작전 담당관은 정보 · 첩보사항, 과거 행사사례, 제기되었던 문제점, 지휘관 지침 등을 반영하여 각 부서별 세부실시 계획서를 작성하여 관계자에게 배포한다.
- 행사 브리핑 : 선발대장 주관하에 관련 유관부서의 책임자와 실무자가 참석하여 부서 또는 임무별 담당자의 브리핑을 받는다. 이를 통하여 행사 정보를 공유하고 문제점을 보완하며 협조사항이나 조정사항 등을 토의한다. 이후, 각 책임자와 실무자는 부서별로 행사브리핑을 실시하여 앞의 내용을 전파하고 토의한다. 행사브리핑 내용은 행사장 내외부의 특성 및 현황을 담당하는 안전대책관, 기상에서부터 경호대상자의 일정 및 근무자 운용계획 등을 담당하는 작전, 비표담당, 행정 및 숙소담당, 차량담당, 수행, 검측, 통신, 경찰지원부, 헌병지원 등이 포함된다.

'안전활동단계'는 통상 행사 하루 내지 이틀 전에 경호선발대가 행사장에 도착한 후부터 행사당일 본대의 도착 1~2시간까지의 기간으로 선발경호활동의 핵심 활동단계이며, 하나의 행사로 보았을 때 전체 경호활동의 90%를 차지한다고 해도 과언이 아니다. 대표적으로 행사장을 세부적으로 답사하고 경호관계관 회의, 경호 실무회의, 출입통제대책, 비상대책 등을 실시한다.

- 행사장 출동 : 행사의 규모와 성격 등을 고려하여 경호계획부에서 내려준 지침에 따라 편성된 선발대는 사전 지정된 시간에 각 부서별로 차량을 이용하여 출동한다.
- 경호상황본부(경호지휘소) 운용 : 경호선발대는 행사장 도착 직후부터 행사 종료 후 철수 시까지 경호상황본부를 운용한다. 행사현장의 지휘책임은 준비단계에서는 경찰 또는 군의 현지 유관부서장에게 있으며, 선발대가 현장에 도착한 이후에는 경호본부장 또는 경호부장에게 있으며, 본대의 도착 이후에는 경호처장에게 있다. 비상상황이 발생하면 현장 상황에 좀 더 익숙한 경호본부장이나 경호부장

이 현장 여건에 따라 지휘한다.

- 행사장 답사 : 행사장 답사는 비상상황에 대비하고 효율적인 근무자 배치 및 운용을 위하여 실시하는데, 경호지휘소 운영관(통상 작전담당관)을 포함하여 전 근무자가 행사장을 꼼꼼하게 직접 확인하다. 가능하면 원래의 상주인보다도 더 명확하게 행사장을 이해한다는 생각으로 여러 차례 반복하여 실시한다. 이렇게 함으로써 선발활동에 더 완벽을 기할 수 있고, 상황발생 시에는 대담하고 신속하게 대처할 수 있게 된다.

  답사 대상은 진입로, 승하차 지점, 휴게실, 보고장, 식사장소 등 경호대상자가 이동하는 통로 및 참석 장소 등이 되겠다. 행사장 외곽으로는 행·환차로상 감제건물, 감제고지, 위험물 취급소, 공사장 및 기타 취약시설, 예비대, 비상타격대, 구급, 소방, 한전, 구급병원, 비상통로 및 비상대피소, 비상 대기차량 위치 등의 비상대책을 위한 답사를 실시한다.
- 경호관계관 회의 : 현장답사를 실시하여 행사장이 이해되면, 통상 행사 하루 전날 경호활동과 관련하여 지원 및 유관부서가 참석하는 회의를 시행한다. 일반적으로 경호관계관 회의는 고정적으로 실시해야 하나, 비공식행사 또는 시간이 촉박한 경우에는 회의실 회의는 생략하고 현장지침으로 대체할 수 있다.
- 현장 실무회의 : 행사담관 주관하에 경호지원부, 경찰 및 군, 주최 측 실무자 등이 참석하여 행사준비사항 등을 점검하고 예상되는 모든 문제점들을 토의하고 협조를 구한다.

  주최 측에서 발표해야 할 내용은 참석자에 대한 출입통제 방법, 행사장 내·외곽 의전 및 안내계획(주차안내, 비표교부, 주요 참석자 안내 등), 행사장 내에 반입되는 시설물(간이 화장실, 안내 입간판, 음료대 등) 등이며, 필요시에는 안내자들에 대한 사전 교육이 실시될 수도 있다.
- 안전활동 : 안전활동은 선발경호활동을 총칭하는 의미도 있으나, 구체적으로는 현장 실무회의 이후 세부실시계획을 바탕으로 각 개인별 점검표를 통하여 본격적으로 수행하는 안전확보 활동을 말한다.

또한, 안전대책 담당관은 지속적으로 첩보 및 정보사항을 파악하고, 검측이 실시된 이후에 안전유지 근무자를 배치하고 출입을 통제한다. 한편, 안전활동 중 또는 실시단계의 행사 중에 혹시라도 발생하게 될 대소의 상황에 대하여 신속하게 전파할 수 있는 경보체계를 갖추어야 한다. 경보체계는 [그림 6-3]과 같이 중복을 피하기 위하여 최초 인지자 중심으로 이루어져야 하며 다른 근무자들은 가급적 무전사용을 자제한다.

– 예행연습 : 필요시 행사 전에(1일 전 또는 오후 행사일 경우 오전) 예행연습을 실시한다. 예행연습은 경호대상자와 동일한 동선에 실제 상황을 가정하여 실시하며 이를 통하여 문제점을 개선하고 개인의 개별임무를 점검하며 특히, 비상대피로 및 대피소, 근무자 배치 상황, 예비대 및 기동타격대 위치, 소방, 한전 등을 확인한다.

행사당일 아침(통상 07시), 안전활동 상황에 대하여 경호계획부에 보고한다.

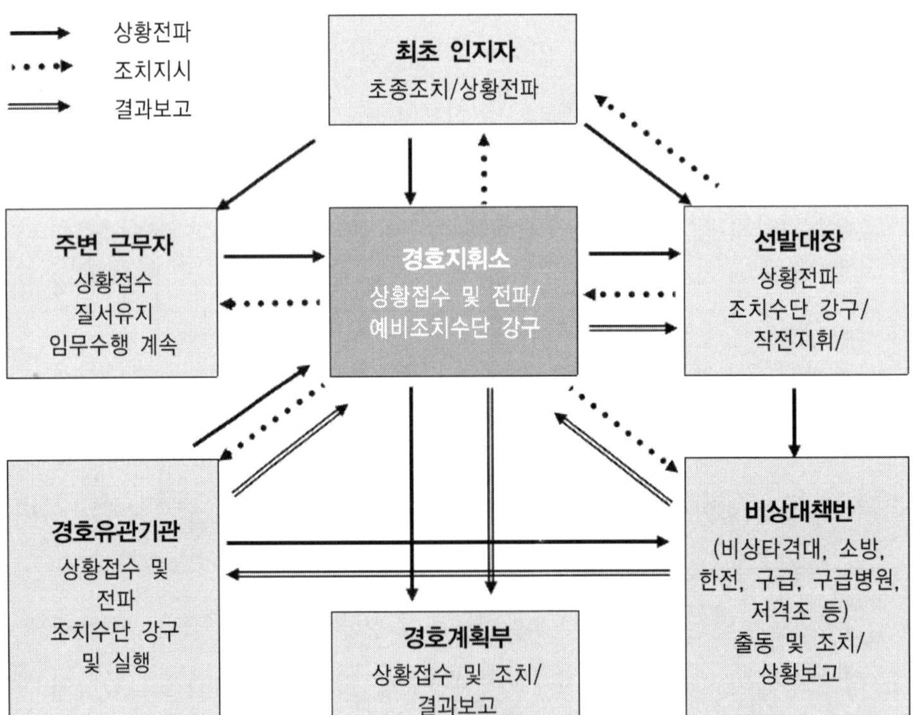

[그림 6-3] 경보체계

'실시단계'에서는 모든 근무자가 경호상황을 예측하면서 경호대상자의 활동을 최대한 보장하며 즉각조치가 가능한 마음가짐으로 모든 감각을 일깨우고 근무를 수행한다.

- 본대 도착 : 본대 도착 시점을 기준으로 후보계획에 의하여 단계별로 질서유지를 실시하고 본대에게 행사장의 경호환경에 대하여 필요한 사항을 전파한다.
- 행사실시 : 행사실시의 기점은 본대 수행경호의 무전 주파수로 변환하는 시점이 기준이 된다. 선발 근무자의 무전은 선발대장 또는 경호상황실을 제외하고는 자제해야 한다. 행사 간에는 경호기법을 최대한 활용하고 비상상황을 예측하면서 행사의 진행에 따른 각 근무자 사이의 상호연계가 원활하고 지속적으로 이루어지도록 한다.
- 선발대 복귀 : 행사가 종료되고 경호대상자가 행사장을 이탈하면, 행사 지역(상황에 따라 범위 지정) 경계를 넘거나 다음 목적지에 도착하면 무전기 주파수를 변환하고 경호대장의 지휘에 따라 철수 준비를 한다. 경호대상자가 머물렀던 장소나 경호상황실 등에 대한 보안점검을 실시하고 각종 경호장비를 확인한다. 인원을 점검하고 긴급한 근무 투입 등, 만일에 대비하여 상황을 유지하면서 복귀한다.

평가단계는 행사 결과에 대한 평가회의를 실시하면서, 해당 행사 경호활동을 통하여 새롭게 도출된 정보, 문제점, 보완 및 대책을 강구하고 결과보고서를 작성하는 등 경호활동을 전반적으로 분석하고 필요시 교리에 반영한다.

- 경호평가회의 : 경호행사 종료 후 가능한 빠른 시일 내에 선발대장 주관하에 경호활동에 대한 평가회의를 개최한다. 회의 내용은 준비단계부터 실시단계인 전 과정에 대한 문제점, 개선 및 보완사항, 조치사항, 장려사항 등에 대하여 토의 형식으로 진행한다.
- 결과보고서 작성 및 자료보관 : 경호평가회의를 통하여 도출된 결과보고서를 영상자료 등과 함께 보관하고, 다음의 유사한 행사가 주어질 경우에 참고가 되도록 보관 활용하며, 필요 내용은 재교육을 위한 자료로 활용한다.

4. 수행경호부

1) 근접 수행경호의 개념

모든 경호대상자의 행사장에는 선발경호활동을 통하여 철저한 예방경호를 실시하지만 100% 완벽하다고 단언하기 어려운 점이 있다. 왜냐하면, 위해의 기도는 공격 시점, 공격 장소, 공격의 방법 등이 전적으로 위해 기도자에게 달려 있으므로, 이를 예측하고 대비한다는 것에 한계가 따른다. 따라서 위해 기도자가 선발경호활동의 틈새를 뚫고 공격할 경우, 근접수행 업무는 경호대상자의 최근접에서 경호대상자에게 발생하는 각종 위해상황을 과감하고 신속하게, 그리고 정확하게 방호 · 처리하는 최후의 방벽을 수행한다.

2) 수행경호의 특성

〈표 6-5〉와 같이, 경호대상자의 근접경호 업무를 수행하는 수행경호의 업무 특성은 선발경호와는 매우 차이가 있다. 선발경호활동이 비노출을 강조하는 반면에 수행경호활동은 부득이 노출될 수밖에 없는 구조적 특성이 있으며, 선발경호활동이 행사장 내외의 단일지점에 대한 안전활동과 행사실시단계에서도 단일지점을 사수하는 비교적 정적 활동임에 반하여, 수행경호활동은 움직이는 아메바와 같이 끊임없이 움직이는 동적인 요소가 크다.

선발활동이 조정, 통제 및 협조, 개인별 임무 등에 의한 안전활동에 중점을 두고 있으나, 수행경호활동은 경호대상자의 방패 역할을 강조한다. 선발경호근무자가 위해기도를 인지할 경우에는 S · C · E 원칙 아래 위해기도자에 대한 육탄 제압을 강조하지만, 수행경호근무자는 육탄 방호 및 대피를 강조한다. 선발경호활동에서는 위해기도자의 양동작전이나 성동격서 작전에 의한 기도를 차단하는 것이 주된 활동이지만, 수행경호활동은 업무 시 기만적 활동이 대부분 함께 이루어진다.

〈표 6-5〉 선발경호활동과 수행경호활동의 차이점

선발경호활동	수행경호활동
담당구역 또는 지점 위주의 비노출성	도보, 차량 등의 기동에 의한 불가피한 노출성
담당구역 또는 지점 위주의 비교적 보안 속의 정적 활동	도보대형이나 차량 등의 기동수단에 의한 기동성과 유동성
안전활동 및 개인별 임무수행	경호원의 신체를 이용한 보호막을 형성하는 방벽성
위해기도자에 대한 육탄 제압	위해상황에서 경호대상자에 대한 육탄 방호 및 대피
위해기도자의 양동작전이나 성동격서 도발을 차단	기만을 통한 위해 회피

- 노출성 : 경호대상자가 행사장으로 이동할 경우, 이동거리, 기동로 상황 및 기상 등의 여건을 고려하여 기동하게 되므로 불가피하게 차량, 헬기, 항공기 등이 노출된다. 또한, 짧은 거리를 도보로 이동할 경우에는 보호막 형성을 위한 도보대형 기법에 따른 수행경호 근무자들의 모습이 언론이나 일반인에게 노출된다.
- 기동성 및 유동성 : 경호대상자의 동선과 항상 함께해야 하는 수행경호의 특성에 따라 행사장의 도보 이동 또는 기동수단에 의한 이동 간에 주변상황에 적합한 융통성 있는 변화가 필수적이다.
- 방벽성 : 근접수행경호원의 임무는 유사시는 물론이고 비상상황이 아니더라도 경호대상자의 보호막 형성을 위하여 그들 자신의 신체 또는 방탄기능을 갖춘 방탄복 및 방탄장비를 활용한 방벽성을 그 특성으로 한다. 그러나 경호대상자의 활동에 장애를 초래해서도 안 되며, 경호대상자와 국민들과의 시각적 소통을 차단해서도 안 되는 상호 대립적 관계 속에서 최선의 보호막을 형성한다.
- 방호성 및 대피성 : 수행경호활동은 선발경호 근무자보다는 경호대상자와 근접해 있으므로, 위해상황 발생 시 대적행동보다는 방호 및 대피임무를 우선적으로 수행해야 한다. 공격의 성격에 따라 적합한 방호대형을 형성하고 가급적 현장을 이탈하도록 한다.
- 기만성 : 위해기도자는 그 목표달성을 위하여 다양한 수단을 동원하여 위해의 대상자와 그 주변을 관찰하고 분석한다. 경호대상자는 정치적 이유 또는 개인적 이

유로 수많은 대내외 활동을 하고, 이와 함께 수행경호활동도 고스란히 관찰의 대상이 된다. 따라서 위해기도자가 행사 상황이나 이동수단에 대하여 혼돈을 일으키도록 유도하거나 위해기도자의 공격 시기, 공격 장소, 공격 방법 등을 오판하도록 하기 위하여 허위 상황을 제공하는 기만기법이 요구된다. 이 기만성은 경호기법에서 다시 다루기로 한다.

3) 수행경호원의 자세

수행경호원은 수행경호활동을 하는 경호주체로서 경호대상자를 근접 수행하면서 보호막을 제공하고 위해요인을 제거, 방호 또는 처리하는 최후의 보루이며 다음과 같은 정신자세가 요구된다.

첫째, 노출성의 특성과 같이 수행경호원은 언제나 일반시민과 언론의 주목을 받게 되므로 바른자세와 단정한 복장을 하여야 하고 눈에 띄는 과격한 언행을 삼가야 한다.

둘째, 수행경호원은 함께 이동하는 근접 수행원과 공적인 관계를 유지하고, 행사 참석자 등과 가능하면 사적인 관계를 유지하지 않는 것이 권장된다.

셋째, 수행경호원의 업무상 특성으로 인하여 공식적 및 비공식적 일정에 따라 가까이에서 목격하게 되므로 경호대상자의 일거수일투족을 알게 되므로 이에 대한 철저한 보안이 요구된다.

넷째, 수행경호원의 의도하는 경우가 아니면 부주의로 인하여 경호장비를 노출하는 일이 없도록 한다. 국민에 대한 위화감 조성 등의 부정적 반응에도 귀를 기울일 필요가 있다.

다섯째, 수행경호원의 신체는 유연하고 탄력을 유지하도록 관리하며, 두뇌는 비상상황에 대비하여 행동절차에 대한 숙지 및 예상 대비책을 항상 강구하는 습관을 길러야 한다.

여섯째, 비상상황에 대비한 방법으로써 응급구조 또는 응급처치 방법을 숙달하여 둔다.

4) 교통관리

교통관리란 경호대상자가 차량을 이용하여 기동 시에 경호대상자의 안전을 위하여 기동로를 안전하게 확보하면서 교통의 흐름을 원활하게 관리하는 제반 활동을 말한다.

이러한 교통관리의 원칙은 경호대상자의 안전과 국민 불편의 최소화라는 상충되는 대원칙하에 속도관리, 교통경찰의 배치, 신호개방의 적시성이라고 할 수 있는데, 속도관리란 본대 기동의 요구속도를 유지할 수 있도록 교통의 흐름을 조절하는 것을 가리킨다. 교통경찰의 배치란 대국민 불편을 최소화하면서도 경호대상자의 안전확보와 기동속도에 지장을 초래하지 않도록 사거리 등 적절한 요소에 교통경찰관을 배치하여 신호기 관리 및 수신호 등을 통하여 교통의 흐름을 관리하는 것을 말한다. 다음으로 신호개방의 적시성이란 본대의 기동이 자연스럽게 무정차로 기동할 수 있도록 진행방향을 위주로 신호기를 적시에 개장하는 것을 말한다.

교통관리 요령은 본대 기동로에 대한 보안을 우선으로 하면서 가능한 시간적 여유를 가지고 교통근무자를 배치하여 교통량을 조절한다. 신호개방의 시기는 통상 선도하는 순찰대장의 무선 지휘를 따르거나, 교통정보센터의 지휘에 따라 신호를 개방한다. 터널이나 공사구간 등 취약지점 통과 시에는 일반차량을 가능한 순간통제하도록 한다. 기동로상의 관할구역에 따른 사각지대가 없도록 교통관리의 공조체계를 유지한다. 기동로상의 집회 및 시위 예정 장소에 대해서는 사복 근무자 또는 예비대를 배치하여 동향을 파악하고 비상상황에 대비한다.

5. 개인별 임무

경호임무에 있어서 한 개인이 모든 것을 실행한다는 것은 불가능하다. 따라서 행사실시단계의 순수한 경호활동 이외에도 사전에 행정사항 등 여러 담당 분야를 분담하여 처리해야 하는 과정이 요구된다. 이 과정에서는 경호근무자 개개인의 철저한 준비와 상호 간의 유기적인 협조가 필요하다. 실시단계의 임무와 사전 준비 및 안전활동단계의 임무는 작전담당으로부터 부여받는다.

1) 준비단계 및 안전활동단계의 개인별 임무

- 작전 담당관 : 경호행사를 주도적으로 이끌고 총괄하는 담당관을 말하는데, 관계 부서와 협조하여 경호행사에 필요한 관련 자료를 취합한다. 또한, 행사장을 사전에 답사하여 취약성 또는 문제점을 분석하고 이를 토대로 경호근무자 운용계획을 수립한다. 경호근무자 운용계획에는 각 개인별 임무사항을 사전 준비 및 안전활동단계와 실시단계를 구분하여 부여하고, 이를 통하여 각 근무자가 사전 활동한 내용을 재취합하여 경호계획서를 완성한다.
  구체적으로 살펴보면, 경호상황본부를 운영[17]하면서 경호활동상황을 수집 및 기록하고, 선발대 및 본대에 전파한다. SCP(경호상황본부) 참가인원을 구성하고 통제하며, 경호관계관회의 및 경호실무회의를 준비하고 실시하며, 변동사항 및 특이사항을 확인하고 전파한다. 본대가 도착하기 전에 각 근무지별로 진행사항 및 이상유무를 확인한다.
- 행정 담당관 : 선발경호활동을 위한 근무자들에 대한 숙소, 식사, 출장비 등의 행정사항을 담당한다. 출장 장소에서의 숙소를 확보하고 개인에게 배정하며, 식사장소를 정하여 공지하고, 근무자, 숙소에 대한 비상연락망을 구성하여 전파하며, 출장비를 수령 및 지급한다.
- 차량 담당관 : 선발경호대의 이동계획에 따라 출발을 위한 차량 대기시간과 대기장소를 확인하고, 행사장 현지의 지원차량을 확보하고 연락망을 유지하며 운전자에 대한 신원을 확인하고 보안교육을 실시하며 차량 사용 후에 차량 운영비를 지급한다. 근무교대, 식사 등 선발경호활동 간에 필요한 차량 운용계획을 수립하고 전파한다. 선발대의 철수계획을 작성하고 전파한다.
- 장비 담당관 : 행사의 범위나 장소 등을 고려하여 공용 및 개인의 세부 장비 목록을 작성하고 확보하며, 장비 관리에 대한 운용계획을 수립하고 전파한다.

---

17) SCP는 소음요소를 고려하여 행사장과 가까운 장소를 선택한다. 행사장을 직접 또는 간접(CCTV, 스피커 등)적으로 지켜볼 수 있는 장비 및 통신장비를 설치한다.

- 보도 담당관 : 보도요원(근접촬영 및 원거리 촬영) 및 장비의 규모를 확인하고 행사장별 취재 계획 등 보도 관련 전반적 사항을 확인하고 통제계획을 수립한다.
- 출입통제 담당관 : 출입통제 담당관이 비표와 출입통제를 담당한다. 비표는 행사 주최 측에서 제작함을 원칙으로 하며 필요시에는 경호처에서 준비할 수 있다. 제작된 비표의 검인은 경호처에서 직접 하거나 유관기관에 위임할 수 있으나 이러한 경우에는 보안서약서를 받는다. 검인된 비표는 재차 수량을 확인하고 봉인 조치 후 안전한 장소에 보관한다.

비표는 원거리에서도 쉽게 구분이 가능하도록 단순하게 디자인되어야 한다. 또한, 재생이나 복제가 어려워야 하며,[18] 패용이 편리하도록 제작되어야 한다.

금속탐지기(MD : Metal Detector) 및 X-Ray는 일반적으로 D-1일 안전활동 단계부터 설치 및 운용하며 설치 시에는 다음과 같은 사항에 주의한다.

① 승강기 및 자력이 강한 금속성 물체와는 7m 이상 이격시킨다.
② 고압전류와는 1.5m 이상 이격시킨다.
③ 2대 이상을 설치할 경우에는 5m 이상 이격시킨다.
④ 천둥, 번개 등 악천후에서는 실내에 설치한다.
⑤ MD 운용 수량은 30~40명/분 기준으로 설치하고 근무인원을 배치한다.

금속탐지기와 X-Ray를 운용할 때에는 〈표 6-6〉과 같이 적절한 인원에 대하여 개인별 임무를 분담하여 부여하는데, 행사장의 참석인원이나 행사의 성격에 따라 융통성 있게(인원을 증감) 운용한다.

금속탐지기 운용 요원에 대한 개인별 임무를 배치 전에 필히 운용 요령에 대한 숙지 여부를 확인하고 필요시 교양(教養)하며, 대규모 행사에서는 처음부터 전체 수량을 운용하지 않도록 하면서 참석자들의 입장 규모에 따라 적절히 단계적으로 운용한다. 검색

18) 심플하면서도 재생이나 복제가 어려워야 하는 모순점이 있으므로 행사마다 형태나 색깔을 달리하는 것이 필요하다.

조는 가능한 정복 차림의 여경이 바람직하며, 행사의 참석자들이 위화감을 느끼지 않도록 친절하게 근무해야 한다.

외국인 참석자 또는 지연 참석자에 대한 대비를 하며, 전반적으로 철저하면서도 신속하게 입장하도록 유도하고, 참석자가 검색을 당하더라도 불쾌감을 느끼지 않고 안전한 장소에 입장한다는 생각을 갖도록 한다.

〈표 6-6〉 금속탐지기 운용 시의 개인별 임무

구분	소요 인원	임무 내용
안내조	1명	- 입장자에 대한 질서유지 및 동향 감시 - 비표 확인 및 패용 안내 - 휴대품에 대한 검색 안내 및 개인 간 간격(1.5m) 유지
운용조	2명	- MD 운용(동작 여부, 감도 조정) - 출입자 동향감시 및 비표 확인 - 경보음 발생자에 대한 검색
검색조	2명	- 휴대물품 검색
팀장	1명	- MD 근무자 조정통제 및 출입현황 SCP에 보고 - 경보음 발생자 검색 확인 - 출입자 동향감시 및 비표 확인

제2절 경호 위해요소

1. 인적 위해요소

인적 위해요소는 위해를 가할 수 있는 개인 또는 단체 등 모든 사람을 대상으로 하며, 구체적으로 위해 기도자를 의미한다. 위해 기도는 이념적, 정치적, 종교적, 심리적, 경제적 등 다양한 원인에 의하여 이루어진다. 각각의 원인 요소에 따라 치밀한 계획성이 있는가 아니면 충동적인가로 구분되는데, 이를 조기에 발견하고 무력화시키기 위한

다각도의 노력이 필요하다.

1) 이념적(사상적) 원인

국제적 정치 상황에 따른 공산진영과 자유민주주의 국가 간의 대립, 남북 간의 이념적 대립, 개인 또는 단체 간의 이념적 갈등이 원인이 되어, 개인 또는 단체가 이념적 불이익을 당한다고 여겨질 경우에 그에 대립되는 행정부의 수반 또는 정당의 대표자에게 위해를 시도할 가능성이 있다.

우리나라의 경우에는 대표적으로 1983년 10월 9일 버마(미얀마) 아웅산 묘소에서 대통령을 살해할 목적으로, 북한 공작원이 사전에 설치한 폭발물을 무선으로 작동시켜 서석준 부총리 등 17명의 수행원이 사망한 사건이 있으며, 이외에도 1968년 1월 21일 김신조 등 31명이 휴전선을 통하여 침투하여 대통령을 암살할 목적으로 계속 남하하다가 청와대 옆 세검정 고개의 창의문에서 불심검문에서 발각되어 군·경 합동으로 소탕작전을 개시하여 29명이 사살, 1명은 북한으로 도주하였고, 김신조는 투항하였다.

긴장상태가 지속되는 오늘날에도 북한의 침투 및 공작에 의한 범행 기도를 주의 깊게 살피고 미연에 방지할 수 있도록 촉각을 곤두세워야겠다.

2) 정치적 원인

정치적 원인은 특정 국가, 특정 단체 그리고 개인의 정치적 이해관계 또는 편집증적 소신으로부터 발생되며, 국제질서의 변화를 시도하거나 정치제도의 변화를 목표로 현재의 정권을 무력화 또는 소멸시키기 위하여 위해를 시도한다. 대표적인 사례로, 1976년 8월 11일 새벽, '포르디요' 멕시코 대통령 가족 납치 미수사건을 들 수 있다. 암살, 납치, 은행강도 등을 일삼던 주동자인 공산 도시게릴라 활동단체는 경찰에 의한 동료 5명의 살해에 대한 보복으로 대통령의 누이가 승용차로 이동 중 납치를 시도하였으나, 경호원들과의 교전으로 실패하였다.[19]

---

19) 이 교전으로 경호원 1명이 사망하고 3명이 부상하였다.

3) 종교적 원인

종교적 대립 또는 갈등에 의한 전쟁 및 테러리즘의 확산에 못지않게 상대 국가 또는 단체의 지도자에 대한 암살이 끊이지 않고 있다. 서로 다른 종교와의 갈등은 다른 민족, 정치, 경제적 갈등보다 관용성이 결여되고 타협이 어려운 극렬성을 나타내는 것이 특징인데, 이는 기본적으로 종교의 배타적이고 비타협적인 성격을 가지고 있기 때문이다.[20] 또한, 종교적 갈등은 유럽, 아프리카, 미주지역, 아시아, 중동지역 등 오늘날 전 세계적인 현상이며 분쟁의 씨앗이 되어 인류의 안전을 위협하는 근심거리가 되고 있다. 특히 중동지역에서는 종교적 이해관계의 상충으로 테러와 암살로 몸살을 앓고 있다.

미국의 경우, 1974년 12월 27일, 자동차 돌진으로 백악관의 철문에 돌진하여 정문 현관 앞까지 침입한 사례로, 범행자는 회교도 광신도 청년이었으며 미국이 일방적으로 이스라엘을 지원하는 중동정책을 반대하고, 아랍 테러단체의 폭력행위를 지지하는 입장을 표출하고자 하였다.

중동의 경우 대표적인 사례로, 1995년 11월 4일 발생한 이스라엘 '라빈' 수상 암살사건을 들 수 있다. 범행자는 전형적인 종교의 극단적 신념으로 가득찬 법학을 전공하는 유대인으로 육군 정예부대 골란 여단을 마치고 보안군으로 활동한 경력이 있다. 범행의 원인은 이스라엘과 팔레스타인과의 평화협정에 반대해 온 학생시위 주동자로서, 평화협상을 이끌고 있는 '라빈' 대통령의 암살만이 최선이라고 생각하여 실행에 옮겼다.

4) 사회적 · 경제적 원인

현대사회[21]의 특징은 미래에 대한 불확실성, 안전에 대한 불안감, 경쟁으로 인한 피로감으로 대변할 수 있다.[22] 벡(1996)은 현대사회를 위험사회(Risk Society)로 규정하고 지난 산업사회와 다른 차이점을 〈표 6-7〉과 같이 다섯 가지로 보여주었는데, 그 내용

---

20) 김경재(1995). 종교적 갈등 사회와 종교 다원주의. 사회이론. 13, 17-33.

21) 여기서 말하는 현대사회는 산업사회를 지칭하는 근대사회와 차별되는 사회를 말한다.

22) 장세길, 신지원, 김지혜(2022). 현대사회 위험의 대응으로서 문화의 사회적 기능-사례로 살펴본 정책의 필요성과 방향. 한국자치행정학회, 36(1), 69-91.

은 위험의 광범위성, 예측 불가성, 위험의 다양성, 기존 세계질서의 무력화, 자본주의 시스템의 변화라고 주장하였다.[23] 이처럼 무정부주의자, 급진적 이상주의자, 민족적 투사집단 등이 위해 가능 요소로 예측되며, 벡(1996)의 주장과 달리 아직도 금전을 미끼로 한, 대리적 위해 기도는 항상 존재한다고 보아야 할 것이다.

〈표 6-7〉 산업사회와 현대사회의 특징

산업사회	현대사회
개인적 위험 또는 국지적 위험	전 세계적이며 파급력의 강화
인간의 인식 범위 내의 위험	인간의 인지 범위 밖에 존재하는 위험, 과학적 및 합리적 설명 불가
위생과 기술의 낙후로 인한 위험, 부의 불평등(분배)에 따른 빈곤의(경제적) 위험	고도화된 과학기술의 결과물에 의한 위험, 부의 분배와 관련이 없는 다양한 이슈에 의한 위험
기존의 제도, 정치체계 안에서의 위험	계급 질서, 정치체계, 과학적 권위, 국가의 권위 등을 무력화 또는 소멸하는 위험
개인의 경제적 자유 박탈의 위험	사유재산과 사적 이익의 공공화에 대한 위험

이러한 현대사회의 특징을 넘어서 이제는 모두가 4차 산업혁명을 말하고 있다. 4차 산업혁명 기술로는 인공지능(Artificial Intelligence), 빅데이터(Big Data), 클라우드와 엣지 컴퓨팅(Cloud, Edge Computing), 사물인터넷(Internet of Things), 로보틱스(Robotics), 증강현실(Augmented Reality), 가상현실(Virtual Reality), 분산원장 기술(Distributed Ledger Technology), 양자 컴퓨팅(Quantum Computing) 기술 등을 꼽을 수 있으며, 이들 개개의 첨단기술들이 사회적 요구에 융합되어 동작하는 사회가 될 것으로 보고 있다.[24] 이러한 기술들이 지식정보와 재융합되면서 초연결사회 또는 초지능사회로 디지털 전환이 이루어지게 되며, 이미 사이버상의 공격으로 국가적 또는 인류의 피해가 점차 나타나고 있는 실정이다.[25] 더 나아가 2025년이 되면 사이버 공격에 의하여 물리적인 시설물의

23) Beck, U.(1996). World risk society as cosmopolitan society? Ecological questions in a framework of manufactured uncertainties. Theory, culture & society. 13(4), 1-32.

24) Krelina, M.(2021). Quantum warfare: Definitions, overview and challenges. arXiv preprint arXiv:2103.12548, 458.

파괴가 나타날 것으로 보고 있으며, 무인 드론 항공기의 기술이 상상을 초월할 정도의 공격력을 갖추게 될 것으로 내다보고 있다.[26] 이러한 사회-경제적 변화에 따른 경호환경의 위험성은 날로 증대되는 실정이므로 이에 대한 선제적·과학기술적 치밀한 준비와 대응이 요구된다고 하겠다.

5) 심리적 원인

심리적 원인은 제2장 제3절(정신장애)에서 언급하였으므로 여기에서는 생략한다. 심리적 원인은 결국, 개인의 정신적 문제로 귀결되지만, 이 역시 사회적, 경제적, 문화적 영향을 무시할 수 없다.

2. 물적 위해요소

물적 위해요소는 각종 폭발물, 총기 도검류, 화학적·생물학적 위해 물질 및 물품 등 경호대상자에게 직접적인 위해를 가할 수 있는 도구 또는 수단을 말한다. 오늘날에는 무인 항공기, 무인 차량 등 원거리 주파수 조작에 의한 동적 위해 도구가 빠르게 개발되어 경호환경의 심각성을 더해주고 있다. 또한, 최근에 테러리즘의 도구로 활용되는 대형 트럭도 물적 위해요소로 활용될 수 있으므로 행사장 입구 또는 행·환차로상의 대형 트럭에 대해서는 적절한 관리가 필요하다.

물적 위해요인은 이러한 직접적 도구 및 수단이 아니더라도 경호대상자가 움직이는 동선 주변에 설치되어 있거나 행사장 내에서 사용하는 다양한 비품이나 물품이 치명적이지는 않지만, 신체적 상해를 가할 수는 있으므로 선발활동 시에 반복적 점검 등 주의가 필요하다.

25) 최향창(2022). 4차 산업혁명 시대의 선제적 위협 대응 모델 연구. 융합보안논문지. 22(2), 27-42.

26) Ciappelli, M., & Martin, S.(2022). Cyber-security in the Age of Artificial Intelligence: Secured by Design or We Are Too Late. European Cyber-security in Context. 59.

3. 지리적 위해요소

지리적 위해요소는 행사지역 또는 행 · 환차로 주변의 지형지물이 경호활동의 대상이 되는 요소를 말하며, 산의 감제고지, 행사장 또는 이동하는 본대의 감제가 가능한 고층건물, 공사장 등 취약요소가 해당된다. 또한, 행 · 환차로상에 산재하고 있는 교량, 은폐 · 엄폐가 가능한 수림지, 각도가 심한 굽은 도로, 경사가 심한 도로 등 서행을 요구하는 도로, 비포장 도로 등이 위해요소로 간주된다.

4. 환경적 위해요소

환경적 위해요소는 간접적 위해요소로서 폭우 및 폭설과 같은 기후 또는 기상의 급작스런 변화, 지진, 태풍 또는 해일과 같은 자연재해 등을 말한다. 이러한 요소들은 미처 대비하지 못할 경우 경호활동에 장애를 초래할 수 있으며, 이러한 환경적인 문제로 인한 혼란은 경호대상자의 보호에 집중력을 떨어뜨릴 수가 있다. 이외에도 해외행사로 인한 시차 문제는 경호대상자의 신체적 활동력을 둔화시켜 비행기 트랩의 계단 이동 시에 상당한 주의가 필요할 수 있다. 또한, 행사장 주변의 소음도 환경적 위해요소로서 경호대상자 및 경호활동의 집중력을 약화시킬 수 있다.

제3절 경호의 원칙(原則, Principle, Rule)

원칙이란 어떤 행동이나 이론 등을 지켜야 하는 기본적인 규칙이나 법칙을 말하는데, 가장 중요한 조건은 일관성이다. 영어 의미로 살펴보면, 'principle'은 자연계 또는 물리계의 원래부터 존재하는 원리 · 원칙을 말하고, 'rule'은 인간이 만들어낸 규칙, 법칙 또는 습관 등을 의미한다. 이러한 의미에서 경호 원칙은 올바른 경호활동을 위하여 필수적이며 일관성 있게 지켜야 할 기본적 규정이며, 경호조직에서 인위적으로 만들어낸 규칙이다. 경호 윤리가 공사(公私)를 망라한다면, 경호 원칙은 공적 경호업무 수행에 관한 내용을 담고 있다.

'절대 목표'란 조직의 가치관에 따라 그 구성원이 공존과 협력을 전제로 반드시 이루어야 하는 것을 목표로 한다는 뜻으로,[27] 경호 원칙은 경호대상자의 신변안전이라는 '절대 목표'를 달성하기 위한 첫 번째의 기본 원칙이다. [그림 6-4]는 경호활동의 '절대 목표' 달성 과정을 나타낸다.

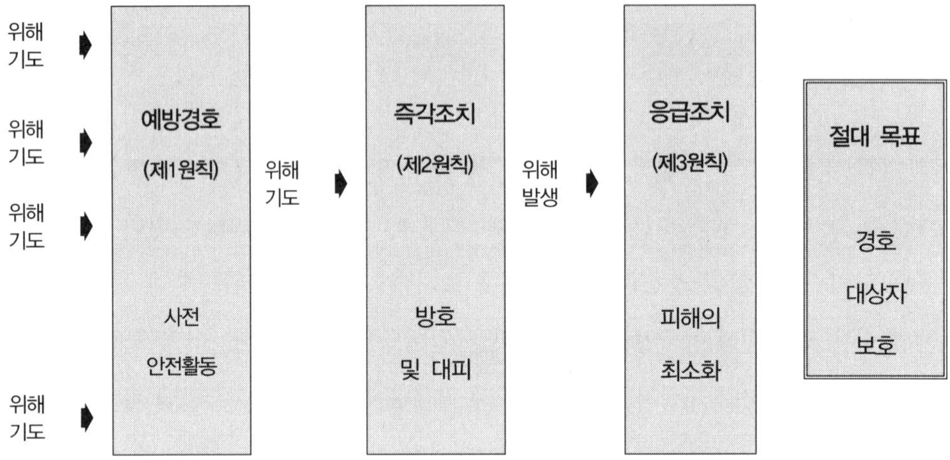

[그림 6-4] 경호활동의 '절대 목표' 달성 과정

1. 예방경호의 원칙

예방경호란 [그림 6-4]와 같이 경호활동의 '절대 목표'를 달성하기 위한 제1원칙이라고 할 수 있으며 선발경호활동의 핵심이다. 또한, 일련의 경호활동을 통하여 다양한 위해 기도의 성공기회를 최소화 또는 무력화시킴으로써 경호대상자에 대한 공격을 예방하는 사전 안전활동을 말한다.

위해상황은 환경적 위해요소를 제외하고는 전적으로 위해기도자의 선택(위해 시점, 위해 장소, 위해 방법 등)에 달려 있으므로 이를 사전에 탐지하고 그에 따라 대응한다

27) 박기준(2016). 확실한 성과 철학을 얻으려는 경영자를 위한 절대 목표. key2s.

는 것은 매우 어려운 과업이다. 따라서 숙련된 전문적인 경호활동을 통하여 제2원칙에 이르지 않도록, 경호의 인적 자원을 가장 많이 투입하여 예방경호활동에 주력하고 있다.

2. 방어경호의 원칙

제1원칙의 예방경호활동에도 불구하고 위해기도가 근무자에 의하여 포착될 시에는 경호대상자를 우선적으로 안전하게 보호하기 위한 행동 원칙으로, 경고(Sound), 방호(Cover) 및 대피(Evacuation), 대적(Fighting against) 등의 일련의 동작을 동시에 시행하는 경호조치를 말한다. 즉각조치는 방어적 개념에 의한 행동수칙으로, 가장 먼저 공격자를 포착한 근무자가 경고를 발하며, 경호대상자 지근거리에 위치한 근무자에 의하여 방호와 대피가 이루어지고, 나머지 근무자가 대적 임무를 수행한다. 이러한 순간적인 조건반사적 행동은 부단한 반복훈련과 전문가적 직업의식 또는 사명의식에서 발현되는 것이므로 신체적 반복 훈련뿐만 아니라 심리적 교육훈련과 병행할 필요성이 요구된다.

3. 응급조치 원칙

제1원칙과 제2원칙에 따른 철저한 활동과 기민한 소치에노 불구하고 위해가 실현되어 경호대상자에게 신체적 상해가 발생하면, 근접해 있던 구급 의료진(주치의, 간호사 등)의 의료행위가 미처 이루어지기 전에, 최초반응자인 근접경호원이 제공해야 할 즉각적이고 일시적인 구급처치 행위와 근접병원으로의 이동, 경호대상자의 신체상황을 살피고 관련 부위에 필요한 의료진의 대기 등 일련의 조치를 포함하여 응급조치라고 한다.

처치(處置, deal with 또는 medical treatment)가 해당되는 상해 부위에 대한 치료를 뜻한다면, 조치(措置, action, measure)는 현 상황에 최적의 대책을 세워서 행한다는 뜻으로, 경호 응급조치는 처치를 포함하여 신속한 조치를 함께 시행해야 한다는 점에서

'응급조치'라는 용어가 적합하다.

경호환경은 정해진 것이 없으며, 같은 장소에서 비슷한 행사가 이루어지더라도 같은 상황은 있을 수 없다. 따라서 아무리 반복되는 행사라 할지라도 항상 우일신(又日新)의 자세로 임해야 한다. 이는 언제 어느 상황에서 이러한 응급조치에 직면할지 모르기 때문이다. 응급처치 요령에 대한 무지는 경호대상자의 상해 상태를 오히려 악화시킬 수 있으므로 모든 경호근무자는 이를 능숙하게 실시할 수 있도록 확실히 숙련해야겠다. 응급처치 요령과 방법은 제7장에서 상세히 언급하였으므로 이를 참조한다.

4. 총력경호 원칙

집단화 중심의 과업수행이 필요한 가장 주된 이유는 구성원 개인 능력의 산술적 합산이 아닌 '시너지 효과'를 기대하기 때문이다.[28] 과업의 과정이 복잡하고 불명확성이 높을수록 개인별 활동보다는 집단활동의 효율성과 효과성이 높다.[29] '시너지(synergy)'란 용어의 어원은 그리스어 'sunergos'에서 파생되었으며, 이는 '함께 일한다'는 의미를 가지고 있다.[30] '시너지'란 분산 상태에 있는 개개인이 목표달성을 위하여 집단을 이루어 소모하는 에너지의 총체를 뜻하는 것이므로, 경호활동에 있어서 '절대 목표'를 달성하기 위한 개인 능력의 통합은 필수적이라 하겠다.

따라서 경호활동은 각 개인별 임무수행능력의 산술적 합산으로 결과가 좌우되는 것이 아니라 단일 지휘계통 아래 기능별 긴밀한 협조 및 제반 경호수단의 유기적 통합을 이루어야 최대의 역량을 발휘할 수 있다. 이러한 통합에는 일반 시민을 포함하여 최대한 협조를 이끌어내는 것도 매우 중요하다.

---

28) 범기수, 김은정, 백세진(2011). 소집단 커뮤니케이션이 구성원의 집단 응집력, 집단 만족도, 노력회피성향에 미치는 영향. 한국광고홍보학보. 13(2), 134-170.

29) Katzenbach, J. R., & Smith, D. K.(1993). The rules for managing cross-functional reengineering teams. Planning Review.

30) Merrell, J., & Williams, A.(1999). Synergy: Working together with volunteers in community well woman clinics. Journal of advanced nursing. 30(2), 489-496.

결국, 총력경호(總力警護, Total Security)는 경호관련 기관 및 기능의 능동적 협조가 핵심이라는 측면에서 협력경호(協力警護, Cooperation Security) 원칙과 같은 의미라고 할 수 있다.

5. 두뇌경호 원칙

경호활동에 있어서 신체적 대응이 필요하지만, 이보다 앞서 요구되는 것은 전문가적이며 신중한 사전 준비와 정확한 조치 그리고 대응이다. 즉, 두뇌를 최대한 활용하여 높은 집중력을 발휘하는 것이 우선이 된다. 경호요원의 신체적 순발력 또는 임기응변식의 대처에 의지하는 것보다 사전에 치밀한 경호계획을 수립하여 안전활동 또는 행사실시활동을 해야 비상상황에서도 순발력과 기민성을 이끌어낼 수 있다.

또한, 외적 또는 과시적인 경호보다는 신중하고 사려 깊은 두뇌활동으로 경호행사에 직간접적으로 참여하는 것이 일반 국민의 불편을 최소화하기 때문이다. 행사실시 간에는 피경호인의 시선하에서 방호활동을 보여주는 것보다, 경호와 관련된 모든 면에서 세련되고 높은 수준의 전문가임이 돋보이도록 해야 한다.

6. 출입구 단일화의 원칙

경호선발대가 현상에 노착하여 현상을 납사할 때 가상 먼저 파악하는 것이 시설물 내부와 외부를 통행할 수 있는 모든 출입구라고 할 수 있다. 정상적인 출입문, 임시로 사용하는 출입문, 폐쇄된 출입문, 지상층 및 지하층의 환기 및 설비구 등을 빠짐없이 확인한다. 다음으로는 경호행사에 꼭 필요한 출입구를 제외하고 파악하였던 모든 출입 가능한 출입문 및 통로를 폐쇄하고 필요시에는 안전근무자를 배치한다. 그 이후에 모든 인적·물적 요소에 대한 안전조치를 실행한다.

이러한 절차는 출입구 단일화의 원칙에 기초한 경호절차로서 경호대상자에게 접근할 수 있는 출입구를 최소화하는 것이 경호활동의 통제성과 안전성에 유리하고, 위해기도자의 입장에서는 접근성과 위해의지를 떨어뜨리는 중요한 효과를 가지게 한다.

제 4 절 경호원의 수칙(守則, Ragulation, Rule)

수칙이 인간의 행동이나 절차에 관하여 지켜야 할 사항을 정한 규칙이라는 측면에서 원칙과 유사하다고 할 것이나, 원칙이 기본적으로 일관성을 요구하는 데 반하여 수칙은 규제(規制), 통제(統制), 단속(團束)과 같이 제한을 가한다는 면에서 차이가 있다. 경호요원이 이 수칙을 위반하였을 경우 제재와 함께 자괴감이 발생하고, 이러한 것은 경호근무 계속적 수행에 장애를 일으키는 주된 요인이 된다.

1. 보안(保安, Security, Silence) 수칙

경호활동의 첫걸음은 보안이다! 행사일정, 기동로, 참석대상, 경호활동사항 등 행사와 관련된 정보의 누설은 위해기도자로 하여금 위해 의지를 높일 뿐만 아니라 위해의 기회를 제공하며 위해 성공 가능성을 증대시킨다. 행사에 관한 철저한 보안유지는 최소의 경호자원을 활용하여 최대의 효과를 얻을 수 있다. 그러나 행사정보의 노출은 최대의 경호자원을 동원하게 되므로 국가재원의 낭비로 이어지고, 과다한 경호조치로 인하여 국민 불편을 가중시키게 되며 결국, 경호대상자에게 부담을 안겨주게 된다.

경호요원은 재직 중 보안을 생활화하여 공사(公私)를 막론하고 어떠한 상황에서라도 경호대상자의 공식적 · 비공식적 행동사항 또는 경호활동계획에 대한 노출을 금해야 한다. 퇴직 이후에도 재직 중에 취득한 경호대상자의 사생활에 대하여 노출한다는 것은 있을 수 없는 일이다.

2. 책임구역사수(Desperate Defense of a Responsibility Area)의 수칙

경호요원은 경호활동 중 자신이 담당한 구역 또는 임무에 대해서 행사실시 전 안전활동 단계에서뿐만 아니라 행사실시 간에도 절대 자신의 담당구역을 벗어나거나 다른 근무자에게 의지할 수 없다.

인간은 식사, 배변 등 신체적 생리현상에서 벗어날 수 없고, 특히 배탈 등 급작스러운 신체장애가 발생할 경우에는 담당구역에서 일시적이라도 이탈이 발생하는 것이 기정사실이다. 그러할 경우에는 인접 근무자의 도움을 받을 수밖에 없지만, 복귀 후에는 자신의 임무를 다시 원점에서 점검하여 빈틈이 없도록 하여야 한다. 행사실시 간에는 가능하면 생리적 현상을 참고 책임구역을 벗어나서는 안 될 것이며, 불가피한 경우에만 인근 근무자에게 도움을 요청한다.

행사실시 간에 자신의 인접 구역에서 비상상황이 발생한다면, 자신의 책임구역을 벗어나서 상황이 발생한 곳으로 달려갈 것인가 아닐 것인가는 현장상황에서 최적의 판단을 하도록 결정하는 두뇌에 달려 있다.

3. 자기희생(Self-sacrifice)의 수칙

경호의 절대목표에 따라, 경호대상자는 어떠한 상황에서도 보호되어야 하므로 전문직업인으로서의 경호원은 자신의 생명을 초개와 같이 버릴 각오가 되어 있어야 한다. 즉, 자신의 신체를 희생시켜서 타인인 경호대상자를 보호한다는 숭고한 정신이 전신에 깃들어 있어야 한다.

이외에도 경호요원은 신체적 · 도덕적 자기관리를 일상적으로 생활화해야 하고, 사생활 관리와 자기 계발(啓發)을 위한 꾸준한 노력이 요구된다고 할 것이다.

제 5 절 경호 기본이론

1. 경호의 구성요소

1) 경호원(경호의 주체)

경호의 주체는 경호대상자의 안전을 도모하는 경호기관의 모든 구성원을 말한다. 경호근무자는 일회성 보디가드가 아닌 전문가로서 다양하고 혼잡한 상황에서도 냉철하고 민첩하게 대처할 수 있는 자질을 함양해야 한다. 이를 위하여 필수적으로 부단히 가꾸어야 할 내용을 살펴보면 다음과 같다.

- 전문가적 직업의식

인간 개개인에게 세상에서 가장 고귀한 것은 자신의 생명이다. 이러한 고귀한 것을 다른 사람의 보호를 위하여 초개(草芥)와 같이 버릴 수 있는 행동은 그 어떤 직업군의 사람들보다도 존경받아 마땅한 이유가 된다.

몇 개의 사례에서 공격자들과 총격전이 벌어진 경우도 있지만, 대부분의 위해기도 사례에서는 상황이 매우 단시간에 종료되는 경우가 많았다. 이러한 순간적인 상황에서 총으로 대적하는 것보다 신체를 이용하여 경호대상자를 방호하거나 위해기도자에게 돌진하여 대적하는 것이 더 효과적이며 실질적이다.

이러한 행동이 무의식 속에 자리 잡게 하기 위해서는 직업의식과 직업윤리에 입각한 투철한 사명감을 스스로 함양해야 하고, 부단한 반복훈련을 통해 조건반사적인 행동이 몸에 스며들 때에야 비로소 완성된다.

- 고도의 집중력

경호근무자는 선발경호활동에서 착오 없이 맡은 업무를 주의 깊게 해내는 능력이 필요하다. 그러나 이보다 더하여 행사실시단계 시간 동안에는 찰나의 방심도 금물이거니와 오히려 집중력을 배가시키고 주변환경 및 상황에 동화되지 않는 냉철한 관찰력과 집중력을 유지해야 한다. 이를 통하여 위해요소를 사전에 감지하거나 비상상황을 신속히 인지함으로써 보다 빠르고 정확한 조치를 실시할 수 있다. 이러한 높은 집중력을 떨어뜨리는 것은 과도한 음주와 수면부족이 대표적이라 할 수 있으나, 이 두 가지가 겹친다면 경호대상자에게 매우 치명적인 결과를 가져다줄 가능성이 매우 크다.

- 신체와 경호술기 단련

장기간의 선발활동과 행사실시단계의 높은 집중력을 유지하기 위해서는 기본적으로 투철한 정신적 자세가 우선시된다. 그러나 끊임없이 반복되는 행사에서 지속적인 정신력은 굳건히 단련된 체력을 에너지로 활용한다.

이와 함께 비상상황에서 위해자 제압을 위한 반복훈련도 실제상황에서 자신감을 끌어올리는 데 큰 도움이 되므로 태클, 무기 방어술 등의 경호술기 단련이 필수적으로 요구된다.

2) 경호대상자(경호의 객체)

경호대상자란 경호를 제공받는 사람을 말하며, 국가원수는 법에 따라 경호를 제공받을 권리와 의무를 동시에 지닌다. 아울러 경호의 주체 국가기관은 경호대상자인 국가원수에게 경호를 제공해야 할 책임과 의무가 있다. 경호대상자는 의도적 또는 비의도적, 위해기도 또는 부주의한 사고를 막론하고 모든 상해나 위해로부터 보호되어야 한다. 그러나 경호로 인하여 경호대상자가 불편함을 가지도록 해서는 안 되며, 모든 경호활동은 경호대상자의 행동을 방해하지 않는 범위에서 수행되는 것이 원칙이지만, 위해정보판단의 결과가 심각할 경우에는 경호대상자에게 권고를 하여야 한다.

경호대상자는 자신의 성격과 정치적 스타일에 따라 경호에 대한 호감도 여부가 나타나는데, 이는 경호조직의 구조와 경호의 형태에 가장 큰 영향을 끼치게 된다.[31] 데이즈(Tays, 1980)에 의한 다음의 분류는 전 세계적으로 적용이 가능하며 우리나라의 경우에

---

31) Tays, Dwight. L.(1980). Presidential Reaction to Security: A Longitudinal Study. Presidential Studies Quarterly. 600-609.

도 예외가 아니다.

- 경호 불신형(무시형)

'discounting the need for precautions and continuing one's activities with as little regard for security as possible'
'enjoy their freedom and ready access to the public'

이 범주에 속하는 경호대상자는 대중에 대한 자유로운 접촉을 즐기며, 엄격한 경호조치의 필요성을 인정하지 않고 가능한 자유스럽게 활동하기를 원한다. 대표적으로 루스벨트(제32대, 1933~1945), 케네디(제35대, 1961~1963), 존슨(제36대, 1963~1969), 클린턴(제42대, 1993~2001) 전 미국 대통령을 꼽을 수 있다.

루스벨트 전 대통령은 위험성에 대한 경호원의 권고를 무시하고 많은 군중들 앞에 노출하기를 원했다. 공공집회장소, 기차의 뒤쪽 플랫폼, 오픈카 이용 등뿐만 아니라, 그에게 익숙한 지방 지역에서는 시골길의 급회전이나 서행 등 경호원들을 무시하고 따돌리는 것에 익숙하였다. 제4선의 임기 중에 뇌출혈로 사망한 직후 후임으로 승계된 해리 트루먼 전 대통령도 예고 없는 외출 등으로 경호원들을 여러 차례 곤혹스럽게 만들었다.

케네디 전 대통령은 전형적인 경호 거부형으로서 자신이 원하는 것은 어떤 것이든 실천하려는 성격이었다. 경호활동에 대한 반감을 배경으로 필수적인 경호조치조차 하지 못하도록 지시하였다.

- 수동적 협력형

'While not really seeing the need nor wanting strict security'
'nevertheless, go along with the measures with out much opposition'

이 범주에 속하는 경호대상자는 경호의 필요성을 실질적으로 느끼지는 못하나, 경호기관과의 의견대립 없이 경호조치를 수용하는 형이다. 대표적으로 아이젠하워(제34대, 1953~1961), 닉슨(제37대, 1969~1974), 포드(제38대, 1974~1976), 카터(제39대, 1976~1980) 전 대통령을 들 수 있다.

오랜 기간의 군인 생활을 거친 아이젠하워 전 대통령은 자신의 안전에 대한 걱정은 별로 하지 않고 비밀경호국의 정교한 예방조치를 시간과 노력의 낭비라고 생각하였다. 그럼에도 불구하고 그는 비밀경호국의 권고를 잘 따랐던 대통령이었다.

- 경호 수용형

'more receptive of security measures'
'tend to be in select and well controlled areas'

이 범주의 경호대상자는 경호조치에 대하여 상당히 수용적이다. 보안유지에도 반대하지 않으며, 경호조치가 엄격하게 이루어진 곳에서만 대중과의 노출을 실시하였다. 대표적으로 레이건(제40대, 1980~1989), 부시(제43대, 2001~2009) 전 대통령이 해당된다.

레이건 전 대통령은 1981년의 암살사건을 겪은 이후로 비밀경호대의 경호관련 모든 요청에 매우 수용적으로 응하였다. 부시 전 대통령은 2004년 APEC 행사장에서 칠레 경호원들의 차단으로 수행하지 못하는 경호원을 다시 구출하다시피 하여 행사장으로 데리고 들어갈 정도로 경호에 대한 필요성을 잘 인식하고 있었다.

3) 경호위해요소

경호위해요소는 경호대상자에게 위해를 가하는 행위의 주체로서 인적, 물적, 지리적, 환경적 요소로 구분되며 앞의 제4절에서 충분히 설명한 바 있다. 이러한 위해요소의 제거 및 안전조치는 경호활동의 핵심이며 경호근무자의 가장 주된 역할이다.

4) 일반 군중(일반 국민)

일반 군중은 경호대상자의 정치적 접촉 대상으로서 어떤 군중들은 경호대상자에게 우호적이기도 하지만 다른 어떤 군중들은 비우호적인 성향 지니고 있으며, 이는 개인에 따라서도 마찬가지이다. 경호대상자는 일반 군중을 대할 때 우호적일 것이라는 신념이 필요하고 또한, 국민에게 관심을 받기 위하여 끊임없이 노력해야 한다. 이 과정에서 비우호적이거나 불순한 의도를 가진 위해기도자가 혼재되어 있다면, 경호기관은 경호자원을 유효 적절히 동원해서 분리해야 한다.

인적 경호자원인 경호원은 경호대상자의 정치적 신념과 자유를 침해하지 않고 오히려 국민과의 소통을 지원해 주는 경호활동을 해야 경호대상자로부터 긍정적 경호구조와 경호활동범위를 보장받게 되고, 국민들로부터는 신뢰와 협조를 얻게 된다. 한편, 경호대상자도 이러한 경호기관과 경호원의 노력을 이해하고 경호활동의 시스템 안에서 자신의 권한과 의무를 이행하는 것이 바람직하다고 할 수 있다.[32)]

다음의 그림들은 각 구성요소들과의 상호관계를 나타낸 것이다. [그림 6-5]는 구성요소 전체의 상호관계를 보여주고 있으며, [그림 6-6]은 경호의 주체인 경호원과 경호객체인 경호대상자와의 상호관계, [그림 6-7]은 경호의 주체인 경호원과 경호의 협조자인 일반 국민과의 상호관계, [그림 6-8]은 경호의 주체인 경호원과 위해행위의 주체인 경호 위해요소와의 상호관계를 나타낸 것이다.

32) 이두석(2018). 경호학 개론. 진영사, 76-77.

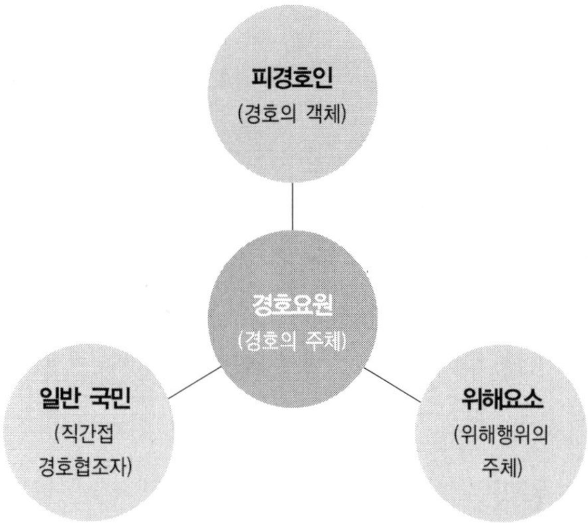

[그림 6-5] 경호 구성요소와의 관계

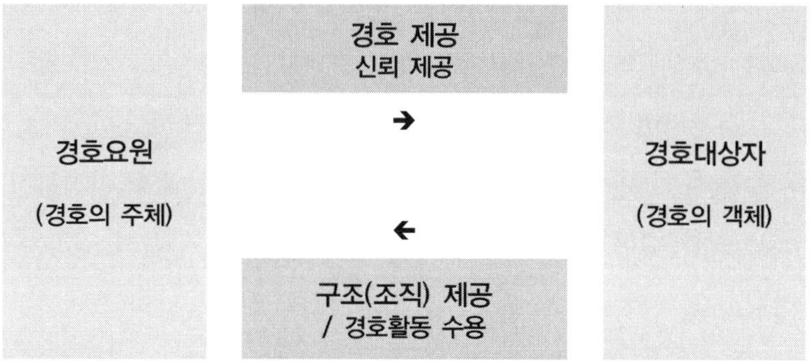

[그림 6-6] 경호 주체와 경호 객체와의 관계

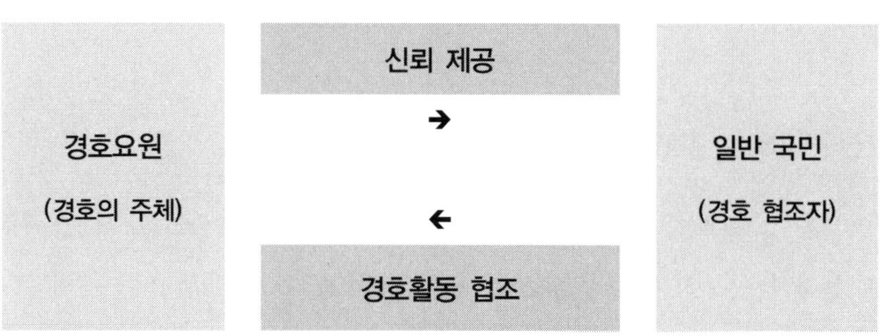

[그림 6-7] 경호 주체와 일반 국민과의 관계

[그림 6-8] **경호 주체와 위해행위 주체와의 관계**

2. 3중(선) 경호의 원리

3중 경호원리는 약간의 차이는 있지만, 대다수 해외국가의 경호 기본원리로 채택하고 있으며 경호대상자가 위치한 집무실이나 행사장을 중심으로 경호조치의 강화수준이 최고로 강화되는 근접구역과 중간지대 그리고 중요지점을 위주로 경호활동을 하게 되는 외곽지대로 구분하여 경호활동의 효율화와 집중화를 도모하도록 하는 원리이다.

우리나라에서는 1974년 8월 15일 국립극장에서 발생한 문세광 저격사건 이후 경호활동 강화조치가 시작되면서 3중 경호원리가 시작되었으나, 당시의 원리는 경호대상자의 위치를 중심으로 지하, 지상, 공중으로 나누었으므로 오늘날의 개념과는 차이가 컸다. 1983년 10월 9일 버마(미얀마) 아웅산 묘소 폭파사건 이후에 현재의 구역개념과 거리개념을 고려한 3선 경호개념이 정립되었으며, 구역과는 중첩을 기본으로 사전 안전활동이 이루어진다.

1) 안전구역(Inner Ring, 제1선)

안전구역은 경호대상자의 신변에 직접적 · 결정적 위해를 가할 수 있는 위험지역으로 경호대상자가 활동하는 동선을 모든 순간의 점(點, dot) 개념으로 분해하여 지정한 구역이다. 점의 시작은 승 · 하차지점이고 계속되는 이동 동선, 환담장, 본 행사장 등 정지 간, 이동 간의 모든 지점을 중심으로 주변 여건에 따라 구역이 정해진다. 거리상으로 볼 때, 수류탄 투척거리 또는 권총 유효사거리를 고려하여 일반적으로 실내행사는 행사장 내부, 실외행사는 경호대상자의 정적 · 동적 지점을 중심으로 반경 50m 정도를 지정한다.

안전구역은 그 구역을 중심으로 상하전후좌우 모든 방면에 대한 완벽한 안전확보가 실시되어야 하고, 이를 위하여 단일화된 출입통로에 X-Ray 검색기, 문형금속탐지기(MD : Metal Detector) 등을 설치하고 구역 내의 철저한 검측이 실시되며, 출입인원에 대한 비표운용, 반입물품에 대한 검색을 실시하여 물샐틈없는 완벽한 통제개념의 경호조치가 이루어져야 한다.

2) 경비구역(Middle Ring : 제2선)

경비구역은 안전구역을 보호하는 역할을 하며 부분적 통제가 이루어지는 구역으로 범위는 안전구역의 중앙점을 기준으로 주변 시설물 또는 지형여건을 고려하여 실내는 시설물의 담장을 연하는 선의 안쪽, 실외는 소총 유효사거리를 반영하여 반경 600m 내외를 연결하는 선의 내부를 말한다. 국제적 대형행사 또는 행사장 여건에 따라 필요시 별도 제작된 경계담장을 설치할 수도 있다.

경비구역은 경호대상자의 안전 또는 행사에 직접적 · 간접적인 영향을 미칠 수 있는 곳으로 행사의 성격 또는 행사장의 특성에 따라 진 · 출입 통로 등 취약요소에 대한 선별적 및 부분적 통제가 이루어지고 필요시 안전조치가 실시된다.

3) 경계구역(Out Ring : 제3선)

경계구역은 안전구역과 경비구역을 보호하기 위한 경호활동이 실시되는 구역으로 경호대상자의 안전에 직접적인 위협보다는 행사에 간접적으로 영향을 미칠 수 있는 구역으로 실내행사는 행사장 반경 600m 내외, 실외행사는 저격용 소총 유효사거리를 고려한 1.5km 내외를 그 범위로 정한다.

경계구역에서는 사찰활동과 제한적 통제가 실시되는 곳으로, 감제되는 고층건물에 대한 관측조를 운용하고 산악 감제고지에 대한 수색 및 안전확보, 행 · 환차로 주변의 유동순찰, 공사장 또는 각종 총포 · 화약류에 대한 안전조치 등이 실시된다.

[그림 6-9]는 2010년에 개최되었던 G20 정상회의장인 COEX를 중심으로 반경 2km 범위를 3선으로 정하고, 넓은 안전구역에 대한 출입통로 최소화와 자살폭탄 차량돌진 차단을 위한 담장형태의 방벽을 보여주고 있다.

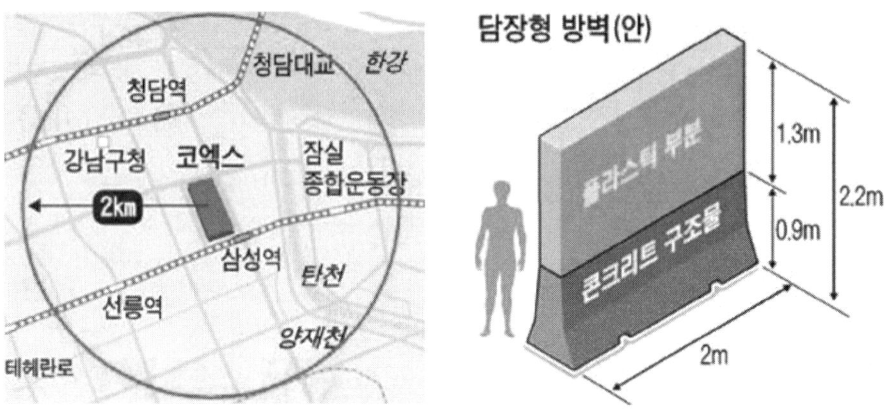

출처 : 중앙일보. 2010.10.09.

[그림 6-9] 제3선 경계구역과 경계담장

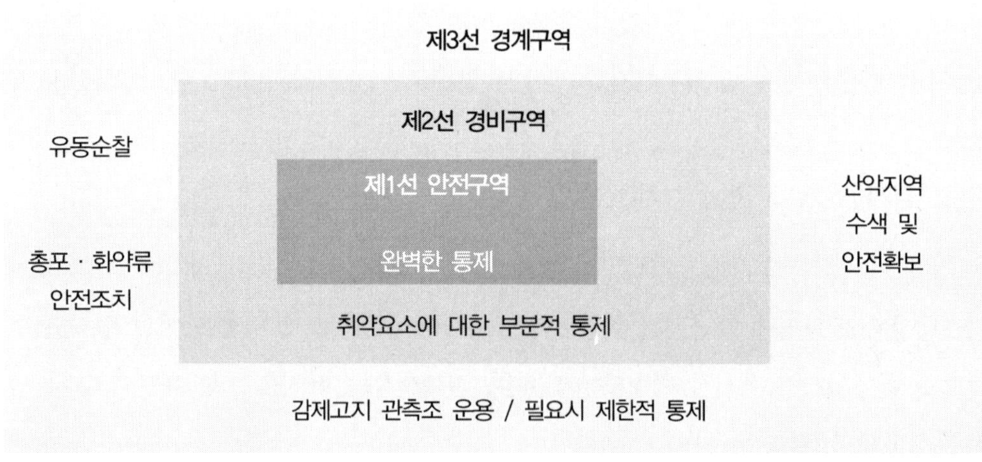

[그림 6-10] 3중 경호의 원리

3중 경호의 원리는 경호활동의 효율성을 향상시키고 국민에 대한 불편을 최소화하는 효과가 있다. 그럼에도 불구하고 날이 갈수록 대민(對民)문제 등으로 인하여 경호구역이 축소되는 경향이 있음을 부인하기 어렵다. 예를 들어, 고층건물의 어느 상층부가 행사장인 경우에 해당층의 하층부와 상층부에 대한 안전확보가 실시되지 않는다면 전방위적 안전확보의 경호개념에 위배되는 것으로 우려스러움을 금치 못하는 것이다.

3. 방벽효과의 원리

경호대상자의 행동은 국내외의 정치 · 경제 · 사회 · 문화적 관심의 대상이 되어 그의 움직임은 일반 시민들과의 접촉으로 이어지고 이 과정에서 필연적으로 노출이 초래된다. 방벽효과의 원리란 인적 · 물적 · 지리적 · 환경적 위해요소 가운데 인적 위해요소에 대한 2차적 예방 방호의 원리라고 할 수 있다. 3중 경호원리에 의한 3선 개념의 안전확보가 1차 예방 경호활동이라면, 그럼에도 불구하고 직접적 위해기도자가 수평 또는 다양한 각도에서 목표인물에 대한 저격을 시도하고자 할 때, 근접경호원에 의하여 인적 방벽을 형성하여 위해기도를 포기하도록 하는 2차 예방 경호활동이라고 할 수 있다.

방벽의 형성은 경호 목적달성을 위해서는 필수적이지만, 경호대상자의 대국민 접촉에는 방해가 될 가능성이 높은 상반된 입장에 놓여 있기 때문에 도보대형을 형성하는 근접경호근무자의 사려 깊은 행동이 요구된다.

방벽의 형성은 수평적 방벽효과와 수직적 방벽효과를 고려하여 경호대상자와 근접근무자 그리고 근접근무자와 군중과의 거리를 선정하는 기준이 된다.

1) 수평적 방벽효과

수평적 방벽은 경호원의 평면적 체위를 이용하여 위해기도자의 시야와 화기(권총)의 직접적인 피해 차단의 효과를 목표로 한다. 근접경호원은 도보대형에서 이동 또는 정지간 경호대상자와 군중 사이에 위치하게 되는데 이 경우 최적의 위치를 어떻게 선정하느냐 하는 것이 방벽효과의 결과로 나타나게 된다.

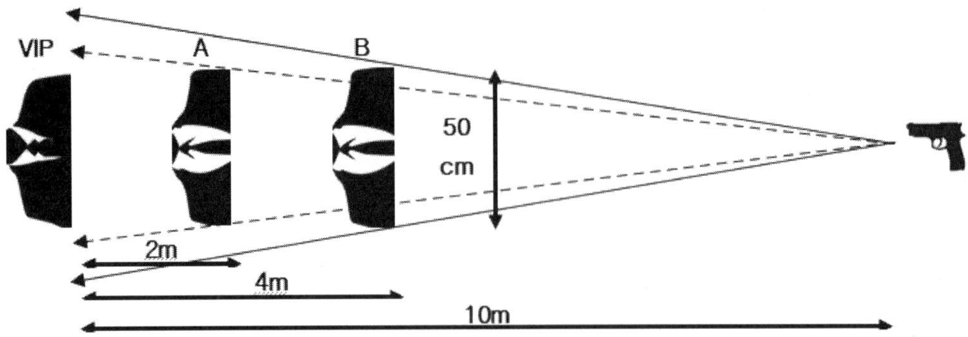

[그림 6-11] **수평적 방벽효과**

[그림 6-11]은 수평적 방벽효과를 나타낸 것인데, 같은 평면체 위 50cm를 가진 경호원 A와 경호원 B의 방벽효과는 잠재적 위해기도자와의 거리에 따라 다르게 나타난다. 경호대상자와 위해기도자와의 거리를 10m라고 가정하였을 때, 경호원 A는 62.5cm의 수평적 방벽을 만들게 되고 경호원 B는 83.3cm의 수평적 방벽을 만들게 된다.[33)34)] 즉, 경호대상자보다 잠재적 위해기도자와 가까운 위치에 있는 근접근무자가 방벽을 위해서는 더 유리하다고 하겠다.

2) 수직적 방벽효과

수직적 방벽은 근접근무자의 신장을 이용하여 상위 각도의 잠재적 위해기도자의 시선과 직사화기의 사선(射線)을 차단하는 효과를 목표로 한다. 수직적 방벽은 수평적 방벽과는 반대로 근접근무자가 경호대상자와 가까울수록 방벽효과를 더 내게 된다.

---

33) 0.5 : Xa = 8 : 10 따라서 Xa = 62.5cm / 0.5 : Xb = 6 : 10 따라서 Xb = 83.3cm
34) 양재열(2012). 경호학 원론. 박영사.

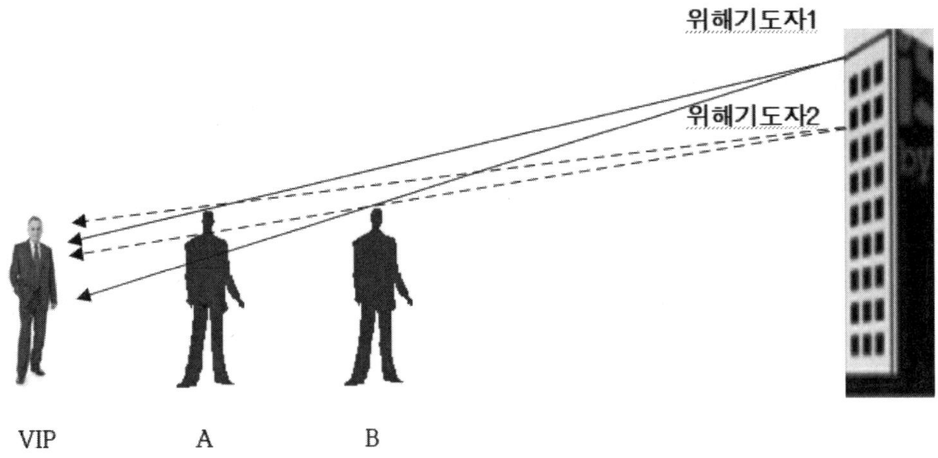

[그림 6-12] 수직적 방벽효과

[그림 6-12]와 같이 경호원 A가 경호원 B보다 방벽효과가 더 높게 나타난다. 근접근무자가 같은 위치라면 신장이 큰 사람이 방벽을 형성하기 유리하고 위해기도자의 입장에서는 높은 층에 위치하는 것이 더 유리하다.

이상과 같이 근접근무자의 위치는 실내, 평지, 감제고지군 등 경호대상자 동선상 지점의 주변상황에 따라 스마트하고 유연하게 선정하고 높은 방벽효과를 위해 노력해야 한다.

4. 대응시간의 원리

근접근무자가 위해행위를 인지하고 신속하고 정확한 즉각조치를 취하기 위해서는 인지시점이 최대한 즉시적이어야 하고 이를 위하여 고도의 주의력이 요구된다. 다음은 총기대응과 신체의 움직임, 주의력에 대한 이론적 배경을 설명한다.

1) 총기대응 시간

경호근무자가 위해행위를 인지한 시점부터 총기로 대응하기 위하여 판단을 하고, 총기를 뽑아내고, 조준하여 격발하고 명중을 시키는 데는 순간적이지만 시간이 소요될 수

밖에 없다. 신체반응시간(Reaction Time)은 일정한 자극에 대한 신체의 반응을 최대한 신속히 수행할 수 있는 운동능력으로서 그 자극에 의하여 최초의 신체움직임(반응)이 나타나는 데 걸리는 시간을 말한다.[35)]

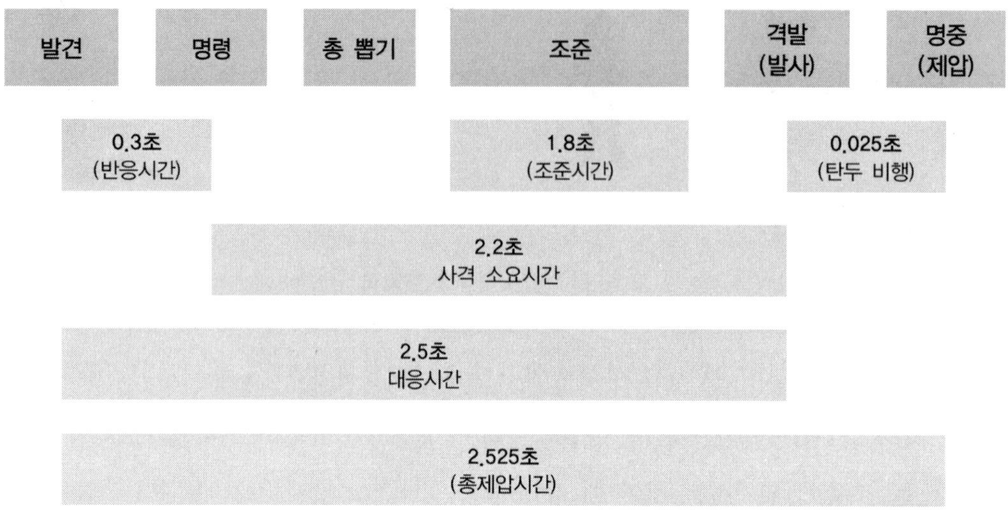

[그림 6-13] **총기대응 소요시간**

이 반응시간은 일반 성인의 경우 0.1~0.5초로 큰 차이가 있으나, [그림 6-13]과 같이, 경호원이 총을 뽑기 위한 행동을 시작하는 데 걸리는 시간을 평균 0.3초로 정하고, 이후 완전히 총을 뽑아서 평균 1.8초 조준을 하고 격발할 때까지는 평균 2.2초가 소요된다. 만약 7미터 거리에 위해자가 있다면 총알의 비행시간은 0.025초가 소요된다. 따라서 경호원이 위해기도를 발견하고 그를 총기로 제압하는 데 걸리는 총소요시간은 2.525초가 된다.[36)]

---

35) 성봉주 외 11명(2017). 한국스포츠개발원 연구보고서. 한국스포츠정책과학원.
36) 미국 비밀경호대 훈련교범(1988).

2) 신체 움직임에 의한 대응원리

[그림 6-13]의 내용에서 위해자의 입장에서 총을 뽑아 격발하는 데까지 걸리는 시간은 2.2초이며 경호원이 정지상태에서 1초에 평균 5미터를 이동한다고 보았을 때, 경호대상자와 근접경호원과의 거리는 5미터 이내로 위치하고 있으므로 경호대상자에 대한 방호를 성공시키는 것은 결국, 얼마나 조기에 위해행동을 발견하는가에 달려 있음을 알 수 있다.

따라서 근접경호원의 관찰력과 주의력은 비상상황을 대처하는 요체가 되는 것이다. 신체 반응시간이 0.3초이고 경호원이 1초에 5m를 이동한다면, 1.5m 거리 이내의 위해기도는 설령 동시적으로 발견한다고 해도 이론상 경호대상자의 방호는 불가능하다. 그러므로 경호근무자와 군중과의 이격거리는 최소 2m 이상이 필요하고 근접근무자와 경호대상자와의 거리를 2m라고 보았을 때, 경호대상자와 군중과의 거리는 최소 4미터는 이격되어야 한다는 것을 알 수 있다.

그러나 현실적으로 확인되지 않은 경호대상자와 군중과의 접촉은 악수, 스마트폰 사진 찍기 등 다양하고 빈번하게 이루어지고 있으며, 그러할 경우에는 더욱 빠르게 반응할 수 있도록 양손을 올리고 최대한 긴장하며 근무에 임해야 할 것이다.

경호대상자와 군중과의 접촉

제6절 경호기법

1. 기만경호(欺瞞警護, Deception Security)

1) 기만경호의 개념

기만(欺瞞, Deception)이란 기만 대상의 상황인식에 영향을 줌으로써 그가 계획하였던 어떤 행동을 하거나 또는 하지 못하게 하는 것으로, 조작, 왜곡, 징후의 변조를 통하여 반응을 유도한다.[37] 따라서 기만경호란 경호계획, 경호자원 규모, 경호활동 범위, 경호 구성, 근무자 배치 등에 대하여 위해기도자가 오판하도록 유도하여 위해기도자가 위해기도를 사전에 포기하도록 하거나, 위해기도를 사실과 다른 시간, 방향 또는 장소에서 시도하도록 이끄는 경호활동 중의 하나라고 할 수 있다.

적시적소(適時適所)에서 실시하는 기만경호의 활용은 위해기도자로 하여금 경호대상자의 상황을 오판하게 하여 위해기도자를 혼란스럽게 하거나 집중을 분산시키는 효과를 가져오고 결국, 경호의 절대목표 달성을 성공적으로 이루게 하는 중요한 경호기술이다. 그러나 국가적 주요 인물인 경호대상자가 실제가 아닌 꾸며진 상황의 행위자라는 것이 밝혀지는 것은 정치적 측면에서 매우 부정적인 결과를 초래할 가능성이 있으므로 기만경호를 실시할 경우에는 매우 신중을 기해야 한다.

그러므로 기만기술의 사용은 일반인들에게는 기만당했다는 느낌을 갖지 않도록 해야 하고 경호대상자도 기만경호에 의하여 자신이 움직인다는 생각을 가지지 않도록 주의해야 한다.

2) 기만경호의 대상

물적 · 지리적 · 환경적 위해요소는 경호활동 자체를 인지하지 못하고 반응도 없으므로 기만경호의 대상은 인적 위해요소만이 그 대상이 된다. 인적 위해요소는 구체적으로

37) 이태규(2012). 군사용어사전. 서울 : 일원서각.

직접 위해기도자, 간접 위해기도자, 단순 위협자, 위해 방조자, 비의도적 방해자 등 다양한 부류로 나눌 수 있다. 그러나 경호행사에서 이러한 위해요소를 특정한다는 것은 불가능하므로, 인적 위해요소의 범위를 포괄적으로 넓혀서 기만의 대상을 모든 군중으로 할 수밖에 없는 실정이다.

경호행사에 직간접적으로 접촉하게 되는 모든 군중을 기만경호에 입각(立脚)하여 분류해 보면 〈표 6-8〉처럼 크게 두 가지로 분류할 수 있다.

〈표 6-8〉 기만경호 대상으로서 위해기도자의 분류

	유형의 위해기도자	무형의 위해기도자
노출	O	X
조직	X	O
종류	시위대, 시국불만자, 1인 시위	적대국가, 테러단체, 개인공격자
위해 유형	단순 불만표출, 과격한 폭력	단순 폭력, 파괴적 공격(살상 시도)
심리	군중심리, 염세주의, 우울증	명예심, 정치적 · 종교적 신념
기만경호 유형	상황변화에 따른 탄력적 기만경호	사전 경호계획에 의거한 기만경호

유형의 위해기도자는 행사에 투입되는 경호근무자의 시야에 포착되는 위험요소를 가진 사람으로 1인 시위, 시위대, 시국불만자 등이 해당되며, 이들은 조직적이지는 않지만 단순한 불만표출에서 과격한 폭력을 동반할 가능성이 있다. 무형의 위해기도자는 경호근무자의 시야에 쉽게 포착되지 않으며, 은밀하고 조직적이며 단순 폭력에서 살상을 위한 무자비한 파괴적 공격까지 일삼는 가장 중요한 경호대상이다.

3) 기만경호 원칙

- 동일한 두 개가 하나이다. 기만을 위해서는 경호대상자가 사용하게 되는 외부 시설물 내의 이동로, 엘리베이터, 출입구, 승 · 하차 지점 등에서 예비가 필요하고, 기동수단인 차량, 항공기, 열차, 선박 등에도 예비가 필수적으로 구비 및 활용되

어야 한다. 그러나 처음부터 예비로 선정하는 것이 아니라 모든 점에서 동일하게 준비하였다가, 상황에 따라 어느 하나를 선택하면 그것이 주가 되고 다른 것이 예비가 되도록 한다.

- 행사의 성격이나 상황에 대한 사전 정보판단을 토대로 핵심적인 기만대상을 선정한다. 이에 따라 위해요소에 대한 기만 대책을 세우고 실행한다.
- 유형의 위해기도자에 대한 자극요소를 고려한다. 시위형태의 군중이 모여 있는 곳에서 기만이 노출될 경우에는 군중심리가 부정적으로 돌변하기 쉽다. 따라서 어떤 기만경호를 할 것인가 하는 신중한 선택이 필요하다.
- 기만에 대한 보안은 행사 전은 물론이고 행사가 종료되어 복귀한 후에도 영구히 유지되어야 한다. 기만경호활동이 나중에라도 노출될 경우에는 앞으로 기만기법을 활용하는 데 큰 지장을 초래하게 된다.

4) 기만경호의 분류

공경호에 있어서 경호는 경비와 호위를 합친 개념으로 설명한다. 사전적인 낱말 풀이로 보아도 경호(警護)는 경계(警戒) 또는 경비(警備)와 호위(護衛)의 합성어라고 해석할 수 있다. 실제 업무에 경비가 없는 호위는 있을 수 없으며 또한, 호위가 없는 경비도 있을 수 없다. 기만경호는 정적(靜的)이거나 동적(動的)인 이 두 가지의 특성을 반영하여 그에 적합한 기법을 적용해야 한다.

- 호위적 기만경호

호위적 기만경호는 노출이 필연적으로 따르게 되는 경호방법으로 기동경호에서 다반사로 일어나는 경호활동이다. 모든 기동에서 기만경호가 실시되는 것은 아니지만, 하나의 방법 선정은 이미 주와 예비로 구분된 기만기법이 실행되는 것으로서 호위적 기만경호의 대부분을 차지하는 기동경호에서는 경호활동 자체가 자연스러운 기만경호라고 할 수도 있다.

- 경비적 기만경호

경비적 기만경호란 시설물과 같은 특정 지역에 대한 경비를 실시하면서 경호자원을 이용하여 지리적 우위를 확보하고 효과적으로 경비 목적을 달성하기 위하여 잠재적 위해기도자가 관찰할 경우에는 위해기도를 포기하도록 하거나, 침입 시에는 혼란 또는 오판을 유도하는 경호기법을 말한다.

5) 기만 방법

- 양동(陽動, Fake, Diversion)

위해기도자의 양공(陽攻)은 경호자원을 낭비 또는 분산시키고 경호활동기능의 제반 요소를 무력화시키기 위하여 실시하는 것으로 조공(助攻)방향이나 방법으로 실제로 공격하거나 공격할 것처럼 위장하여 경호기능을 엉뚱한 곳에 집중시키고, 그런 다음 주공(主攻)방향에서 공격하여 그들의 목적을 달성하기 위한 전략 및 전술을 말한다.

양동작전(陽動作戰, Diversionary Activities)은 군사적 양공작전(陽攻作戰, Feint Operation)과 같은 개념으로, 적을 기만하기 위하여 원래의 공격 방향과는 다른 방향에서 공격하는 작전, 또는 실제 전투는 하지 않지만 병력이나 장비를 기동함으로써 마치 공격할 것처럼 보이도록 하여 적을 속이는 것을 말한다.[38)]

따라서 경호의 양동은 위해기도자의 공격방향을 역공작의 형태로 분산하기 위한 고도의 기만경호전술이라고 할 수 있다.

- 허식(虛飾, False Show, False Situation)

허식이란 무술에서 실제로 타격할 부위나 타격할 기술을 위장한 가짜 동작을 순간적으로 하는 것을 말하는데 이것이 자연스러우면 공격 성공의 가능성이 높아진다. '허식'이 '거짓으로 보여준다'는 말처럼 경호에서 허식이란 위해기도자를 기만하기 위하여 감시체계상에서 기기 또는 활동을 거짓으로 노출시키는 것을 말한다. 허식의 형태로는 물

---

38) 표준국어대사전.

품 허식과 연출 허식이 있다.

물품 허식은 경비적 기만경호에서 주로 활용하는데, 경비실, 실물과 매우 흡사하게 위장을 하며, 위해기도자가 실물로 인식하도록 하거나 필요에 따라 의도적으로 모의 장비로 인식하도록 하였다가 실제로 사용하는 경우도 있다.

연출 허식은 경호활동 중 특정 부분의 활동을 실제와 다르게 보이도록 하는 것인데, 물품 허식을 함께 사용하는 것이 효과적이다.

6) 기만 수단

- 물리적 수단

물리적 수단이란 육안에 의한 관찰 등의 시각적 요소와 소음 등 청각적 요소를 이용하여 경호 장비 또는 관련 물품을 기만 대상에게 허위로 전달케 하는 것을 말한다.

- 기술적 수단

기술적 수단은 정보통신기술을 이용하여 사이버상에서 허위첩보를 제공하는 것인데, 물리적 수단과 혼합하여 사용할 필요가 있다.

- 행정적 수단

행정적 수단이란 문서 또는 기타 경호계획 등을 허위로 작성하여 의도적으로 노출시키는 것을 말한다. 이러한 세 가지의 기만 수단은 가능한 함께 사용해야 잠재적 위해기도자 입장에서의 논리성을 증대시켜 기만의 효과를 높일 수 있다.

7) 기만 기법의 종류

기만 기법은 경호행사의 특성에 따라 여러 가지 방법으로 구현되는데, 기만 기법을 가동할 경우에는 자칫 경호행사에서 가장 중요한 것 중의 하나인 경호 유관기관과의 유기적 통합성을 저해할 수 있으므로 신중하게 실시해야 한다. 기만 기법의 종류는 근접수행경호에서 사용하는 인물기만, 기동수단 기만, 기동로 기만, 회전익 항공기

기만 등이 있고 기타 장소 기만, 선박 기만, 시간 기만, 통신 기만, 사이버 기만 등이 있다.

- 인물 기만

인물 기만은 경호대상자의 생김새와 유사한 인물을 근접경호에 투입하거나 복장의 형태 또는 색상을 동일하게 하거나, 경호대상자의 복장을 행사장 주변 상황에 어울리게 착용토록 하여 위해기도자를 기만하는 것으로, 경호대상자 본인도 느끼지 못하는 상황에서 자연스럽게 이루어져야 위해기도자를 혼란스럽게 할 수 있다.

또한, 경호행사에서 경호대상자와 비슷하게 복장을 갖추는 것은 가장 쉬우면서도 효과가 우수하다. 정장 또는 캐주얼 복장을 상시 휴대하다가 그때그때 상황에 맞게 착용한다면 투입한 노력에 비하여 큰 효과를 가져오게 된다.

- 기동수단 기만

기동수단 기만이란 경호대상자가 이용하게 되는 차량, 항공기, 철도, 선박 등 기동수단을 이용하여 잠재적 위해기도자의 혼란을 유발하는 기반 기법이다. 기동수단 기만은 이것 자체만으로 기만경호를 완성하는 것이 아니라 다른 여러 가지 기만경호 방법이 통합되었을 때 최대의 효과를 가져올 수 있다.

차량기만은 근접수행경호에서 가장 빈번하게 사용하는 것으로 차량대형 기만과 개별차량 기만으로 분리해서 살펴보겠다. 차량대형 기만은 이동을 위한 차량대형 즉, 모터케이드 자체를 실제 본대 대형과 동일하게 위장한 것으로 본대 대형보다 5분 정도의 간격을 두고 앞서 이동시키는 것이 유리하다. 기동 중 차량대형 내에 차량 위치를 변화시키는 것도 위해기도자의 혼란을 유도하기 위한 좋은 방법이다. 이외에도 차종, 차의 색상, 번호판 등을 다양하게 교체하는 방법이 있다.

항공기 기만은 주로 회전익 항공기에 대한 기만을 많이 사용하게 되는데, 이는 여러 대의 항공기가 거의 동시에 이동하기 때문이다. 방법으로는 이착륙 순서 바꾸기, 기동 간 위치변경, 형태 및 색상의 동일 등이 있다.

철도기만은 단일 선로 위를 기동해야 하는 제한점 때문에, 다른 기동수단보다는 경호 측면에 취약하다고 할 수 있다. 따라서 출발 순서 바꾸기, 철로 옆의 일반도로에서 차량대형을 동시에 기동 등의 방법을 활용한다.

선박기만은 철도기만보다는 경호환경이 양호하지만 기만 방법에 제한이 따른다.

- 기동로 기만

기동로 기만은 차량, 항공기, 철도, 선박 등 모든 기동수단에는 이동로가 필요하며 불가피하게 노출되는 기동로에서의 취약점을 보완하기 위하여 주도로와 예비도로를 사전에 선정하여 필요시 활용하는 기만 방법이다.

- 장소 기만

경호행사장은 의전적 사항이 필요하므로 공식행사장에서 장소를 허위로 준비하는 것은 사실상 불가능하다. 따라서 제한적으로 본대가 도착하기 전에 현장 상황에 따라 승·하차지점의 장소를 변화시키는 것이 유리하다. 승·하차지점 선정 시에는 여러 개의 진·출입로의 충분한 본대 주차공간이 있어야 하며, 비노출을 기본으로 차량강습도 고려한다.

- 시간 기만

시간 기만이란 위해기도자의 공격 시점에 혼란을 가져오도록 하는 것으로 행사장의 도착시간을 전후로 조정하는 것을 말한다. 그러나 방송 생중계 등의 공식행사에서는 사용이 불가능하다.

이외에도 유선과 무선을 이용하여 허위정보를 노출시키는 통신 기만 등이 있다.

2. 사주경계(四周警戒, All-directions Watching)

사주경계란 경호대상자를 중심으로 모든 방향에 대한 집중적인 관찰을 통하여 경호 위해요소를 포착하기 위한 경계활동을 말한다. 이러한 치밀한 관찰은 위해요인을 인지하려는 의지와 함께 오감을 적극적으로 활용한다.

1) 사주경계 대상

사주경계는 모든 인적 · 물적 · 지리적 · 환경적 경호위해요소를 대상으로 하는데, 인적 위해요소에 대한 사주경계는 경호대상자 주변에 위치한 사람의 눈, 손, 행동에 대하여 집중 관찰하는 것을 말한다. 레이건 전 미국 대통령 저격사건 당시 수행부장을 하였던 '제리 파' 경호관은 "눈은 그 자신의 마음의 창!"이라고 하였다. 경호근무자가 군중을 관찰할 경우 눈을 주시해야 한다는 말이다.

인간의 눈은 뇌의 개념적이면서도 추상적인 정신작용을 반영하는데,[39] 그 사람의 눈은 동물의 눈에 비하여 흰자위(흰색 공막)가 많아 시선이 잘 구분되며, 얼굴의 피부와 공막 그리고 홍채의 색상이 잘 대비되어 있어서 시선의 방향도 비교적 명확히 나타나고 마음이 잘 반영되어 나타나기 때문에 누구든지 잘 알게 된다고 하였다.[40]

위해기도를 앞둔 공격자는 일반적으로 초조하고 불안하며 생리적 부조화가 발생하게 되고 이것이 얼굴에 표출되는 경우가 많으므로 눈을 주시하는 것은 사주경계에 필수적이긴 하지만, 전문적인 암살범이나 정신병질을 소유한 사람에게서는 이러한 긴장이 나타나지 않으므로,[41] 눈에서 위해기도의 의도를 읽으려 하는 것은 무리가 있다.

손은 위해 의도 이후에 공격의 확실한 시작점이 되므로 경호근무자의 우선적 관찰대상은 손이 된다. 다음으로 행사장에 어울리지 않는 부자유스러운 복장, 혼란을 유발하거나 무리한 행동 등은 경호근무자의 눈에 쉽게 포착된다. 그 움직임을 지속적으로 관찰하여 위해기도 여부를 확실히 판단할 필요가 있다.

---

39) Pylyshyn, Z. W.(1973). What the mind's eye tells the mind's brain: A critique of mental imagery. Psychological bulletin. 80(1), 1.

40) Beck, C., von Aretin, F., & Abrell, B.(2010). MAX PLANCK SOCIETY. behaviour.

41) 홍성열(2008). 살인 범죄자 프로파일링. 사회과학연구. 47(1), 227-254.

2) 시각 활용

오감 중에서 시각은 사주경계에 가장 많이 사용되는 감각이다. 시각은 인적 · 물적 · 지리적 · 환경적 위해요소 모두에 대한 종합적 감시가 가능한 것으로 시각적으로 감지되는 정보들에 대한 분석 능력은 개인의 의지와 경험의 축적으로 향상된다. 오감의 작용이 사주경계 활동에서 개별적으로 움직이는 것이 아니고 항상 동시에 작동한다. 두 번째로 감각의 기능을 활용하는 것이 청각인데, 시각과 청각의 정보가 동시에 입력될 때 시각적 정보를 더 우세하게 지각하는 '시각 우세성 효과'가 나타난다.[42] 따라서 청각에 의한 정보 인지와 거의 동시에 시각적 정보로 확인하는 훈련이 필요하다.

한편 시각정보는 가시광선에 의해서 수집되는 것이므로 실내행사장의 경우 이러한 시각적 사주경계가 차단되지 않도록 예비 램프 등의 장비를 사전에 확보 및 설치하는 것이 중요하다.

3) 청각 활용

인간의 시야 각도는 상방향 45도 하방향 60도로 좌우 각각 70도 정도의 시야각(viewing angle)을 평균으로 하고 있다. 즉, 상하방향은 좌우방향보다 시야각이 좁으며, 상 방향이 아래 방향보다 시야각이 좁다. 더군다나 물체를 정확하게 인식하는 집중 시야각은 매우 한정적이다.

이처럼 모든 방향의 위해요소에 대한 주의를 기울여야 하는 사주경계에서 시각적 활용은 인간의 생리 구조에 따라 제한점이 나타나게 마련이다. 따라서 행사장 주변의 모든 상황을 시각에만 의존한다는 것은 실책의 위험성을 수반하는 것이다. 시각과 청각에 의한 동시 정보 입력에서 시각 우세성 효과는 시간적 여유가 있을 경우에 나타나지만, 시간적 여유가 없을 때는 시야 각도의 제한으로 청각에만 의존하는 경우가 많다.

청각의 대상은 행사 진행사항의 일부로서 사전에 예정된 음을 충분히 알고 있어야 한다. 이것을 바탕으로 행사와 관련 없는 이상음을 알아차리게 되고, 기타 육성에 의한

---

42) 김보, 성민, 윤기(2009). 시각과 청각 정보의 의미적 일치성에 따른 '시각 우세성 효과'의 변화. 인지과학. 20(2).

경고음이나 위해상황에 의한 이상현상에 의하여 나타나는 소리를 감지하게 된다.

4) 제육감(第六感, intuition, the sixth sense)

육감이란 감각의 수용에 의한 분석으로 지각하는 것이 아닌 직관적 정신작용으로서 감성적 감각작용을 말한다. 즉, 오감의 작용을 초월한 인식을 말하는데, 경호행사에서는 원칙적으로 제육감이 아닌 과학적으로 의미가 부여된 오감의 활용을 기본으로 한다. 체계적이고 완벽한 선발경호활동에도 불구하고 행사실시단계에서의 긴급상황은 어떤 방식으로 나타날지 모르기 때문에 이에 대한 오감을 통한 사주경계는 매우 중요하다. 그러나 오랜 경험을 가진 경호원은 이 오감에 의한 작용 이외에도 위험을 예측하는 능력이 갖추어지고, 이에 따라 추가적 예방조치 또는 처리를 하는 경우가 많다.[43)]

미국 비밀경호대는 제육감에 의한 경호활동과 함께 본능에 따른 신속한 대응을 강조한다. 그러나 아무리 제육감이 발달한 사람이라도 실제 현상과 일치한다는 장담은 할 수 없다. 육감을 믿고 보다 신속하고 과감한 경호대응을 하였을 경우 혹시라도 불필요한 행동이었다는 판명이 발생하면, 이는 매우 곤란한 행정적 상황을 초래할 가능성을 높여준다. 그럼에도 불구하고 기본적으로 주의 깊은 사주경계와 신속하고 과감한 대응은 충분히 장려할 만하다.

3. 도보대형

도보대형은 경호대상자의 도보 이동 구간에서 인적 방호벽을 형성하여 위해요소로부터 보호하기 위한 경호기법으로 근접경호요원들에 의하여 형성되므로 근접경호대형이라고도 한다. 도보대형의 속도는 근접경호원들이 결정하는 것이 아니라 경호대상자의 움직임에 따라 자연스럽게 정해지는 것이며, 경호대상자와 주변의 상황에 따라 일시 멈추어지기도 하고 가볍게 빨라지기도 하면서 매우 자연스러운 형태를 이루어야 한다.

---

43) 정주호(2008). 경호원의 제육감(第六感) 활용 방안에 대한 고찰. 한국경호경비학회지. 16, 305-319.

도보대형에서는 대형을 형성하는 근접경호원의 숫자에 따라 하나가 전체가 되고 전체가 하나가 되면서 매우 유기적이면서도 통일된 하나의 유기체와 같이 행동하게 된다. 또한, 주변 상황에 따라 일정 방향이 조밀하였다가 넓어지기도 하며, 전체 대형이 좁아졌다가 넓게 형성하는 등 지능적 변화를 이루어야 한다.

경호대형의 형태는 경호대상자의 경호 수용성, 행사의 성격(공식행사 또는 비공식행사 등), 행사장 또는 주변의 취약성, 행사 참석자 범위, 참석자에 대한 정보판단 등에 따라 결정된다. 경호대형을 형성하는 개개인 근무자에게는 다음과 같은 원칙을 부여한다. 책임경계구역, 경호대상자의 노출 최소화, 경호대상자의 정치적 행동 보장, 우발상황에 대한 신속한 조치 등이다.

경호대형의 종류는 크게 기본대형, 응용대형, 방호대형으로 구분한다. 기본대형은 대형을 이루는 경호원의 수에 따라 1인 대형, 2인 대형, 3인 대형, 4인 대형, 5인 이상 대형 등으로 형성한다. 응용대형은 기본대형을 형성하기 곤란한 상황이나 장소에서 현장상황에 적합하게 변형된 대형을 말한다. 방호대형은 위험의 징후가 매우 짙거나 위험상황이 발생하였을 경우에 취하는 대형인데, 수류탄 공격과 같은 폭발물 공격에서는 함몰형 대형, 혼잡한 군중 내부에서 이동할 경우에는 서로 팔짱을 끼며 강력하게 밀착하며 이동하는 방어적 원형대형, 그리고 우발상황이 발생한 경우에 경호대상자를 신속히 이탈시키기 위한 대피대형 등 그 공격의 형태에 따라 달라진다.

1) 기본대형

– 1인 대형

1인 대형 형태는 공경호에서는 거의 이루어질 수 없는 형태이지만 민간경호에서는 실질적으로 가장 많이 활용되는 형태이다. 1인 대형은 방벽효과를 기대하기 어려울 뿐만 아니라 우발상황에 대처할 인력이 없기 때문에 비상상황 시 많은 제한점이 있다. 그럼에도 불구하고 불가피하게 1인 대형을 형성할 경우에는 경호대상자의 좌우측 1~2미터 후방의 촉수 거리를 유지하면서 경호대상자의 진행 방향을 우선으로 중점 경계하고 우발상황에 대비한다.

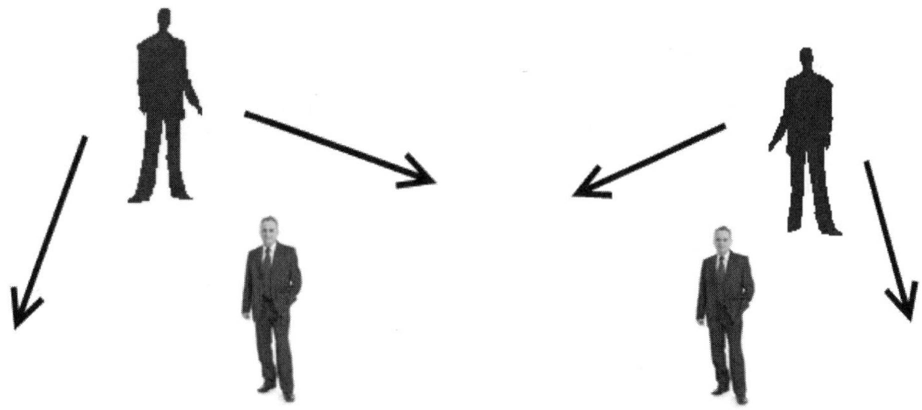

[그림 6-14] **1인 대형**

– 2인 대형

2인 대형은 경호대상자의 전면과 후면에 위치하며 가능하면 대각선을 유지하는 것이 시야 확보 또는 응급조치에 유리하다. 주변의 상황에 따라 사선의 방향을 반대로 하거나, 경호원 2명이 동시에 한 방향으로 위치하여 융통성 있게 형성한다. 2인 대형은 비교적 안전한 장소라고 판단되는 지역이나, 안전확보가 이루어진 장소의 좁은 통로 등에서 유용하게 활용된다. 2인 대형에서는 경호대상자의 후면에 위치한 경호원이 전체의 상황을 주시하며 팀장의 역할을 하는 것이 유리하다.

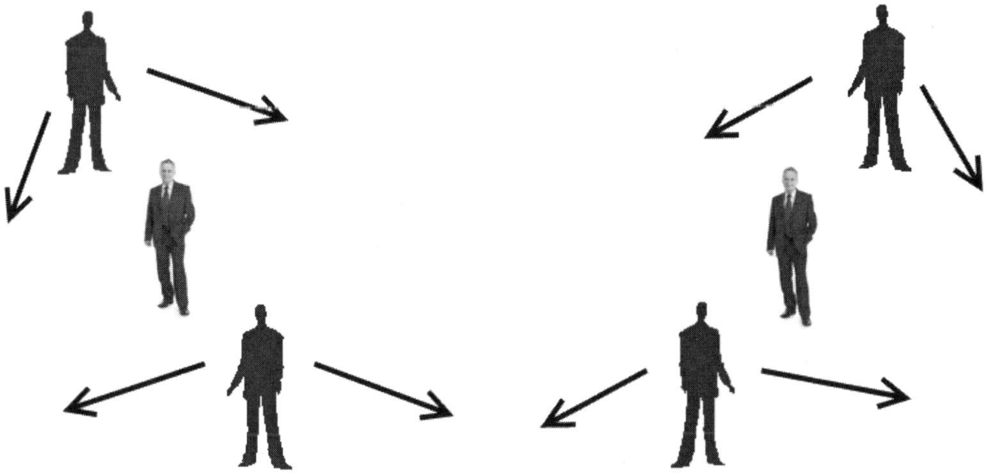

[그림 6-15] **2인 대형**

– 3인 대형

3인 대형은 전방에 1명, 후방에 1명이 위치하고 팀장은 경호대상자의 좌 또는 우측 1보 정도 후면에 위치하며 지휘한다. 팀장이 경호대상자의 좌측에 위치하면 후면 경호원은 우측으로 자리를 이동하고 상황에 따라 반대로 이동할 수 있다. 3인 대형은 인원의 구성상 삼각형인 쐐기 형태를 띠게 되는데 4인 대형에서도 이와 같은 형태를 취할 수 있다.

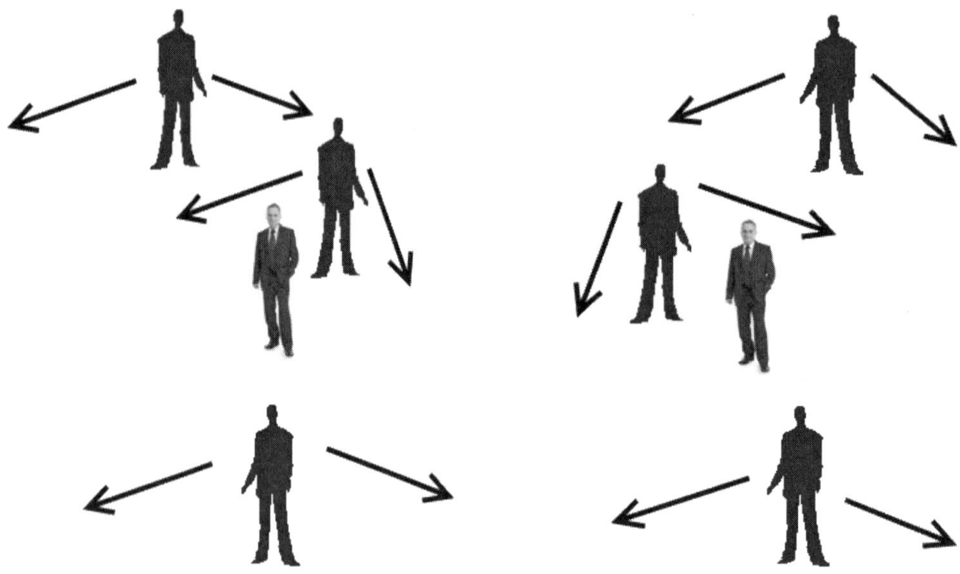

[그림 6-16] 3인 대형

– 4인 대형

4인 대형은 경호대상자를 중심으로 모든 방향의 경계가 가능하므로 사주경계에 유리하다. 4인 대형은 [그림 6-17]과 같이 삼각형을 유지할 수도 있고, 마름모 형태로 경호막을 형성하며 이동할 수도 있다.

[그림 6-17] **4인 대형**

– 5인 대형

경호대상자를 근접에서 도보대형으로 보호하기 위한 경호원의 숫자는 행사장의 상황과 가용한 근접경호근무자의 숫자에 따라 좌우된다. 경호원의 숫자가 많으면 보호력이 높아지는 반면에 대외적으로 부정적 이미지가 발생할 가능성이 크고, 반대의 경우 대외적 이미지와는 관련이 없으나 보호력 또는 우발상황에 대한 대처능력이 떨어지기 쉽다.

[그림 6-18] **5인 대형**

2) 응용대형

도보대형은 기본적으로 경호대상자를 중심으로 경호원이라는 사람의 신체를 활용하여 사주경계와 보호막 형성이라는 두 가지의 목적을 달성하기 위한 경호대형이다. 경호대상자의 모든 활동 구역 또는 동선을 경호행사장이라 할 수 있고, 이러한 경호행사장의 환경은 천차만별이기 때문에 도보대형이 경호원 숫자에 따라 고정된 형태를 가진다고 할 수는 없다. 승·하차지점은 차량이라는 보호막을 활용하는 것이 경호에 유리하므로 차량과 함께하는 경호대형이 필요하고, 접견 또는 군중과의 접촉 상황에서는 이에 적합하게 도보대형을 취하는 등 다양하고 융통성 있는 대형이 필요하다.

이와 같은 경호대형에는 승·하차 대형, 단상행사 대형, 현황보고행사 대형, 등산 대형, 통로 대형 등이 있다.

3) 방호대형

방어적 원형 대형은 박람회, 전시회, 시장 등 경호대상자가 많은 군중 인파 속에서 이동할 경우에 취하는 경호대형으로 경호원들 간에 서로 팔짱을 끼거나 왼손으로 다른 경호원의 혁대를 잡고 오른손으로 군중을 제지하거나 제지하려는 예비자세를 취하면서 이동할 수 있다.

함몰 대형은 수류탄 등의 폭발물 공격이 있을 시에 경호대상자를 육탄으로 보호하기 위한 대형으로, 폭발물 가까이에 있으면서 처음 발견한 경호원이 몸을 던져서 폭발물을 덮치고 다른 경호원들은 방탄장비 또는 자신들의 신체를 이용하여 경호대상자를 바닥에 밀착시키고 그의 신체가 노출되는 부위가 없도록 겹겹이 감싼다.

대피 대형은 도보대형으로 이동 시 가까운 곳에서 저격기도가 발생할 경우에 사용하는 대형으로, 위해자 가까이에 있는 근무자가 대적을 하고 다른 근무자는 경호대상자의 자세를 낮추도록 하면서, 경호대상자를 중심으로 대형을 밀착하여 공격자의 반대 방향으로 신속히 현장을 벗어나도록 하는 응급 경호대형이다.

4. 차량대형

차량은 대표적인 기동수단으로서 그 자체가 어느 정도의 안전성을 제공해 주지만, 기능 고장, 차량의 특이한 외관과 차량 행렬에 따른 노출성, 기동로 선택의 제한 등 많은 취약점을 안고 있다. 특히, 행차로에 대한 노출은 광범위한 지역에 대한 경호인력 배치의 불가능으로 인하여 잠재적 위해기도자에게 치명적인 약점을 제공할 수 있다.

따라서 차량 기동에서는 이러한 취약점을 충분히 고려하여 고도의 보안 유지, 경호대상자 및 경호차량의 선택, 예비차 운용계획, 기동로 선정 등을 기본으로 하여 차량대형을 결정한다. 경호대상자의 차량은 안락하면서도 강력한 자체 방호력과 엔진 성능을 갖추어야 하므로 크기와 무게가 일반차량보다는 월등히 높다. 엄청난 무게로 인하여 응급상황에서의 순발력이 떨어지고 크기와 차량의 특이성 때문에 쉽게 주목받는 것이 단점이라고 할 수 있다.

경호대상자의 차량과 마찬가지로 경호차를 선정하는 경우에도 차량의 색상을 독특하게 하여 시선을 집중시키는 일이 없도록 한다. 경호차는 튼튼하면서도 순발력이 좋아야 하므로 이를 충족시킬 수 있는 기능을 확인하고 차종을 선택한다.

차량의 기동대형은 경호대상자의 차량을 앞과 뒤 또는 측면에서 방호하면서 기동해야 하므로 선도 경호차, 후미 경호차, 경호 예비차 등은 각각의 임무를 명확히 숙지하고 기동한다. 차량대형의 결정요소는 행사의 성격, 위협 수준, 도로 및 교통상황 등을 고려하도록 하며, 최소의 경호차를 운영하는 간편대형, 앞과 뒤의 경호차량을 운영하는 기본대형 그리고 경호대상자의 예비차량과 경호 예비차량 등 다수의 차량행렬을 운용하는 확장대형이 있다.

기동 시에는 도로의 지형이나 신호등 및 교차로 등에 적합한 차량대형의 변화가 불가피하다. 신호등에 의한 정차 시에는 일반인의 차량에서 경호대상자의 차 안을 들여다볼 수 없도록 정차지점을 선택하고 차량에 의한 공격에 대비한다. 합류도로에서는 선도 경호차가 지선도로를 먼저 차단하고 경호대상자 차량과 경호차량이 지나가면 다시 원위치를 잡는다.

사면 교차로에서 방향 전환을 할 경우에는 선도 경호차가 안쪽 노선을 타면서 인도의 공격에 대비하고 후미 경호차는 크게 바깥쪽으로 선회하면서 직진 차량의 공격에 대비한다.

차선을 변경할 경우에는 후미 경호차가 먼저 차선을 변경하여 그 차선을 확보하면 경호대상자의 차량도 차선을 변경한다. 이를 위하여 선도 경호차나 선도 경호차가 없는 경우에는 경호대상자의 차가 충분한 여유를 두고 방향지시등으로 신호를 주어야 한다.

이외에도 일방 통행길, 양방 통행길, 다수의 차선이 있는 경우 등에 대한 다양한 기법이 있다.

[그림 6-19] **기본 대형**

[그림 6-20] 경호 예비대형

[그림 6-21] VIP 예비대형

5. 즉각조치

즉각조치란 비상상황 발생 시 경호대상자 보호를 위하여 경호대상자 주변에 위치한 경호원이 취하는 행동을 말한다. 비상상황은 우발상황에 의하여 나타나는데 우발상황이란 의도적 또는 비의도적 위험상황을 말한다.

1) 우발상황의 개념

일반적인 우발상황의 의미는 '어떤 일이 예기치 않게 우연히 일어나는 것'이라고 할 수 있으나, 경호적 의미에서 우발상황이란 '의도적인 계획에 의하여 나타나는 돌발적 비상사태이거나, 비의도적 또는 우연한 원인에 의하여 경호대상자에게 직간접적인 위해를 가하는 상황 또는 경호행사를 방해하는 상황'을 말한다. 즉, 우발상황이란 우연한 상황과 돌발사태를 포함하는 개념이다.

이를 좀 더 구체적으로 분류하면 세 가지로 요약할 수 있다.

첫째, 인적 위해요소에 의한 의도적 공격 및 방해 책동으로서 경호활동에서 가장 중요하게 여기는 돌발적 비상사태가 있다.

둘째, 사람의 실수 또는 부주의에 의한 우발상황으로 행사장 내의 각종 시설 스위치 조작 실수 또는 부주의로 발생하는 행사 방해상황이 있을 수 있다.

셋째, 자연발생적 우발상황으로서 사고에 의한 행·환차로 정체, 전시회나 박람회장의 군중의 쇄도 등이 발생할 수 있다.

넷째, 천재지변에 의한 우발상황으로서 지진, 홍수, 쓰나미, 강풍 등에 의한 도로의 유실 또는 차단 등이 있을 수 있다.

이러한 원인에 의한 우발상황은 일단 발생하면 그 조치는 전광석화와 같이 빠르게 실행되어야 한다.

2) 우발상황의 특성

우발상황은 다음과 같은 특성을 가지고 있으며 상황이 발생하면 그 의도성 여부를 가릴 틈이 주어지지 않는다.

첫째, 우발상황은 사전에 예고가 없으며 예측이 불가능하다. 따라서 우발상황은 갑작스럽게 돌발적으로 나타난다. 이는 의도된 인적 요인에 의한 발생뿐만 아니라 다른 유형에 의해 나타나는 우발상황도 어느 순간 갑자기 나타난다.

둘째, 우발상황은 갑자기 찾아오는 관계로 경호근무자가 논리적으로 대처하기에 충분한 시간적 여유가 없다. 평상시의 부단한 훈련을 통하여 무의식적 대응행동이 나타나도록 하여야 한다.

셋째, 우발상황은 행사에 사소한 영향을 미치는 가벼운 사항부터 경호대상자에게 치명적인 영향을 가하는 심각한 비상상황까지 그 범위가 매우 넓다. 또한, 시작부터 치명적인 위해기도가 나타나기도 하지만, 가벼운 상황이 심각한 사태의 전조이기도 하다. 따라서 경호원들은 우발상황의 조치를 어느 정도로 할 것인가를 판단하는 것도 매우 중요하다고 할 수 있다.

3) 즉각조치의 개념

즉각조치란 우발상황에서 위험성의 수준이 높다고 판단되었을 때 경호대상자를 적극적으로 보호하기 위한 일련의 즉각적이고 동시적인 경호조치를 말한다.[44] 즉각조치의 성공 여부에 따라 경호대상자의 생명 또는 신체의 보존 여부가 달라진다.

---

44) 이두석(2018). 경호학 개론. 진영사, 345.

우발상황이 발생한 직후의 상황판단과 즉각적 조치는 경호의 가치를 높여줄 수도 있고 반대로 난처한 상황에 빠져들게 하기도 한다. 즉, 위험한 상황을 위험하지 않은 것으로 판단하고 즉각조치를 실행하지 않으면 경호대상자를 위험에 빠뜨리게 할 수 있고, 실제는 위험하지 않은데 위험한 것으로 판단하고 과도한 즉각조치를 한다면 행사의 중도 무산과 경호조직의 신뢰성에 적지 않은 악영향을 미치게 된다.

그러나 한편, 정전, 풍선 또는 전등의 터짐, 소란 행위자 발생, 진정서 전달행위 등 직접적이지 않은 상황이 발생하였다고 하여 무조건 가벼운 우발상황이라고 단정하는 것은 문제 발생의 소지가 있다. 왜냐하면, '성동격서'나 '양동작전'과 같이 '본격적인 공격의 여건 조성'을 위한 술책일 수 있다는 것을 염두에 두어야 하기 때문이다.[45]

우발상황이 실제적 위험상황이라고 판단되면 경호대응조치를 하여야 하는데 이는 공격을 통한 위해기도자의 제압 및 퇴치가 아닌 '방어개념의 원리'와 총기를 뽑아서 대응하는 시간보다 경호원의 신체를 빠르게 이동시켜서 위해기도자를 덮치는 '대응시간의 원리'에 따라 대응하는 것이 바람직하다.

경호대응은 스포츠 경기와 같이 시야를 넓게 가지고 예리한 상황판단 아래 망설임 없이 신속하고 과감한 행동이 필수적이며 오로지 경호대상자의 안전에만 집중하여 현장 상황을 주도한다.

4) 즉각조치

즉각조치는 우발상황 시 적극적인 경호대응조치로서 SCE원칙을 따른다. SCE원칙은 경호원의 행동절차를 말하는 것인데, 상황 발생 시, 경고(Sound off), 방호(Cover), 대피(Evacuate)의 순서이지만 실제로는 거의 동시에 이루어져야 한다.

---

45) 양재열(2012). 경호학 원론. 박영사, 168-169.

레이건 전 대통령 저격 시, 대응하는 '티모시 매카시' 경호원

미국 비밀경호대에서는 이 즉각조치를 경호의 성공과 실패의 분수령으로 교육하고 있다. 즉, 경호의 성패는 위기상황에서 얼마나 즉각적이고 적합한 대응조치를 하는가에 달려 있다고 하였다.[46] 대응조치는 공격이 아닌 방어의 개념을 강조하는데, 심지어 "경호대상자 최근접경호원들은 총을 휴대할 필요가 없다!"라고 까지 말한다. 그들의 임무는 경호대상자와 공격자 사이를 차단하고 방패역할을 수행하며 경호대상자를 안전한 장소 또는 치료가 필요한 장소로 이동시키는 데 있다는 것을 역설적으로 표현한 것이다.

– 경고(Sound off)

경고란 육성이나 무전으로 행사장 현장의 경호원에게 돌발적 비상상황을 간단명료하게 전파하는 것으로 '큰 목소리로 경고(loud Warning)'한다는 의미이다. 이는 상황발

46) Melanson, P.(1988). The politics of protection; Padgett, D. K.(1998). Qualitative Method in Social Work Research: Challenges and Rewards.

생을 최초로 인지한 경호원이 즉각 취해야 하는 행동으로서 경고와 함께 신체를 확장하여 공격선을 차단하며 위해자에게 돌진한다. 그러나 경호대상자와 공격자의 축선상에서 멀리 떨어져 있거나 공격자보다 경호대상자와 가까이 있을 경우에는 공격자에 대한 대적보다는 경호대상자의 방호를 우선으로 행동한다.

– 방호(Cover)

위험상황을 알리는 경고를 듣게 된 경호대상자 주변 근접근무자는 밀착대형으로 방호벽을 형성하고 경호대상자의 노출을 최소화하여 직접적인 공격으로부터 신체적 피해가 일어나지 않도록 한다. 즉, 방호는 경호의 방어 우선 이론에 가장 충실한 행동으로서 경호대상자의 신체적 보호를 최우선으로 하여야 한다. 미국 비밀경호국 교범에는 경호대상자를 자신들과 똑같은 하나의 인간으로 대하도록 강조한다. 이는 경호대상자에 대한 인간적 이해와 함께 비상상황에서의 조치에서 신분이 높은 고귀한 사람으로서가 아니라 같은 인간으로서 직업적 사명을 수행하는 대상으로서만 여기라는 뜻이다.

따라서 방호행동은 신속하면서도 경호대상자의 신체를 강제적으로 움츠리고 낮은 상태로 만들어 그의 신체적 면적을 최소화시키는 과감한 행동이 필요하다.

– 대피(Evacuate)

우발상황 발생 시 경고에 뒤이은 동시적 행동으로 경호대상자를 방호하면서 현장을 이탈하여 비상대피소 또는 비상대기차량이 있는 안전지역으로 이동하거나 상황에 따라 응급치료가 가능한 지역으로 이동하는 것을 대피라고 한다.

대피 시에는 진행방향의 경호원이 전방의 경계와 통로를 개척하고, 그 반대 방향의 경호원이 후방을 경계하면서 제2의 공격에 대비한다. 또한 이동 시에는 경호대상자의 양 측방에 위치한 경호원이 경호대상자의 혁대를 단단히 잡고 머리를 아래로 향하게 한 상태에서 일사불란(一絲不亂)하게 이동한다.

6. 검측(檢測, Technical Detection)

1) 검측의 개념

검측의 일반적 의미는 '검사(檢查, Inspection, Check)'하고 '측정(測定, Measurement)' 하는 것을 말하나, 경호적 의미로는 '경호대상자를 보호하기 위하여, 의도적으로 설치한 위험물을 찾아내거나 시설물을 점검하여 안전하게 조치하는 활동'[47]이라고 할 수 있다. 즉, 검측은 물건을 찾아내는 '탐지(探知, Detection)활동'과 안전한 상태인지를 낱낱이 살펴보는 '점검(點檢, Check)활동'의 의미가 함께 내포되어 있다고 하겠다.

따라서, 검측의 협의적 의미는 유숙지를 포함한 행사장에 대하여 폭발물을 탐지하고 제거하는 제반활동 및 각종 위험물에 대한 안전조치 활동을 말하고, 광의적 의미는 폭발물 탐지 및 제거활동, 위험물 안전조치는 물론 경호대상자가 사용하는 모든 시설물에 대한 안전점검(소방, 전기, 승강기, 냉·난방, 가스 등) 등을 포함한 활동을 말한다.

이러한 협의적·광의적 내용을 포함하여 결론적으로 말하면 검측이란 경호대상자가 참석하는 모든 행사장에 대하여 검색(檢索, Search)을 통하여 폭발물을 탐지 및 제거하고 위험물에 대해서는 안전조치를 실시하며, 관련 시설물의 안전점검 등 모든 위해요소 및 취약요소를 사전에 점검하여 조치하는 안전활동이라고 할 수 있다.

검측을 일본에서는 '검색(檢索)'이라는 용어로 사용하고, 미국에서는 비밀경호대의 담당팀을 'TSD(Technical Search Division)'라고 칭하므로 Search로 사용함을 알 수 있다. 우리나라에서는 'Technical Detection'으로 사용한다.

2) 검측의 구체적 목적

– 직접적 위해요소의 탐지 및 제거

경호 안전활동단계에서 행사장 및 행사장 주변지역의 폭발물 등 직접적 위해요소를

---

47) 국립국어원 표준국어대사전. 2022.12.29. 검색

탐지 · 제거한다.

– 간접적 위해요소의 탐지 및 제거

경호대상자가 행사장에 임석하기 전에 행사장 주변에서 폭발, 방화, 단전 등의 방법으로 행사를 방해 또는 거부하려는 간접적 위해요소를 예방한다.

– 불안전 요소의 제거

의도적인 위해행위와 관계없는 행사 관련 각종 시설물의 설치상태 및 주변 환경의 안전점검을 통한 불안전 요소를 사전 제거한다.

– 우발상황 방지 및 대비

경호대상자가 행사 중에 사용하는 각종 시설에 대하여 우발상황(정전, 화재, 가스누출, 승강기 고장 등)을 방지 및 예방하기 위하여 관련 유관기관 직원들과의 협조체계를 구축한다.

3) 검측의 범위

검측의 범위는 제1선을 중심으로 폭발물 폭발 시 직간접적 살상을 일으킬 수 있는 범위를 기준으로 하여 행사장과 행사장 주변 시설물의 여건에 따라서 판단한다.

– 실내 행사장은

- 진입로 및 승 · 하차 지점
- 경호대상자의 동선 및 행사장(황담장, 화장실 등 포함) 및 행사장의 직상층, 직하층, 전 · 후 · 좌 · 우
- 비상대피로 및 비상대피소
- 경호대상자 이용 승강기
- 냉 · 난방, 소방, 전기설비 등 각종 기계시설

• 유류, 가스 등 각종 위험물

– 실외 행사장은

• 진입로 및 승·하차 지점
• 단상, 휴게실, 화장실 등 부대시설
• 비상대피로 및 비상대피소
• 반경 50m 이내의 각종 시설물
• 행사관련 각종 기계시설 및 가스 사용장소
• 행사진행을 위한 각종 특수효과 및 관련 장비

4) 검측의 원칙

검측은 검측을 위한 전문 경호요원이 있지만, 선발경호원들에게는 어느 정도의 검측 실무 지식이 있어야 선발활동에 있어서 검측이 적합하게 잘 실시되었는지 또는 검측 실시 이후에 검측위치에 대한 안전이 잘 유지되고 있는지의 확인이 가능하다.

미국의 경우에도 'TSD'의 철저한 검측활동을 실시하고 있지만, 비밀경호대의 교범에는 다음과 같은 내용을 비밀경호대 경호원들에게 자주 주지시킨다.

"지금까지 사용되어 왔던 모든 물건들을 다시 한번 검사하라!"
"물건 또는 물품들의 표면을 손가락으로 눌러 내부에 위해물체가 숨겨져 있는가를 확인하라!"
"모든 그림 및 액자들은 그 틀을 두들겨보고, 카메라 라이트들은 작동 시 위험요소가 없는지 셔터를 눌러 확인해 보아라!"

이러한 측면에서 모든 경호근무자는 검측의 원칙을 살펴보고 숙지할 것이 요구된다.

– 검측의 시작은 출입통로를 단일화한 이후 문형, X-Ray 검색기, 근무자 배치 등 검색 시스템이 완전하게 갖추어지고 통제대책이 이루어지면 그때부터 실시한다.

- 책임구역은 명확히 구분하고 도면 등을 활용하여 세밀히 기록하면서 점검한다.
- 점검은 한번에 끝내지 않고 중복해서 실시한다.
- 핵심지역을 우선적으로 실시하되, 상하좌우 중복하여 철저히 점검한다.
- 사각지점이 발생하지 않도록 한다.
- 의심나는 곳은 반복하여 실시한다.
- 모든 선은 연결부위를 확인한다.
- 전기제품은 전원의 ON/OFF 작동을 확인해 본다.
- 비금속성 물체에서 금속성 반응을 확인한다.
- 확인 불가능한 것은 제거한다.
- 모든 물품은 개봉 후 육안 및 손으로 점검하며 필요시 장비를 활용한다.
- 필요시 탐지견을 적극 활용한다.
- 최근(6개월 이내) 보수현황에 대해서는 집중적으로 정밀하게 검측한다.
- 행사 진행을 위한 특수효과 점검은 설치업자 또는 주최 측 인원 입회하에 점검한다.
- 행사장의 모든 시설물은 관계자 입회하에 검측을 실시하여 불필요한 오해가 없도록 한다.

제 7 장

부상에 대한 응급처치

제 7 장

부상에 대한 응급처치

제 1 절 응급구조와 응급처치

1. 개요

우리나라「응급의료에 관한 법률」 제2조의1에는 '응급환자'란 질병, 분만, 각종 사고 및 재해로 인한 부상이나, 기타 위급한 상태로 인하여 즉시 필요한 응급처치를 받지 않으면 그 생명을 보존할 수 없거나 심신에 중대한 위해가 발생할 가능성이 있는 환자 또는 이에 준하는 사람으로서 보건복지부령으로 정하는 사람을 말한다. 그러나 최근의 개념은 환자나 보호자가 심각한 상태를 알아차리기 전에 즉시 의료적인 처치가 필요한 환자를 모두 포함하며 전문 의료인이 확인할 때까지는 응급환자라 규정하는 것으로 바뀌어 가고 있다. 즉 응급의료체계에 구조를 요청하거나 응급실에 내원한 모든 환자는 모두 응급환자라 할 수 있고 이들을 의사, 간호사 즉 의료인력이 일차 응급 정도를 판별하여 응급의료 처치의 필요유무를 결정한 순간부터는 응급환자의 경중을 나눌 수 있다.[1)]

「응급의료에 관한 법률」 제2조의3, '응급처치'란 응급의료행위의 하나로서 응급환자의 기도를 확보하고 심장박동의 회복, 그 밖에 생명의 위험이나 증상의 현저한 악화를 방지하기 위하여 긴급히 필요로 하는 처치를 가리킨다.

---

1) 이 절은 정주호(2020)의 '민간경비론'의 응급구조 및 응급처치 내용을 활용하였다.

'응급의료체계'란 정해진 지역 내에서 양질의 응급의료서비스를 제공하는 데 필요한 모든 요소(시설, 장비, 인력 등)를 조직화한 체계를 말한다. 이러한 체계에는 응급환자에 대한 신속한 현장처치와 후송 중 처치, 병원 내 응급진료 등이 포함된다. 응급의료체계가 갖는 기본적인 개념은 응급환자에 대한 신속하고도 적절한 현장처치, 후송 중 처치의 지속과 환자에 대한 응급치료가 가능한 병원으로 이동하고, 그 병원에서는 응급의료진에 의하여 의료기술과 장비를 집중하여 환자를 치료함으로써 응급환자의 사망률을 낮추고 후유증 등의 유병률을 최소화하는 것을 말한다.[2)]

최근의 산업화 · 도시화의 진전에 따라 응급처치를 요하는 각종 사고와 중독이 급격히 증가하고 있고, 질병 발생 후 순간의 신속한 처치가 예후에 중대한 영향을 미치는 심장질환 · 뇌출혈발작증후군 등이 주요한 사망원인으로 등장함에 따라 응급의료 서비스에 대한 수요가 증가하여 응급의료체계의 중요성이 부각되고 있다. 공경호에는 일반적으로 경호대상자의 비상상황 발생 시, 국가기관에 의한 최상의 응급의료 서비스를 제공받게 되지만, 전직 국가수반과 같이 보다 밀접하게 모든 응급상황을 직접 처리해야 하는 경우가 발생할 가능성에 대비하여 응급처치를 능숙하게 실행할 수 있는 능력을 길러야겠다. 다음으로 일반적인 응급처치단계를 살펴보도록 하자.

2. 응급처치단계와 구성

1) 단계별 조치사항

일반적으로 응급환자가 발생하였다는 신고가 접수됨과 동시에 응급차량과 응급처치요원이 현장으로 출동하여 환자가 발생한 현장에서부터 응급처치를 시행한다. 이때 경호근무자가 최초반응자[3)]일 경우 관계기관에 도움을 요청하고 응급차량과 응급처치요원이 현장에 도착하여 응급처치를 시행하기 전까지 환자가 생명을 유지할 수 있도

2) 유인술(2010). 응급의료체계의 현황과 발전방안. 보건복지포럼, 169.

3) '최초반응자'란 환자가 발생한 현장에서 가장 먼저 환자와 접촉한 사람을 뜻하는 것으로, 근접 수행근무자가 될 가능성이 크다.

록 기본적인 응급처치를 시행한다. 이와 함께 응급의료인과의 통신이 유지되도록 해야 하며, 의식 유무에 관계없이 극도의 불안한 환자상태를 지속적인 표현으로 안정시켜야 한다.

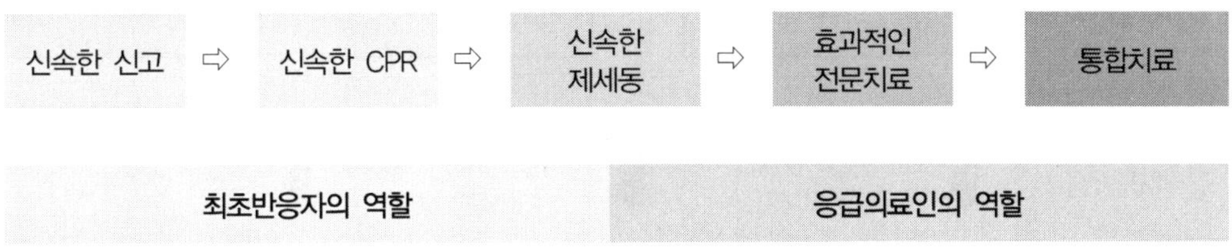

[그림 7-1] **응급처치단계별 최초반응자의 역할**

※ 최초반응자의 역할

- 기본적 심폐소생술을 시행한다.
- 필요시, 자동제세동기를 사용할 수 있어야 한다.
- 기본 외상처치술을 시행할 수 있어야 한다.
- 응급구조사의 업무를 도와야 한다.
- 교육받은 행위만을 시행해야 한다.
- 응급구조사가 도착하면 업무를 인계해야 한다.

2) 이송단계

응급환자를 현장으로부터 병원까지 이송하기 위한 단계로서 최초반응자인 근접경호 근무자는 응급환자의 치료에 도움이 될 만한 당시 현장 상황 등의 자료를 응급처치요원에 전달하고 원활한 이송을 위해 인계과정에서 협조를 해야 한다.

3) 병원단계

응급환자가 응급센터에 도착하여 신속하고 전문적인 응급처치를 받는 단계이다. 병원단계의 치료가 적절히 이루어지려면 응급의료진과 전문응급장비 등이 충분히 확보되어야 하며, 이를 위하여 응급상황발생 최초단계에서 신속한 신고가 이루어져 최단시간 내에 최상의 의료가 시행될 수 있도록 준비되어야 한다.[4]

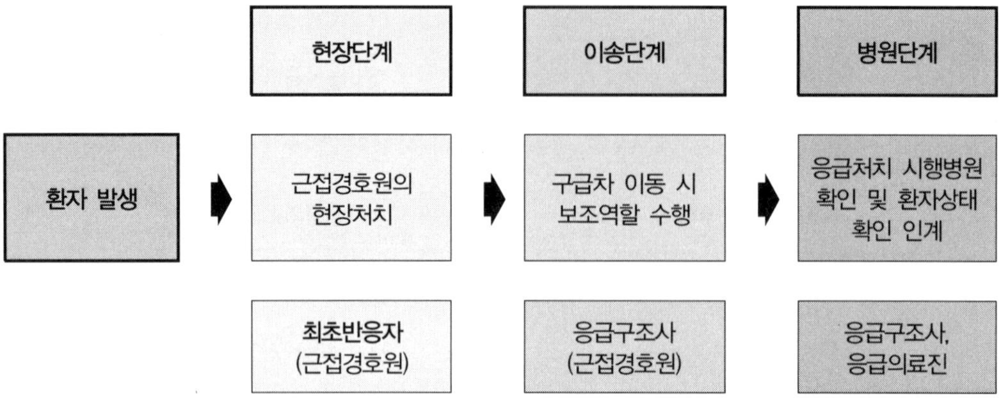

[그림 7-2] **단계별 조치내용**

3. 응급의료체계의 요소

우리나라의 응급의료체계는 1956년, 프랑스에서 시작된 응급의료체계와 1966년, 미국에 의하여 시작된 응급의료체계, 그리고 1977년, 일본에 의해 응급의료체계가 시작된 것에 비하여 20년 정도 늦게 시작되었다. 이를 바탕으로 오늘날 응급의료체계의 근간을 이루는 것은 병원 전 응급처치, 환자 이송체계, 응급통신망, 병원응급처치, 전문적 집중 치료이다. 병원 전 단계의 응급의료체계는 119(구급대 종합상황실), 1339(응급의료정보센터), 112(경찰)에서 핵심적인 역할을 담당하고 있다. 다음으로 병원단계가 이루어진다. 따라서 모든 과정은 상호 유기적 협조체제하에서 일관된 조직으로 구축 및 진행되어야 한다.

1) 의학적 관리

응급처치는 의학적인 처치기준에 따라 이루어져야 한다. 응급환자의 의무기록

---

4) 연세대학교 원주의과대학 응급의학교실(2005). 응급구조와 응급처치. 군자출판사, 7.

지를 표준화하여 의료관계자의 환자상태 파악과 의료정보를 공유할 수 있도록 해야 한다.

2) 이송수단 및 출동체계

전문적인 응급처치 장비가 갖추어진 구급차, 항공기, 선박 등의 이송수단으로 응급환자를 신속하고 안전하게 이동시켜야 한다. 119(구급대 종합상황실), 1339(응급의료정보센터), 112(경찰), 의료기관들은 응급의료에 따른 출동체계도 국가적인 긴급차원에서 시행되는 것이 이상적이다.

3) 통신체계

응급의료 통신체계는 의료에 참여하는 모든 의료관계자들이 이용가능한 통신체계를 갖추어야 한다.

4) 의료기관

응급환자 위주의 의료기관이 있어야 하며, 현재는 중앙응급의료센터와 권역응급의료센터, 지역응급의료센터, 지역응급의료기관으로 분류하고 있다.

5) 중환자 치료기관

중증의 응급환자나 특수한 처치를 요하는 응급환자가 발생할 수 있다. 따라서 전문적인 처치가 가능한 의료기관들에 대한 정보에 따라 원활한 처치가 이루어질 수 있도록 운영되어야 한다.

6) 교육

현재 활동적인 응급요원들의 능력을 보다 전문화시킬 수 있는 전문교육과정 교육을 통해 전문인력을 발전시키는 교육이 필요하다. 일반인을 대상으로 시행되는 응급처치법에 대한 교육 또한 필요하다.

7) 심사 및 적정성 평가

응급의료체계를 의학적 책임, 의료의 적정성 및 비용에 따른 효과에 대하여 정기적인 감시와 평가를 시행하며 보다 발전적인 방향 제시와 개선을 주도할 수 있는 단체나 기관이 필요하다.

8) 상호 협조

재해, 대량의 환자발생 등에 관하여는 119(구급대 종합상황실), 1339(응급의료정보센터), 112(경찰), 의료기관 등이 상호협력을 통한 운영체계가 유지되어야 한다.

9) 응급대책훈련

케네디 전 대통령의 암살사건, 레이건 전 대통령의 피격사건 등의 사례를 중심으로 응급재난에 대비하기 위한 의료체계의 대책과 사고현장에서의 연락 및 신속한 처치에 숙달될 수 있는 훈련이 필요하고, 이를 위하여 효과적인 대응방법을 매뉴얼화해야 할 것이다. 또한 훈련 이후에는 훈련 결과에 대한 평가와 분석이 반드시 시행되어야 한다.

4. 심폐소생술

심폐소생술은 심장과 폐의 활동이 멈추어 호흡이 정지되었을 경우에 실시하는 응급처치이며, 기본적인 생명연장 차원에서 꼭 필요한 기술이다. 보통 심폐소생술은 의료진이나 훈련받은 전문요원들이나 할 수 있다고 생각하지만, 기본적인 심폐소생술을 조금만 배우고 익히면 의학지식이 많지 않은 일반인도 갑작스런 응급상황에서 심폐소생술을 하여 119(구급대 종합상황실), 1339(응급의료정보센터), 112(경찰)가 도착할 때까지 생명을 연장시키는 데 큰 도움을 줄 수 있다.

심장과 호흡의 멈춤현상은 예측이 불가능하며 심정지 발생 후 4~6분 이내에 심폐소생술을 시행되면 살아날 가능성이 높으며, 시간이 지날수록 뇌가 손상되어 사망하게 된다. 즉, 심폐소생술의 시행여부가 환자의 생명을 좌우하며 생물학적 사망을 지연시킬 수 있다. 그러나 회복 불가능한 질환을 가진 사람이나 오랫동안 심장이 멈추어 살아날 가망이 전혀 없는 경우에는 시행하지 않는다. 단, 예를 들어 물에 빠져서 낮은 온도에 노출된 사람이나 어린아이는 시간이 어느 정도 지나더라도 뇌기능이 정상으로 돌아올 수 있으므로 이러한 경우에는 시간이 경과했더라도 시행해야 한다. 심정지 이후 시간에 따른 환자의 상태는 다음과 같다.

0~4분 : 소생술을 실시하면 뇌손상 가능성이 거의 없다.

4~6분 : 뇌 손상 가능성이 높다.

6~10분 : 뇌 손상이 확실하다.

10분 이상 : 심한 뇌 손상 또는 뇌사상태에 따른 생물학적 사망으로 진행된다.

〈표 7-1〉 심폐소생술 시행 여부에 따른 의학적 판정

구분	시간	내용
임상적 사망	0~4분	두뇌손상의 가능성 없음
	4~6분	두뇌손상의 가능성 높음
생물학적 사망	6~10분	두뇌손상의 가능성 확실
	10분 이상	심한 뇌손상 또는 뇌사

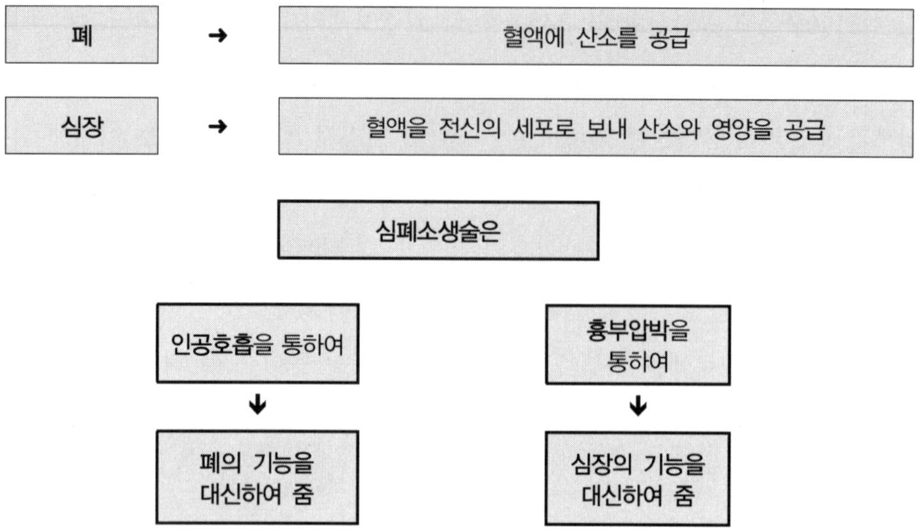

[그림 7-3] **심폐소생술의 기능**

1) 심폐소생술의 목적과 효과

우리 인간의 건강한 신체활동이 원활하게 이루어질 수 있는 이유는 인간의 몸에 가장 기본이 되는 장기인 심장, 뇌, 그리고 다른 장기의 활동이 이루어지고 있기에 가능하다. 하지만 갑작스러운 상황에 직면했을 때 신체적 충격으로 인하여 장기의 기능이 멈추어지는 심정지 상태가 발생될 경우 산소를 공급하자는 데 심폐소생술의 목적이 있다. 이때 가장 중요하게 시행되어야 할 것은 신속한 대처행동이 요구되는 속도이다. 이것이 심폐소생술의 성공 여부를 결정하기 때문이다.

심장마비가 일어난 후에도 폐와 혈관 내에는 4~6분 정도의 생명을 유지할 수 있는 산소가 유지된다. 숨이 멈추어도 폐 속의 산소가 공급되어 수분 동안은 심장이 뛰게 된다. 하지만 심장이 멈추면 폐와 혈관 속의 산소가 순환하지 않게 되는데 이때 심폐소생술의 시행이 이루어진다면 성공적인 소생술이 될 것이다.

심정지 이후 4분 이내에 심폐소생술이 시행되면 뇌손상 가능성이 거의 없이 소생될 확률이 높다. 하지만 4~6분 이상 혈액순환이 되지 않는다면 뇌손상의 가능성이 크다. 6분 이상 멈추어진다면 뇌손상이 확실해지고, 10분 이상 지속된다면 심한 뇌손상 또는 뇌사상태에 따른 생물학적 사망으로 진행된다.

따라서 모든 경호근무자는 정기적 교육을 통하여 긴급환자 발생 대처업무의 능력과 자질을 높여야 하고, 이를 바탕으로 유사시 심폐소생술을 즉시 시행해야 하는지의 여부를 파악해야 한다. 필요하다고 판단되는 경우 즉시 올바른 심폐소생술을 시행하여 경호대상자를 소생시키기 위해 노력하고 경호구급차 또는 119(구급대 종합상황실), 1339(응급의료정보센터), 112(경찰), 전문의료진이 도착할 때까지 생명을 연장하고자 하는 데 주력을 다해야 한다.

2) 기본 심폐소생술

심폐소생술의 기본적 3요소는 기도유지(airway control), 인공호흡(breathing), 흉부압박에 의한 인공순환(circulation)이다. 심폐소생술을 시행하기 전에 긴급환자의 상태 파악이 먼저 이루어져야 한다. 긴급환자 파악에서 우선시되는 것은 의식 유무를 확인하는 것이다.

이는 의식을 완전히 잃지 않은 긴급환자에게 심폐소생술을 실시할 경우 오히려 도움을 주는 것이 아닌 해를 줄 수 있기 때문이다. 경호근무자는 긴급환자를 발견할 경우 긴급환자를 부드럽게 흔들며 "괜찮으십니까?", "도움이 필요하세요?" 하고 긴급환자의 의식을 재확인해야 한다. 다음으로 경호근무자가 취해야 할 행동은 큰 소리로 주변인에게 도움을 요청하여 긴급환자에게 보다 신속한 부가적 도움을 줄 수 있도록 해야 한다.

그다음 경호근무자의 행동은 긴급환자의 신체 상태를 관찰한 후 편안한 자세가 되도록 한다. 환자를 관찰하는 과정에서 심장박동과 호흡이 없다고 판단되면 바로 심폐소생술을 시행해야 한다.

- 기도유지(airway control)

가장 중요한 소생술의 기본이다. 의식이 없는 환자는 이물질에 의한 기도 폐쇄가 없더라도 혀와 인후를 구성하고 있는 근육이 이완되어 기도를 막는 원인이 된다. 이때 아래턱을 앞쪽으로 올려서 혀를 앞쪽으로 오게 하여 기도를 열어 기도유지를 시행한다.

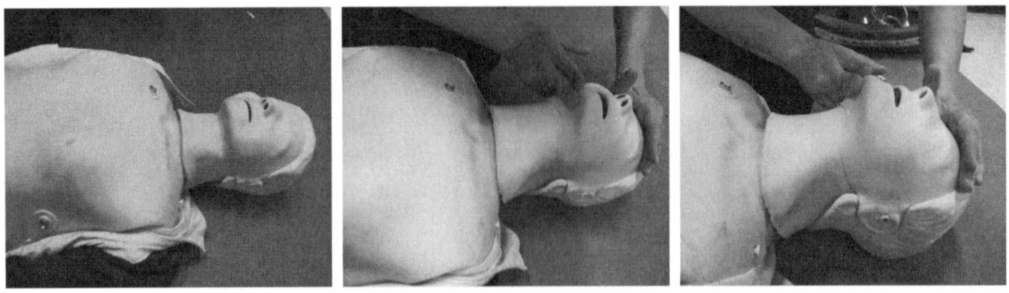

출처 : 경기도 성남소방서(2011)

기도유지

– 인공호흡(breathing)

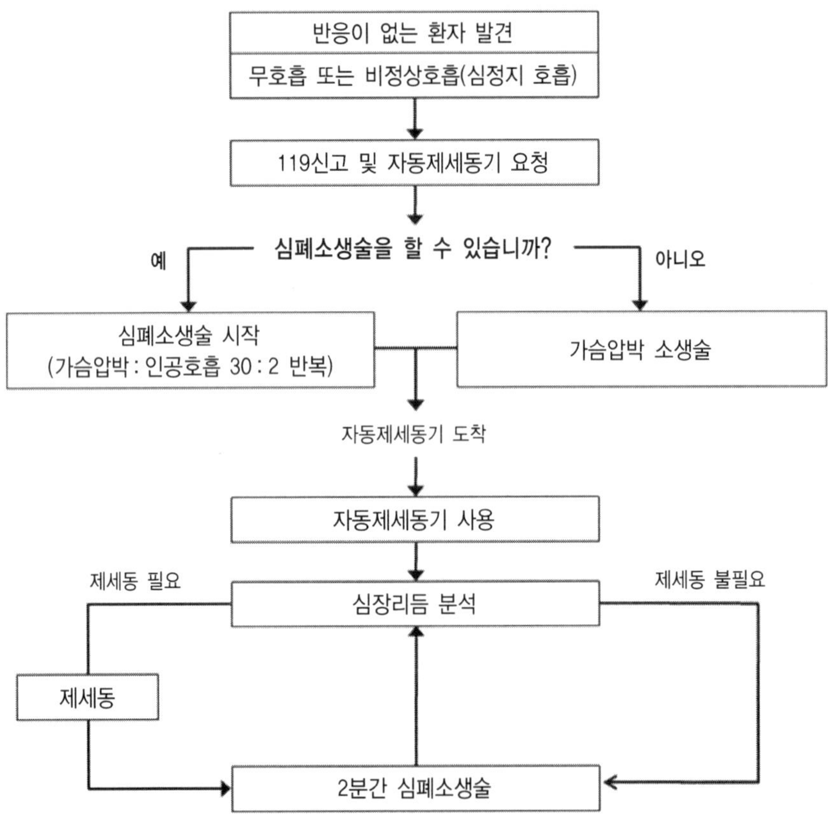

[그림 7-4] **심폐소생술의 순서도**

기도유지가 되어 있다 해도 호흡이 멈추면 장기에 필요한 산소가 부족해지거나 없어지게 된다. 따라서 인공호흡은 무호흡환자의 폐에 산소를 공급하는 기본적인 시행방법이다. 인공호흡 시행자의 내쉰 숨 속에도 무호흡환자에게 도움이 될 수 있는 충분한 양의 산소가 있으므로 119(구급대 종합상황실), 1339(응급의료정보센터), 112(경찰), 전문의료진에 의한 인공호흡이 시행되기 전까지 경호근무자는 계속 호흡을 유지시켜 주는 역할을 수행하는 것이 이상적이다.

– 흉부압박에 의한 인공순환(circulation)

심장박동이 멈춘 심정지 환자에게 적절한 뇌혈류관 및 관상동맥 혈류를 유지하기 위한 방법은 흉부압박법으로 가슴을 압박하여 심박동을 회복시키려는 시도이고 이로써 인공순환을 유지시킬 수 있다. 이렇게 함으로써 혈액을 뇌와 다른 기본 장기에 공급하게 된다. 인공호흡과 함께 실시해야 효과가 있다.

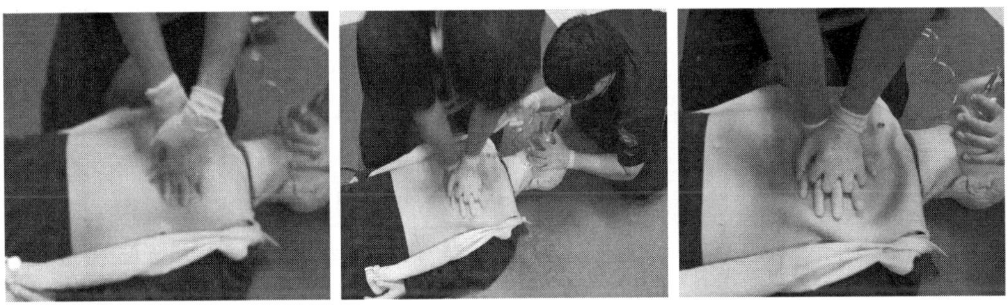

출처 : 경기도 성남소방서(2011)

흉부압박

심폐소생술에 의하여 흉골 및 늑골의 골절, 심낭 또는 흉강으로의 출혈, 비장 또는 간의 파열, 심장 손상 등의 합병증이 발생할 수 있다. 이러한 합병증의 대부분은 잘못된 흉부압박의 위치, 손의 모양, 흉부압박의 자세에서 기인한다. 처치자 혼자 시행하는 심폐소생술, 2명이 함께 시행하는 심폐소생술, 소아에게 시행하는 심폐소생술 등 여러 심폐소생술이 있으나 기본은 모두 기도유지(airway control), 인공호흡(breathing), 흉부압박에 의한 인공순환(circulation)으로 동일하며 다음과 같은 방법으로 시행한다.

환자의 의식 유무를 확인한다.
⇩
제2, 제3의 목격자가 인식할 수 있도록 도움을 요청한다.
⇩
긴급환자의 신체상태를 확인한 후 평평한 표면 위에 바로 수평이 되도록 눕히는 등의 편안한 자세를 유지한다.
⇩
심폐소생술을 실시한다.(반복) 기도유지 → 호흡 확인 → 인공호흡 → 심박동 확인 → 흉부압박

[그림 7-5] **응급처치의 절차**

3) 응급처치 방법

① 의식 확인

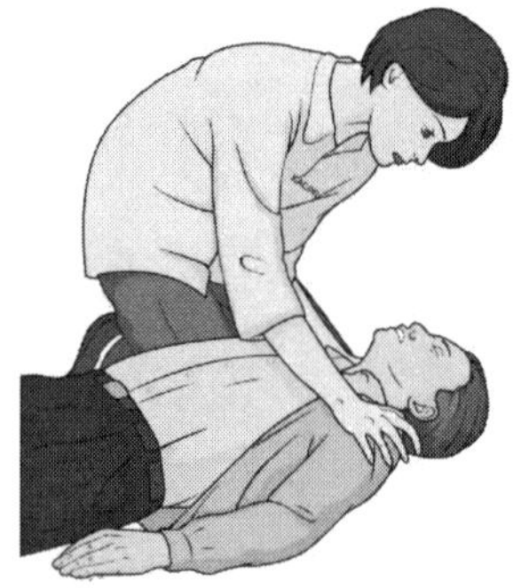

출처 : 경기도 성남소방서(2011)

[그림 7-6] **의식 확인**

긴급환자의 의식 유무를 확인한다. 부드럽게 흔들며 "괜찮으십니까?", "제 말 들리세요?", "도움을 드릴까요?", "정신 차려보세요!"의 표현을 사용한다. 여기서 시행자가 주의할 점은 환자의 목이나 머리에서 외상 유무를 확인하는 것이다. 외상이 있는 환자의 경우 불필요한 움직임으로 인하여 치명적인 손상을 받을 수 있으므로 매우 세심한 주의 관찰 또한 필요하다. 반응이 없으면 대부분 의식이 없는 것으로 간주할 수 있다.

② 주변사람에게 도움 요청

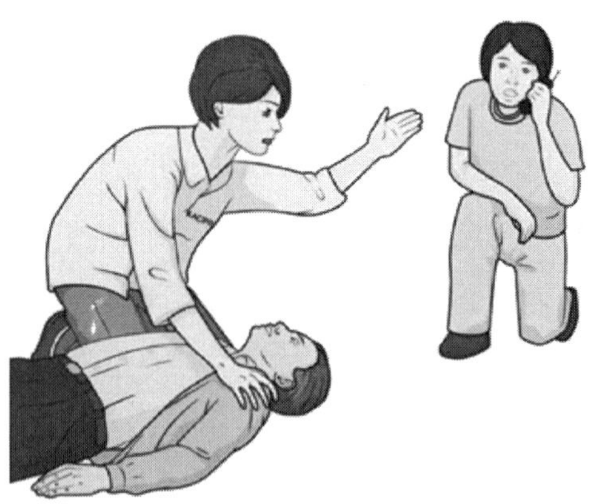

출처 : 경기도 성남소방서(2011)

[그림 7-7] **주변사람에게 도움 요청**

심폐소생술을 단독으로 시행가능하다면 문제가 되지 않지만, 대체적으로 경험이 적은 경우에는 환자 주위를 살피고, 환자를 관찰하고, 응급구조전화를 하고, 심폐소생술을 시행하는 등의 역할이 원활하지 못할 것이므로, 큰 소리로 제2 주변도움자, 제3 주변도움자의 도움을 요청해야 한다.

③ 응급환자의 자세변환

효과적인 심폐소생술을 시행하기 위해 처치자는 긴급환자를 딱딱하고 평평한 표면 위에 수평이 되도록 눕힌다. 환자를 옆으로 눕히면 올바른 심폐소생술을 시행할 수 없고, 시행을 하더라도 혈액이 뇌까지 공급되기 어렵기 때문에 큰 효과를 거둘 수 없다. 따라서 기도유지나 인공호흡 그리고 흉부압박에 의한 인공순환도 바로 누운 자세에서 더 효과적이다. 옆으로 누워 있거나 바닥에 엎어져 있는 긴급환자의 경우에도 하늘을 바라보도록 눕히는 것이 심폐소생술을 하기 위한 필수적인 과정이다.

돌려 눕힐 때는 머리부터 발끝까지 신체 전체가 뒤틀리지 않도록 조심스럽게 자세를 바꿔주는 것이 바람직하다. 신체가 뒤틀릴 경우 외상에서 관찰되지 않으며, 목이나 척추손상이 있는 환자에게는 치명적인 손상으로 이어지는 원인이 되기 때문이다. 효과적으로 신체를 바로 눕히려면 환자의 몸 넓이만큼 환자의 어깨 위치에서 떨어져 무릎을 꿇고 앉은 후 처치자의 가슴과 팔을 환자의 신체 전체를 감싸안은 듯이 조심스럽게 서서히 돌리면 충분히 뒤틀림을 최소화하여 돌려 눕게 할 수 있다.

[그림 7-8]과 같이 처치자에 근접한 환자의 팔은 머리 위로 위치하게 하고, 발은 차려 자세를 유지하고 돌려 눕혀야 한다. 처치자의 한 손은 환자의 머리와 목을 지지하고, 반대편 손은 환자의 팔을 잡아 어깨 위치에서 힘을 균등하게 주어 서서히 끌어당기며 돌린다.

주의할 점은 환자의 신체가 처치자에게 전적으로 의지하고 있다는 생각과 환자의 신체동작변화에 의해 발생될 작은 충격 또한 처치자가 모두 받아들여 흡수한다는 마음으로 긴급환자를 품에 안아야 한다는 것이다.

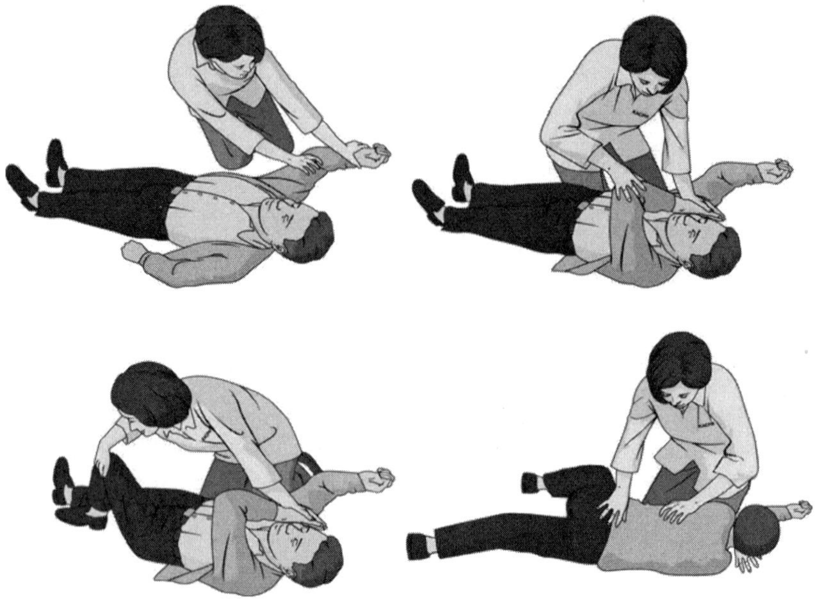

출처 : 경기도 성남소방서(2011)

[그림 7-8] **응급환자의 자세변환**

④ 호흡 및 심장박동의 확인

처치자는 심폐소생술을 시행하기에 앞서 환자의 호흡 유무를 확인하고 심장박동이 있는지를 확인해야 한다.

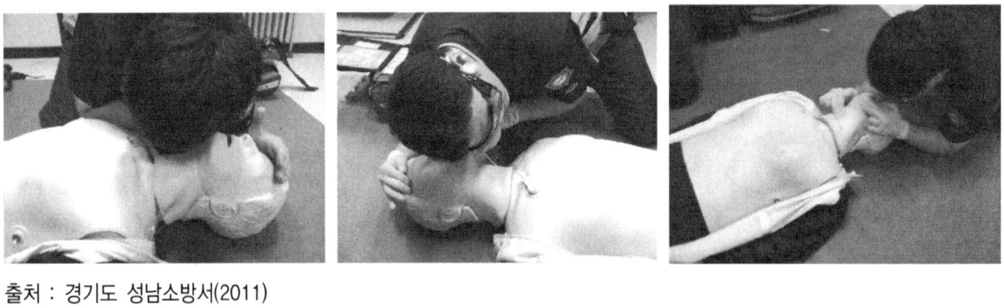

출처 : 경기도 성남소방서(2011)

호흡 및 경동맥 확인

- 환자의 코와 입 가까이에 귀를 대어 환자의 호흡 유무를 확인한다.
- 환자의 가슴을 보고 상하로 움직임이 있는지 확인한다.

• 환자의 목에 있는 경동맥에 손을 대고, 맥이 뛰고 있는가를 확인한다.

> ※ 주의사항 : 처치자는 침착한 마음가짐으로 환자의 호흡과 심장박동 유무의 확인을 최대한 빠른 시간 내(15초 이내)에 마쳐야 한다. 처치자의 판단이 확실치 않을 경우에는 심폐소생술을 실시한다.

⑤ 기도유지

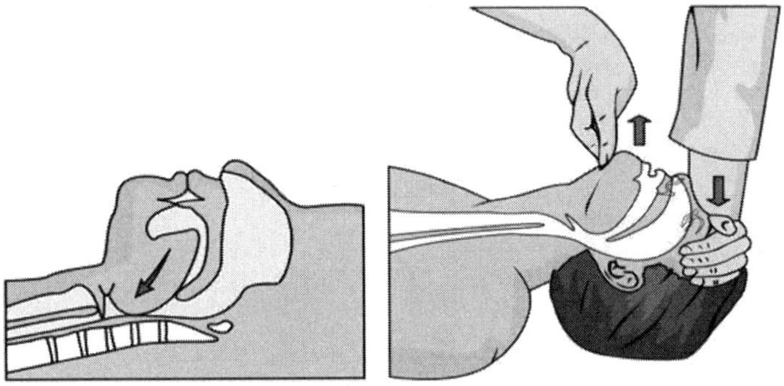

출처 : 경기도 성남소방서(2011)

[그림 7-9] **기도유지 방법**

• 처치자는 환자를 가능한 쿠션이 없는 실내바닥 또는 노면 위와 같은 단단한 곳에 바로 눕힌다.
• 입안 및 목구멍에서 이물질이 확인될 경우 처치자의 손가락이나 입을 사용하여 제거한다.
• 처치자의 한 손은 환자의 목을 받치고, 다른 한 손으로 이마를 짚은 후 아래로 눌러 머리를 젖히면 기도를 여는 효과가 있다.

> ※ 주의사항 : 처치자는 환자의 목부위에 외상 또는 식별 불가능한 내상이 의심스럽다면 목을 움직이지 말아야 한다.

⑥ 인공호흡

– 입 대 입 인공호흡(Mouth to Mouth) –

가) 처치자는 환자의 기도를 확보하고자 이마를 눌러 머리를 뒤로 젖히게 한 손을 떼어낸다. 떼어낸 손의 엄지와 검지를 이용하여 불어넣는 공기가 새어나가지 않도록 콧구멍을 막는다.
나) 처치자는 공기를 깊이 들이마신다. 처치자는 공기가 외부로 새어나가지 않도록 환자의 입을 덮고 입을 크게 벌려 환자의 입에 대고, 환자의 가슴이 부풀어오를 때까지 공기를 빠르게 불어넣는다. 이 동작을 1분에 12번 정도의 속도로 반복한다.
다) 처치자는 환자에게서 공기가 나오는지와 호흡이 돌아왔는지를 확인해야 한다. 입을 뗀 후 환자의 가슴을 주시하여 부풀었던 가슴이 아래로 향하고 공기를 토해내는 것을 확인한다. 처치자의 귀를 환자의 입에 대어 환자가 토해내는 호흡의 소리를 확인한다. 다시 처치자가 환자에게 충분한 양의 공기를 주입하기 위해서는 매번 숨을 불어넣기 전에 숨을 크게 들이마셔야 한다. 인공호흡을 최초로 시작할 때는 기도개방 상태를 확인하기 위해서 조용히 불어넣고, 다음의 세 번은 신속하고 강하게 계속한다. 그다음은 5초에 1회, 유아 또는 어린이의 경우는 3초에 1회의 리듬으로 인공호흡의 동작을 되풀이한다.
라) 처치자가 시행하는 입 대 입 호흡은 환자 자신이 완전히 정상적으로 호흡할 수 있을 때까지 또는 119(구급대 종합상황실), 1339(응급의료정보센터), 112(경찰), 전문의료진 도착할 때까지 계속되어야 한다.

– 입 대 코 인공호흡(Mouth to Nose) –

가) 처치자는 인공호흡을 원활하게 하기 위해 목을 밑에서 받치고 있던 손을 아래턱으로 옮겨 아래턱을 앞으로 당겨 입술을 닫게 한다.
나) 처치자는 숨을 들이마신 후 처치자의 입술로 환자의 코를 덮고 숨을 불어넣는다.
다) 처치자는 환자의 가슴을 주시하면서 부풀었던 가슴이 아래로 향하고 공기가 들어가고 토해내는 것을 확인한다.
라) 만약 신생아나 어린이일 경우 입과 코 양쪽을 처치자의 입술로 덮고 인공호흡을 한다. 불어넣는 숨의 강도는 가슴의 상하움직임을 주시하면서 조절하며 너무 많은 양의 공기를 불어넣지 않도록 한다.

⑦ 심장마사지(Cardiac Massage)

- 처치자는 검지와 중지를 이용하여 환자의 경동맥을 짚어서 맥박 유무를 확인한다.

※ 심정지 확인

가) 맥박이 느껴지지 않는다.

나) 심장박동이 들리지 않는다.

다) 호흡이 멈춰 있다.

라) 의식이 없다.

마) 동공의 확대를 확인할 수 있다.

- 맥이 없다고 판단될 경우 입 대 입 인공호흡(Mouth to Mouth)과 함께 심장마사지를 시행한다.

※ 맥박을 확인할 수 있는 부위

1) 경동맥

2) 대퇴동맥

3) 요골동맥

- 처치자는 가능한 쿠션이 적은 바닥에 환자를 눕히고, 처치자는 상체를 곧게 세운다.
- 무릎 꿇은 자세를 취한 후 환자의 가슴 아래 부위를 손바닥의 관절을 사용하여 누른다.
- 처치자가 환자의 가슴을 누를 때는 팔의 힘만을 사용하는 것이 아니며, 찌르는 것도 아니다. 팔꿈치는 똑바로 뻗고 상체 체중을 팔에 실어 수직으로 압박하는 것이다. 손가락 끝에는 힘을 주지 않도록 한다.
- 환자의 눌리는 가슴 부위는 최소 100회/분(120회/분 미만)의 비율로 흉골을 척추를 향해 최소 5cm 유지(최대 6cm 미만) 내려가게 누른다. 이때 처치자가 과중된 힘으로 누를 경우 환자의 흉골이 손상될 수도 있음을 명심해야 한다.
- 처치자 1인만이 심폐소생술을 실시하는 경우 2회 입 대 입 또는 입 대 코 호흡을 2회 반복하고 심장마사지는 15회 시행한다.
- 처치자가 2인일 경우의 심폐소생술 시행은 제1 처치자는 입 대 입 호흡법만을 시행하고, 제2 처치자는 심장마사지만 시행한다. 이때는 호흡 1회, 심장마사지 5회를 시행한다. 만약 긴박한 상황일 경우 처치자가 흥분하여 심장마사지 중 일정 간격의 시행이 이루어지지 않으므로 리듬에 맞추어 시행 횟수를 구령한다. 어떠한 경우라도 심장마사지는 10초 이상 중단되어서는 안되며, 환자의 맥박이 1분에 50회 이상 확인되거나, 환자 스스로 호흡을 하게 되면 심장마사지를 중지해도 된다. 하지만 심장마사지를 중지한 후 다시 심정지와 맥박, 호흡이 사라지고 동공이 열리게 될 경우 심장마사지를 재시행해야 한다.

심장은 가슴의 왼쪽 중심에 있다. 흉골과 척추 사이에 위치해 있기 때문에 혈액을 뇌나 폐 등의 주요 장기에 혈액을 이동시키기 위해서는 흉골을 압박해서 심장을 수축시켜야 한다. 심정지 발생 후 4~6분 이상 뇌에 혈액이 보내지지 않아 혈류의 흐름이 멈춰진다는 것은 뇌에 산소 공급이 적어진다는 것이다. 따라서 심박기능이 되살아난다 해도 이미 중단된 뇌 활동은 환자 최초의 상태로 회복되기 어렵다. 그렇기 때문에 심폐소생술을 시행할 때는 환자의 심장에서 뇌로 보내주지 않으면 안 된다.

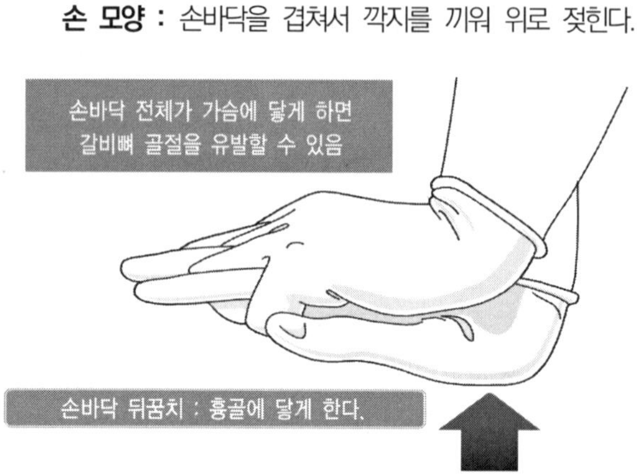

출처 : 경기도 성남소방서(2011)

[그림 7-10] **흉골압박 시 손 모양**

⑧ 의식 없는 응급환자

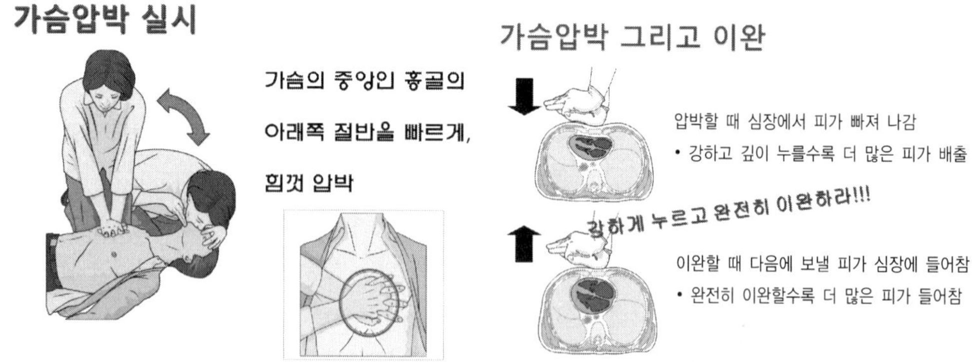

출처 : 경기도 성남소방서(2011)

[그림 7-11] **흉골압박 위치 및 방법**

- 처치자는 스스로 흥분을 감추고 침착한 자세와 화법으로 환자를 격려하며 안전하다는 것을 전달하고자 노력한다.
- 처치자는 환자의 통증부위를 확인하며 환자가 편한 자세를 취할 수 있도록 한다.
- 불안감에서 벗어나도록 안정감과 저온현상을 방지하기 위해 체온보온에 유의해야 한다.
- 처치자는 환자가 자신의 상처, 혈액, 구토물 등을 확인한 후 환자 스스로 공포감에 빠져 불안하지 않도록 이를 보이지 않게 한다.
- 의식이 있다 하더라도 원칙적으로 물이나 음료 등 마실 것은 주지 않고, 꼭 주어야 될 상황일 경우 한 번에 많은 양을 마시게 해서는 안 되며, 수회 소량만을 주어야 한다.
- 환자의 얼굴빛이나 살빛이 핏기가 없고 푸른 기가 돌 만큼 해쓱해지면 머리를 낮춘다.
- 환자의 머리가 부딪혔음을 확인했을 경우 머리를 높이거나 수평으로 반듯하게 눕힌다.

⑨ 의식이 있는 응급환자

- 의식이 없는 환자는 기도가 막혔다고 볼 수 있다. 따라서 기도개방이 유지되도록 유의하고 환자의 신체를 수평으로 눕힌다.
- 환자의 얼굴빛이나 살빛이 핏기가 없고 푸른 기가 돌 만큼 해쓱해지면 머리를 낮춘다.
- 환자의 머리가 부딪혔음을 확인했을 경우 머리를 높이거나 수평으로 반듯하게 눕힌다.
- 환자가 구토 현상을 보이거나 환자 주변에서 구토물이 확인될 경우 혼수체위로 한다. 구토물로 인하여 질식하는 경우가 발생되기 때문이다.
- 처치자는 환자의 상태를 지속적으로 관찰해야 하며, 의식이 없는 환자라 할지라도 의식이 있는 환자처럼 인식하고 불안감에서 벗어나도록 안정감과 저온현상을 방지하기 위해 체온보온에 유의해야 한다. 여기에서 주의할 사항은 물이나 음료를 주어서는 안 된다는 것이다.

⑩ 쇼크(Shock) 환자

- **증상**

  가) 피부가 창백해지고 식은땀이 나고 체온이 떨어진다.

  나) 자신을 스스로 주체할 수 없을 만큼 힘이 빠진다.

  다) 맥박이 빨라지고 맥이 약해진다.(보통 60~80회 정도가 적당하지만 많게는 100까지도 정상으로 본다.)

라) 호흡이 가빠진다.

마) 불안해 한다.

바) 구토 증상을 보이기도 하며, 갈증이 유발된다.

사) 의식을 잃어 신체를 자극해도 반응이 없다.

– 처치

가) 호흡 여부를 확인하고 호흡이 없을 경우 목을 뒤로 젖혀 호흡 가능한 기도가 확보될 수 있도록 부드러운 소재 또는 옷을 이용하여 목 뒤에 받쳐준다.

나) 쇼크의 원인을 찾아야 한다.
외상 확인 중 출혈이 확인되면 지혈하고, 자가 호흡이 어려울 경우 기도를 확보해 주어야 한다. 또한 심한 경우에는 입 대 입 인공호흡(Mouth to Mouth)을 실시한다.

다) 체온을 유지할 수 있도록 담요 또는 옷으로 환자를 덮어준다.

라) 환자의 얼굴이 붓고, 흉통을 호소, 호흡의 불안정은 호흡곤란이 원인이므로 환자의 머리와 어깨를 약간 높여주어야 한다.

마) 피부가 창백해지고 식은땀으로 피부가 축축해질 경우 환자의 다리 부분을 높여주는 것이 좋다.

쇼크는 대개 인체조직에 원활한 산소공급이 이루어지지 않을 때 발생한다. 다량의 출혈 즉, 혈액유실로 총혈액량의 감소와 심박출량이 갑자기 감소하게 되는 심근경색에 의해 발생한다. 그 외에도 호흡이 중지되거나, 신경계통에 장애가 발생하는 것은 지나친 감염, 심한 염증, 심장병이 원인이기도 하다. 일반적으로 심박동과 호흡이 빨라지고 심장의 수축력은 점점 약해지며, 피부는 차고 습해지는 증상이 발생한다. 또한 인슐린 과용과 같은 지나친 약물 투여와 외부 활동 중 전갈, 맹독을 가진 뱀이나 벌 등에 쏘일 경우에도 쇼크가 발생할 수 있다.

제2절 유형별 사고 및 대응

1. 화상의 구분

1) 1도 화상

피부의 표피층만 손상된 약한 화상으로 피부의 색깔은 붉게 된다.

예) 선탠 후 피부가 붉게 되면서 느끼는 통증

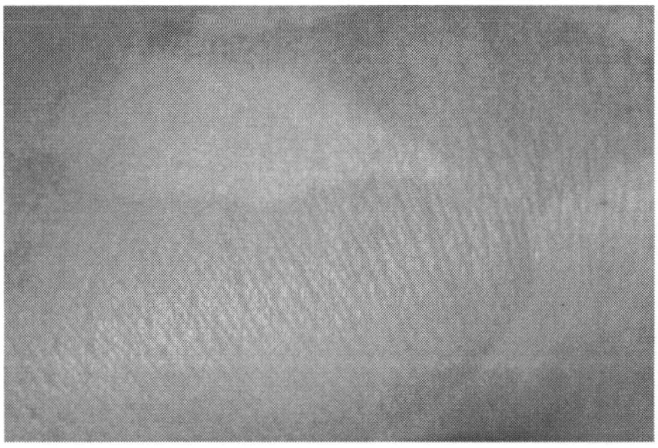

1도 화상

2) 2도 화상

피부 진피층까지의 손상을 말하며 수포가 생기고 통증이 심하다.

예) 뜨거운 물 등에 의한 화상

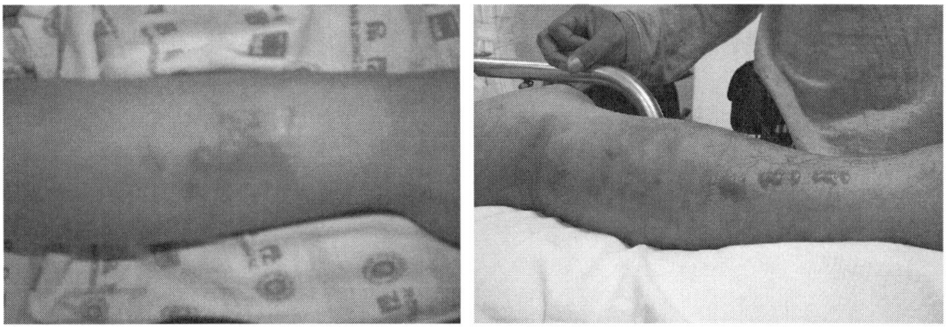

2도 화상

3) 3도 화상

피부 및 피하조직까지 손상된 것으로 피부는 건조해지고 색깔은 회색, 갈색, 검은색이며, 신경조직의 파괴로 환부의 감각기능이 소실된다. (화염에 의한 화상으로 3도 화상을 입었을 때, 얼굴, 손, 발, 생식기 등에 화상을 입은 경우 신속히 구급센터 또는 화상전문 병원에서 처치를 받아야 한다.)

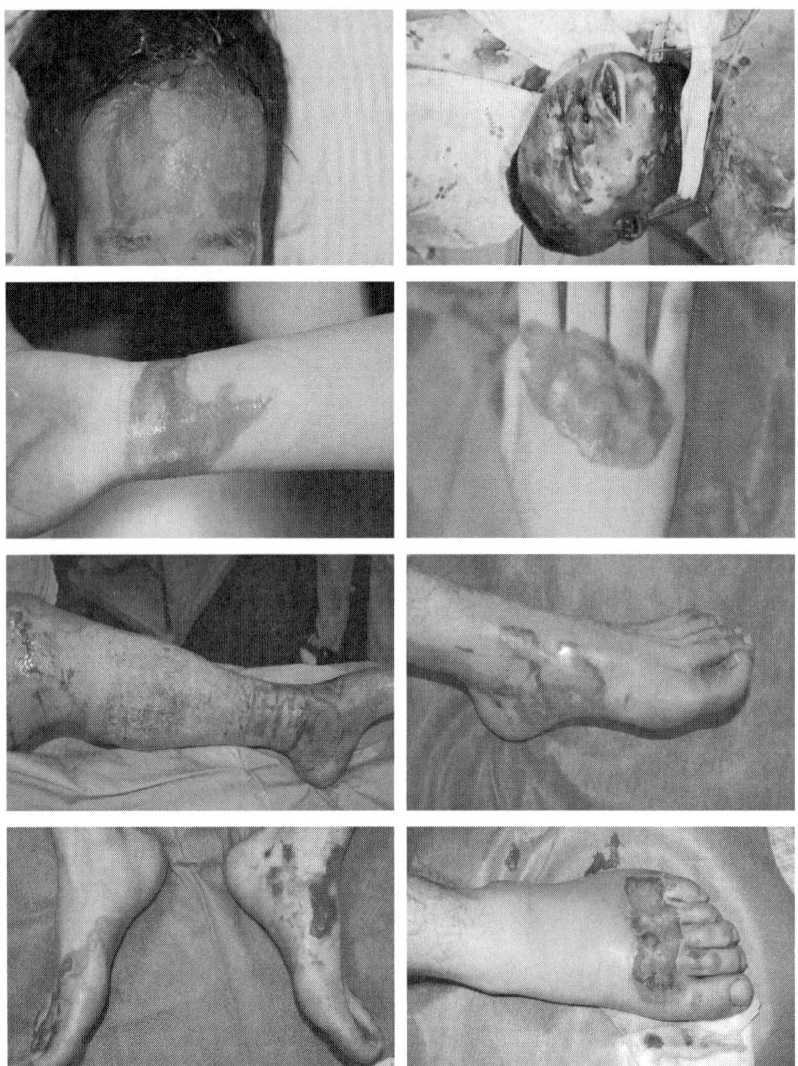

3도 화상

4) 화재에 의한 화상

① 몸에 불이 붙으면 소화기나 물을 이용하여 진화한다. 하지만 진화장비가 없을 시에는 바닥에 몸을 좌우로 빠르게 뒹굴어 진화시켜야 한다. (머리카락에 불이 붙었을 경우 타월이나 옷가지 등을 물에 적신 후 뒤집어쓴다.)

② 화상 부위를 흐르는 차가운 물에 대고 더이상 화상이 진척되지 않도록 한다. (얼음물을 이용하여 상처 부위 온도를 낮추는 것도 화상의 확장을 막는 데 좋다.)

③ 열이 남은 옷 위로 냉각시킨 후 옷을 무리해서 벗기지 말고 가위를 이용하여 자른다.

5) 햇빛에 의한 화상

① 화상면의 확대와 염증을 억제하고 통증을 줄여주기 위하여 화상 부위를 차가운 물로 식혀야 한다. (몸 전체를 수조에 담가 식힐 수도 있지만 어려운 상황이라면 젖은 수건 또는 얼음주머니를 이용하여 각 부위의 화상열을 식힐 수도 있다.)

② 환부는 세균감염으로 인하여 화상자국과 같은 부작용을 유발시킬 수 있으므로 물집은 벗기지 말고 그대로 둔다. 화상부위는 소독거즈로 덮고 없을 경우 깨끗한 시트로 감싸야 한다.

③ 신체 중 환부의 비중이 30% 이상에 이를 경우 쇼크가 발생하여 생명에 위협이 가해질 수 있으므로 구급센터 또는 화상전문 병원에서 처치를 받아야 한다.

6) 화학물질에 의한 화상

① 화학물질이 몸에 닿은 부위는 약품성분에 의해 조직 장해가 계속되므로 흐르는 찬물에 씻어낸다.

② 약품이 묻은 옷을 무리해서 벗기지 말고 가위를 이용해서 자른다.

③ 화학물질에 따른 장해는 농도와 양, 접촉시간, 온도 등에 의해서 결정되므로 처치자는 화학물질의 성분을 파악해야 하고 어떤 화학물질에 의한 화상인지 아는

것이 중요하다. 119(구급대 종합상황실), 1339(응급의료정보센터), 112(경찰), 전문의료진에게 구조를 요청한다.

2. 눈 손상

처치자는 환자의 눈에 화학물질이 들어갔을 경우 실명 위기에 처할 수 있으므로 신속히 흐르는 물로 씻어내야 하며 전문 응급처치가 이루어질 때까지 지속적으로 씻어내야 한다.

눈에 이물질이 들어갔을 경우에는 눈을 비비지 않도록 한다. 아래 눈꺼풀을 밑으로 당긴 후 눈꺼풀 안쪽에 이물질이 있는지 확인한다. 흐르는 물에 흘려보내듯이 빼낸다. 만약 면봉을 사용할 경우 반드시 물을 묻혀서 이물질을 제거한다.

3. 전기 화상

전기 화상에 의한 조직 손상은 심하며 피부 화상의 크기가 작아 보여도 심부조직의 손상은 심하다. 전기에 의한 화상은 몸을 관통하는 입구와 출구에 생긴다. 이때 입구는 작아 보이지만 출구의 상처는 깊고 심하다. 심할 경우 부정맥 유발로 인하여 심정지가 발생할 수 있으며 사지를 절단할 수밖에 없는 상황이 되기도 한다.

① 감전이 확인되는 즉시 전원 차단기를 OFF하여 감전자를 떼어낸다. (감전 중인 자를 전원이 차단되지 않은 상황에서 접촉하면 안 된다.)
② 감전자를 눕힐 수 있는 장소로 옮긴다.
③ 처치자는 감전자의 의식 유무를 확인한다.
④ 의식이 없을 시 호흡과 맥박을 확인하고 심정지 발생이 확인될 경우 즉시 심폐소생술을 시행한다.
⑤ 감전자가 의식이 있는 경우 흥분하거나, 떨고 있으면 대화를 유도하여 안정감을 주도록 한다. (대부분의 환자가 전신 피로감을 호소한다.)

4. 동상

동상은 절대 가볍게 여겨서는 안 되는 것으로 동상을 입을 경우 적절한 조치를 반드시 취해야 큰 피해를 피할 수 있다. 동상에 노출되기 쉬운 부위는 윗볼, 손, 손가락, 발, 발가락, 코끝, 귓불, 광대 부분이다. 이 부위가 동상을 입었거나 얼었을 경우 문지르거나 비비면 안 된다.

① 욕조에 따뜻한 물을 받는다. (최초의 환부를 미지근한 물로 서서히 녹인 후 물의 온도를 약 38~40℃로 일정하게 유지한다.)

② 동상 부위를 물에 푹 잠기게 한 후 온욕을 20~30분간 시행한다.

③ 동상 부위가 아프다는 것은 부위의 온도가 높아지는 것이므로 물기를 닦고 소독된 거즈로 감싸주어야 한다.

④ 지속적으로 몸을 따뜻하게 담요로 감싸주어야 한다.

5. 일사병

기온이 높은 환경에서 심한 운동이나 활동으로 인하여 수분과 전해질 손실로 발생되는 현상으로 저체액성 쇼크와 유사하다. 대체적으로 땀 분비가 많아지고, 식욕부진, 오심, 무력감, 두통, 현기증 등의 증상이 발생한다.

① 서늘하고 그늘진 장소로 이동한다.

② 신체적 부담을 줄이기 위해 복장을 가볍게 하고 조이는 듯한 옷은 느슨하게 한다. 가령 상의는 단추를 OPEN하거나 꼭 끼는 의복은 느슨하게 한다. 하의는 벨트를 풀어 복부의 부담을 줄인다.

③ 의식이 있는 환자는 입으로 전해질을 섭취한다.

④ 의식이 명료하지 않은 경우 수분 투여는 폐로 흡인되는 위험이 발생할 수 있으므로 피해야 하며 정맥주사를 통한 처치가 필요하다.

⑤ 흔하게 나타나는 현상이지만 환자의 체온이 급격히 상승하거나 의식이 약해질 경

우 즉시 전문의료진이 처치해야 한다.

6. 열사병

열사병은 기온이 높은 환경 중 밀폐공간 속 심약한 노약자나, 여름철 외부보다는 내부 온도가 높은 자동차 안에 갇힌 어린아이들에게서 많이 발생한다. 이때 생리적 방어 기능이 약해지므로 체온이 높아져 신체조직이 파괴된다. 발생빈도가 적긴 하지만 한번 발생되면 체온조절 기능이 중단되어 인체에 치명적이며 심하면 사망에까지 이른다. 열사병은 체온이 상승한 일사병 이후에 발생될 수 있다. 초기 맥박은 빠르고 강하지만 시간이 경과할수록 맥박이 약해지고 혈압이 떨어져 피부 온도는 높아져 붉게 변하고 땀 분비가 없다.

① 서늘하고 그늘진 장소로 이동한다.
② 신체적 체온하강이 매우 중요한 응급처치이다. 하지만 기화성이 있는 알코올성 물질을 신체에 뿌려 체온을 내리는 방법은 오한에 의한 열 발생이 우려되기 때문에 사용을 피해야 한다.
③ 상황에 따라 심폐소생술을 시행한다.
④ 119(구급대 종합상황실), 1339(응급의료정보센터), 112(경찰) 등의 응급처치 및 의료기관으로 이송되어야 한다.

7. 익사사고

익사사고는 여름에 많이 발생하는 물의 사고이다. 처치자는 물에 빠진 익수자를 수면 밖으로 구하는 것이 목적이다. 따라서 정확한 판단과 숙련도가 반드시 필요하다. 준비되지 않은 상태에서의 익수자 구조는 동반 익사하는 경우가 발생되기 때문이다. 익수자의 신체가 늘어져 있을 때는 머리나 정면으로 접근해도 무방하지만 의식이 있는 익수자에게는 뒤쪽으로 접근해야 한다.

① 처치자는 혼수상태인 익수자에게 입 대 입 인공호흡을 실시한다. 수중이동 중이라도 의식이 돌아올 수 있도록 인공호흡을 시행해야 한다.

② 익수자가 수면 밖 지면에 오르면 기도 확보 후 인공호흡을 시행한다.

③ 폐 안의 물을 제거하는 것이 급선무이긴 하지만, 익수자를 바닥에 엎드려 놓은 후 처치자가 익수자 뒤에서 배를 두 손으로 잡아들어 올림을 반복하는 행위는 피해야 한다. 의식이 없는 익수자에게는 오히려 위 속의 내용물이 역류하여 기도유지를 어렵게 하기 때문이다.

④ 기도유지 후 인공호흡으로 흉곽 내 압력상승으로 폐 속의 수분을 자연스럽게 배출시킨다.

⑤ 배출된 구토물이 다시 호흡기 내로 들어가는 것을 방지하기 위하여 익수자의 고개를 한쪽으로 돌리게 한다.

⑥ 익수자의 젖은 복장은 체온을 떨어뜨리고 자가호흡의 움직임에 방해를 줄 수 있으므로 마른 복장으로 교체하거나 모포를 덮어주어 체온을 유지한다.

⑦ 의식이 없는 익수자를 처치자가 직접 의료기관으로 이송 중이라면 이동 중간에도 인공호흡과 심장마사지를 병원에 도착할 때까지 시행한다.

⑧ 의식이 있는 익수자 경우 편안하게 눕힌 후, 보온을 유지하고 전신 마사지로 체온을 높여준다.

⑨ 호흡과 맥박을 확인한다.

※ 익사 : 물에 잠긴 후 질식에 의하여 사망

※ 익수 : 물에 잠긴 후 일시적이라도 생존한 경우

- 건성익수 : 물의 기도 유입 → 후두 자극 → 후두 강직 → 폐환기 소실 → 저산소증 → 의식 소실 → 사망
- 습성익수 : 폐로 물의 유입 → 폐환기 소실 → 저산소증 → 의식 소실 → 사망

8. 물속에서의 경련

흔히 알고 있는 '쥐가 난다'는 표현은 경련 후 격통을 말하는데 심한 운동 후, 산행, 계곡과 바다 물놀이, 수영장에서 주로 발생한다. 이는 준비운동 부족인 상태에서 물로 뛰어들거나 수면 부족으로 인한 과로상태에서 장딴지 근육이 심한 경련을 일으키는 격통이 된다.

① 당황한 상태로 겁을 먹고 몸의 움직임이 많아진다면 오히려 익사를 초래할 수 있다.
② 팔로 무릎을 감싸 안고 몸을 둥글게 말아서 물 위에 뜨게 한다.
③ 고개를 들어 숨을 깊이 들이마신 후 얼굴을 물속에 넣고 쥐가 난 쪽의 엄지발가락을 앞으로 꺾어 잡아당긴다.
④ 격통이 사라졌다 해도 재발 가능성이 높으므로 힘주기를 피해야 하고 수면 밖으로 나와 부위 마사지를 지속적으로 시행한다.
⑤ 따뜻한 타월 등으로 감싸준다.

9. 다이빙 척추 손상

다이빙을 시도하다가 바위나 돌 등의 딱딱한 물체에 부딪혀 척추손상이 동반되어 감각기능 상실과 의식장애가 발생한다.

① 환자의 호흡이 원활할 수 있도록 얼굴을 수면 위로 올린다.
② 수면으로 올리는 등 환자의 의식장애를 예방하기 위하여 환자의 체위를 변화하고자 할 경우, 머리만 돌려 올리는 행위는 피해야 하며 두부와 상반신을 함께 돌려주어야 환자의 고통과 더불어 제2차 척추손상을 줄일 수 있다.
③ 기도를 확보하고 인공호흡을 실시한다. 이때 무리한 신체변화는 피한다.
④ 척추손상을 방지하기 위해 몸 전체에 딱딱한 판자 등을 활용해서 고정시킨다.
⑤ 심장마사지 및 입 대 입 또는 입 대 코 인공호흡을 실시한다.
⑥ 병원 이송은 척추를 고정시킨 상태로 한다.

10. 흉기(칼 등)에 의한 상처

깊지 않은 상처에 출혈을 보이기도 한다. 출혈은 처치자나 환자 모두에게 흥분과 불안함에 따른 고통을 동반한다. 따라서 처치자는 환자에게 안정감을 줄 수 있도록 하고 소독거즈나 깨끗한 수건 등을 이용하여 상처부위를 눌러 피가 멎도록 한다. 출혈이 멈춘다면 현장에서의 간단 처치로도 끝나지만 지혈이 안 되는 상태라면 병원 등을 통한 응급처치가 필요하다.

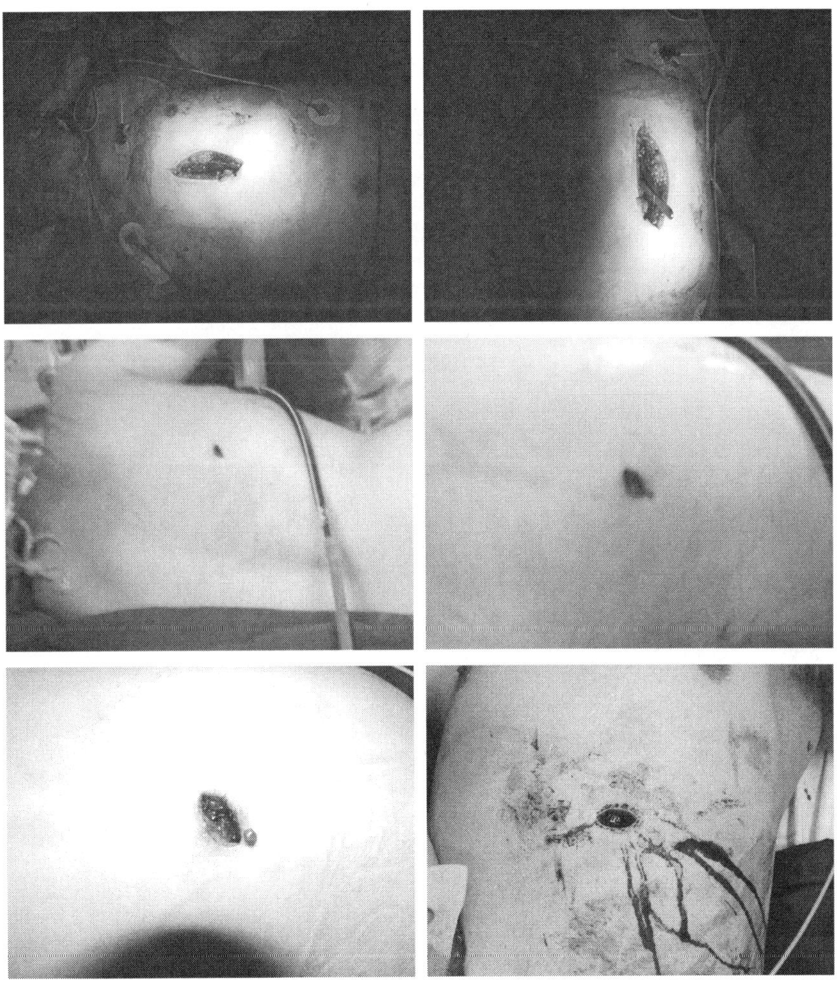

흉기에 의한 상처

① 지혈에 따른 치료를 시행하기 전 처치자는 당황하지 말고 손을 깨끗이 하는 과정을 시행해야 한다.

② 환자의 상처부위를 흐르는 물이나 소독 약품을 이용하여 깨끗하게 한다.

③ 소독거즈를 활용하여 상처부위를 감싸고 붕대로 감싸준다. (거즈나 붕대에 피가 배어 나오면 지혈이 불충분한 것이므로 다시 감싸주어야 한다.)

11. 절단

위의 신체손상들에 비해 절단은 경중 이상의 상해로 중요한 치료관리가 필요하다. 손, 손가락, 발, 발가락, 귀 등의 신체부위가 절단되었을 경우 상처에 대한 응급처치(잘린 곳의 출혈을 최우선 지혈)도 중요하지만 절단으로 이탈된 부위의 관리도 소홀해서는 안 된다. 관리라 함은 절단부위를 깨끗한 물 등에 세척한 후 청결한 천에 싸서 천이 젖지 않도록 비닐 주머니에 담아야 한다. 그런 다음 얼음에 담가서 운반해야 한다.

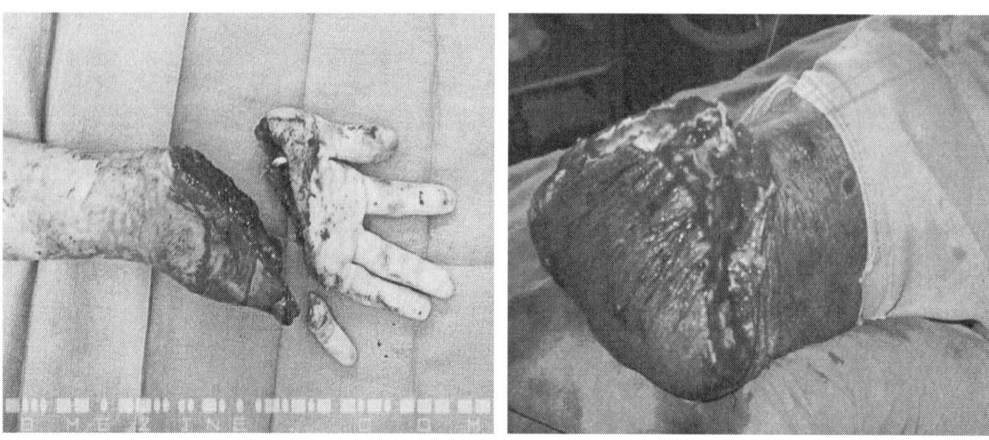

절단

잘린 부위는 병원으로의 이동 시간이 짧을수록 원상태로 붙을 확률이 높다. 흔히 발생하는 손가락의 경우 혈관이나 신경을 접합하면 정상에 가까운 결과를 가져올 수 있다. 일반적으로 이와 같은 응급상황인 손가락 절단의 경우는 일반병원에서 수술이 어렵다. 따라서 이동 전 119(구급대 종합상황실)로 도움을 요청할 때 수지접합 전문병원이 필요함을 전하는 것도 사고자를 정상으로 돌아가게 하는 처치법이다.

12. 자상(刺傷 : 찔린 상처)

자상은 겉으로 보이는 상처보다 내부 손상이 큰 것이 특징이다. 일반적으로 공사장에서는 못이나 뾰족한 철성분의 물체를 밟거나 찔리는 경우가 발생한다. 또한, 가정에서는 바늘, 칼 등의 철 물질에 의해 상처를 입기도 한다. 일반적으로 표면의 상처가 크지 않아 가벼운 상처로 판단하여 치료를 소홀히 하기도 하지만 손상부위 내부에 염증이 발생할 확률이 높기 때문에 가볍게 보면 안 된다.

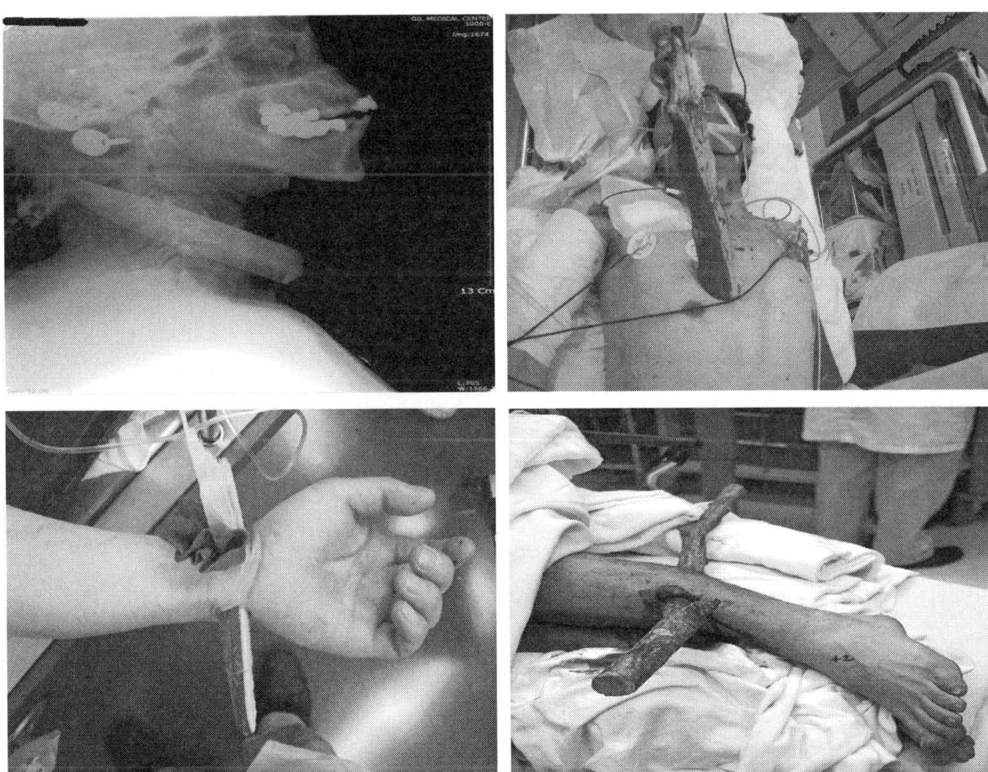

자상

자상의 경우 상처부위를 압박하여 피와 함께 세균이 나오도록 한다. 깊은 자상은 세균감염으로 인한 패혈증이나 파상풍으로 생명을 위협하기도 한다. 파상풍균의 경우 산소가 부족한 깊은 상처부위에서 감염확률이 매우 높다. 따라서 대수롭지 않은 상처라 해도 반드시 의사에게 진찰을 받아야 하며 철 물질이 부패하여 녹이 발생한 물질에 찔린 경우는 더욱더 병원내원이 필요하다.

① 환자가 두려움을 갖지 않도록 안정시키며 눕힌다.
② 날카로운 칼, 유리, 나무 등의 물체가 신체에 고정되었을 경우 절대 빼내거나 빼내려는 시도를 하면 안 된다. 빼내려는 과정에서 신체 내부의 내장이나 혈관 등의 조직 파손이 더욱 커져 출혈이 많아질 수 있기 때문이다.
③ 타월이나 부드러운 옷 등을 이용하여 자상원인의 물체를 고정시킨다.
④ 만약 깊은 자상원인의 물체(칼, 유리파편 등 날카로운 물질)가 없거나 빼내었을 경우 상처부위를 압박하여 지혈을 해야 한다.

13. 열상(裂傷 : 찢어진 상처)

외부물체에 부딪히거나 가격을 당하여 발생한 열상의 경우 상처부위가 가볍고 깊지 않다면 가정에서도 치료가 가능하다. 하지만 교통사고 등의 이유로 손상부위가 크다고 판단될 경우는 지혈을 하고 즉시 병원으로 이송해야 한다. 경미한 열상의 경우 처치는 다음과 같이 간단하기도 하다.

① 처치자는 손을 소독제나 비누와 물로 깨끗이 씻는다.
② 처치자는 출혈이 발생하고 있다면 지혈을 한다.
③ 처치자는 이물질이 남지 않도록 상처부위를 비누와 물로 씻는다. 환자의 상처를 조심스럽게 다루어 재출혈을 방지한다.
④ 소독제나 비누 또는 물에도 제거되지 않을 때는 TWEEZER(핀셋)를 이용하여 제거할 수 있지만, 소독되지 않은 TWEEZER는 사용하지 않는 것이 바람직하다.

⑤ 소독거즈나 깨끗한 천으로 물기를 닦는다.

⑥ 상처부위는 소독거즈로 덮는다.

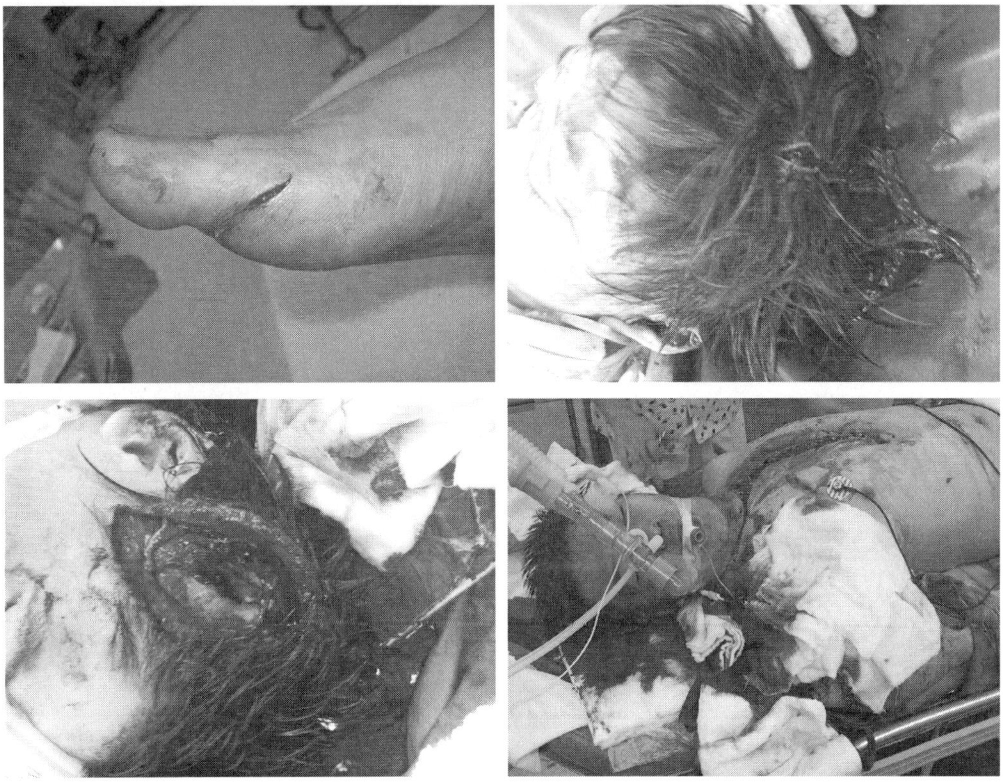

교통사고 및 외부 타격으로 인한 열상

14. 찰과상(擦過傷 : 까진 상처)

찰과상은 일상생활에서 흔하게 경험하는 진피의 얕은 층의 가벼운 상처로 가정에서의 치료도 가능하다. 대개 성인이나 아이들이 운동 중 뛰거나 장난 중에 발생하고, 사진에서 보이는 것처럼 찰과상은 제1차 사고에 의하여 발생한다. 피부의 표면에 오돌오돌 점 모양의 출혈이 맺히는 듯한 상처는 아주 경미한 것이다.

그렇기 때문에 단순 찰과상의 경우는 통증이 오래가지 않는다. 하지만 통증이 다음날까지 계속된다면 상처조직의 파열, 혈종, 골절 등의 합병증을 의심해 봐야 한다. 이는 세균감염의 질환이 될 수 있는 상황이므로 전문의료진에게 보여야 한다.

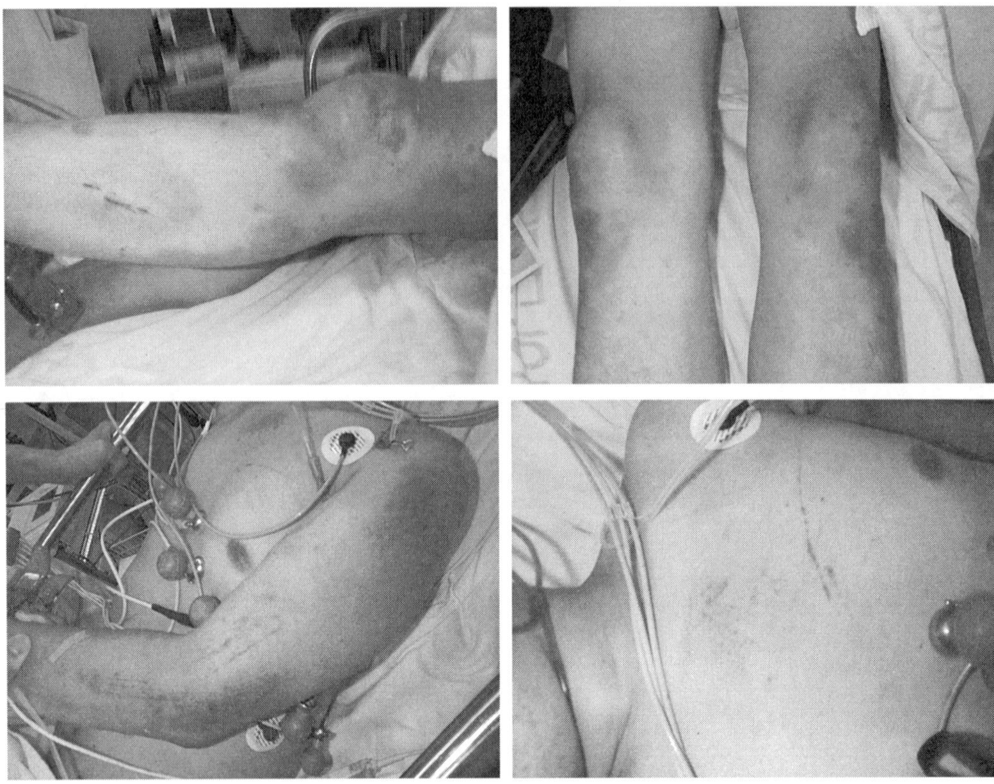

교통사고 및 외부 충격으로 인한 찰과상

① 처치자는 소독제나 비누와 물로 손을 깨끗이 씻는다.

② 처치자는 상처부위를 소독제나 비누와 물로 이물질이 남지 않도록 씻는다.

③ 상처가 경미할 경우 노출이 큰 문제가 안 되지만 상처가 깊은 경우에는 소독거즈 등으로 상처부위를 감싼다.

④ 붕대나 반창고를 이용해 고정시킨다.

15. 질식(窒息, suffocation, choking)

미국의 외과의사 H. J. Heimlich 박사는 1974년 음식 또는 약물이 목에 걸려 질식 상태가 되었을 때 효과적으로 실시하여 응급처치할 수 있는 인명구조법을 1974년 『Heimlich's Maneuvers』라는 책을 통해 발표하였다. 그는 등 부위를 타격하는 것으로는 목에 걸린 이물질이 제거되지 않는다는 점에 의문을 가지게 되었고, 이를 해결하기 위해서는 그 대상자의 폐를 강제로 제3자가 밀어 올려야 한다는 것을 알게 되었다.

질식 상태란 메마르고 찰진 떡 등의 음식이 목이 걸릴 때, 밀폐된 공간에 갇혔을 때 다시 말해 정상적인 호흡이 이루어지지 않았을 때 나타나는 현상이므로, 호흡이 힘들어져 얼굴이 파랗게 변하거나 눈 주위가 볼록하게 튀어나오고 목의 하부, 배의 상부가 움푹 들어가 보이는 증상이 나타난다.

1) 의식 있는 환자의 하임리히방법(Heimlich Maneuver)

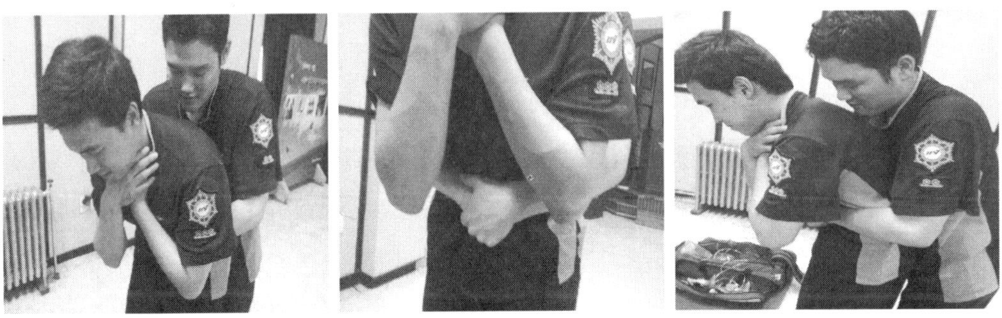

출처 : 경기도 성남소방서(2011)

의식 있는 환자의 Heimlich방법

① 앉아 있거나 서 있는 환자의 경우 처치자는 환자 뒤에서 한 손으로는 환자의 가슴을 받치고 또 다른 한 손으로는 환자의 등부위를 빠르고 세게 친다.

② 누워 있는 환자의 경우 처치자는 환자를 옆으로 눕히고 가슴 부위를 처치자의 무릎 안쪽으로 붙이고 환자의 등 부위를 빠르고 세게 친다.

③ 하임리히(Heimlich)방법을 시행한다.

④ 이물질이 제거될 때까지 번갈아 실시한다.

2) 의식 없는 환자의 하임리히방법(Heimlich Maneuver)

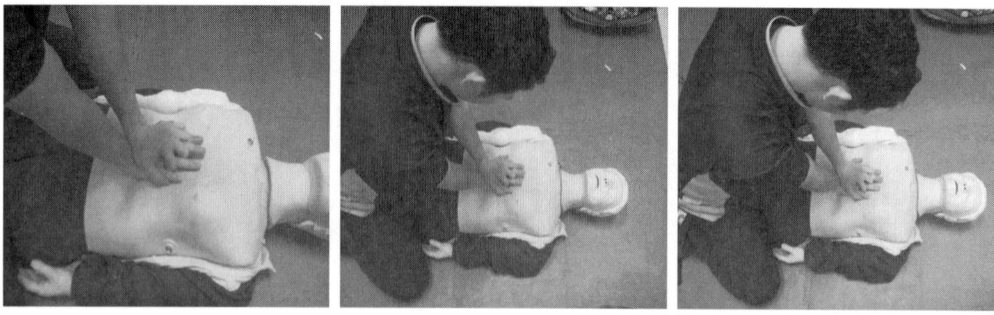

출처 : 경기도 성남소방서(2011)

의식 없는 환자의 Heimlich방법

① 의식 없는 환자는 기도 개방이 유지되도록 유의하고 환자의 신체를 단단한 바닥에 수평으로 눕힌다.

② 처치자는 심폐소생술을 시행하기에 앞서 환자의 의식 유무와 심정지 유무를 확인한다. 이때 호흡이 없어 입 대 입 인공호흡을 시행함에도 가슴이 부풀어오르지 않는다면 이물질에 의한 질식을 의심해 봐야 한다.

③ 하임리히(Heimlich)방법을 시행한다.

④ 처치자는 환자의 입속에 손을 넣어 이물질을 제거하고 이물질이 더 깊숙이 밀려들어가지 않도록 한다. 또한 기구나 집게를 사용하여 이물질을 제거하지 말아야 하는데 이유는 신체 내부의 조직이 연약하기 때문에 손상될 우려가 있고 기공파열 등의 손상으로 인한 출혈 등을 유발할 수 있기 때문이다.

⑤ 전문의료진에게 환자가 인계되기 전까지 처치자는 위 사항을 지속적으로 시행해야 한다.

16. 저체온증(低體溫症, Hypothemia)

인간의 몸은 36.5℃ 내외의 체온으로 유지되는 것이 정상이나, 신체가 차가운 온도 등에 노출되는 것과 같은 환경적 요인에 직면하게 되었을 때는 인간 스스로 신체를 보호하기 위한 방어기제가 작동한다. 그러나 이러한 노출의 강도 또는 시간에 따라 정상 체온을 유지하고자 하는 항상성을 상실하게 되면서 체온이 떨어지게 된다.

중심체온이 35℃ 이하로 내려가는 것을 저체온증이라고 하는데, 이 중심체온은 일반적으로 측정하는 겨드랑이나 구강체온이 아니라 직장체온을 말한다. 저체온 온도에 따라 32~35℃를 경도, 28~32℃를 중등도, 28℃ 미만을 중도로 구분한다.[5)]

- 경도(輕度) : 오한, 빈맥, 과호흡, 혈압증가, 신체기능 저하, 언어의 경미한 장애, 보행의 경미한 장애, 판단력 저하와 건망증 등이 나타난다.
- 중등도(中等道) : 오한이 소실되면서 전신의 근육이 경직되며, 극도의 피로감, 기억상실, 의식장애, 서맥(심장박동이 분당 50회 이하), 부정맥이 나타난다.
- 중도(重度) : 반사기능의 소실, 호흡부전, 부종, 폐출혈, 저혈압, 혼수, 심실세동(심장의 이상박동 : 분당 300~600회 정도로 나타나며 심장마비의 원인) 등이 나타나며 심할 경우 사망에 이른다.

① 체온강하를 방지하기 위해 따뜻한 장소로 이동한다. (체온회복을 시도하기 위한 급격히 높은 온도는 환자의 부정맥을 유발할 수 있다.)
② 젖은 의상을 탈의한다.
③ 더이상의 체온강하를 방지한다.
④ 저체온증의 환자는 근육이 경직되어 있으므로 움직임을 조심스럽고 최소화해야 한다.
⑤ 처치자는 환자가 따뜻해지도록 모포 등을 덮어준다.

5) 서울아산병원 응급의학과, 2019.08.

17. 골절(骨折, fracture)

운동 중이나 외부 충격으로 인하여 많이 발생하는데 부위가 많이 붓는 경우나 신체 체형을 전체로 보았을 때 부위별 형태가 틀어져 바르지 않다면 골절을 의심해 봐야 한다. 뼈가 노출되지 않으면서 피부손상이 없는 골절을 단순골절이라고 하며, 반대의 경우는 복잡골절이라고 한다. 뼈에 금만 갔을 경우에는 불완전골절이라 하고 뼈가 부러지거나 조각이 났을 경우에는 완전골절이라고 한다.

골절상을 입은 환자들은 신체의 다른 부위에도 손상이 있을 수 있으므로 주의 깊게 관찰해야 한다. 처치자의 판단이 골절일 경우 골절부위의 관절을 움직이면 안 된다. 이는 골절에 의한 통증으로 환자에게 쇼크가 발생할 수 있기 때문이다. 환자의 호흡과 맥박이 확인되지 않을 경우 심폐소생술을 시행한다.

18. 중독(中毒, intoxication, poisoning)

1) 약물 내복

입을 통하여 마시거나 먹음으로써 발생한다. 이 경우 바로 손가락을 이용한 자극을 목구멍에 주어 구토를 유발시킨다. 물을 마시게 한 후 구토를 유도하는 것도 방법 중 하나이다. 하지만 환자가 경련을 일으키거나 의식이 없을 때는 피하는 것이 바람직하다.

2) 약물 흡입

연탄 등의 유해가스를 코를 통하여 흡입하게 되어 발생한다. 이 경우 환자가 신선한 공기를 흡입할 수 있도록 장소를 이동해야 한다. 호흡이 정지상태라면 기도개방 후 인공호흡을 시행한다.

3) 약물 흡수

약물 흡수는 농약 살포 등의 이유로 피부에 흡수되어 체내에 들어가 발생한다. 이 경우 환자 신체를 편안하게 하기 위해서 시계, 팔찌, 목걸이, 신발, 양말 외 복장을 탈의한다.

4) 약물 삽입

마약 등의 약물 주사를 신체 조직 또는 혈관을 통하여 과다 투여해서 발생한다. 이때는 정맥의 흐름을 제지하기 위하여 삽입 부위보다 위를 묶는다.

5) 수면제

불면증으로 고민하는 사람들이 숙면을 위해 복용한다. 장기간 복용 시 복용함량이 증가되어 과다복용으로 인하여 사망이라는 부작용을 낳기도 한다. 또는 자살을 목적으로 복용하는 사례도 빈번하다.

① 환자의 의식이 없다면 기도 개방을 시행한다.
② 호흡 유무를 확인하고 없다면 인공호흡을 시행한다.
③ 의식이 있거나 호흡이 있는 경우는 구토를 유발한다.
④ 의식이 없는 경우 무리하게 구토를 유발하면 안 된다. 구토물이 다시 기관으로 들어가 기도를 막을 수도 있기 때문이다.

※ 위 세척, 혈액관류 흡착법, 혈액투석을 실시하는데 이때 환자의 고통이 크며 정상적인 간기능이 회복되지 않을 수도 있다.

제 8 장

경호 영어

제8장

경호 영어

제1절 용어 해설

가

• **검식(檢食, Food Inspection) :** 경호대상자에게 제공되는 제반 음식물에 대하여 구매, 운반, 저장, 조리, 서빙하기까지 전체 과정에서 시식(試食) 및 관능검사(官能檢查) 등을 통하여 위해요소를 제거하는 활동을 말한다.

• **검측(檢測, Technical Detection) :** 경호대상자가 참석하는 모든 행사장, 숙소, 행 · 환차로 주변 등에 대하여 물적 위해요소를 탐지 및 제거하고 시설물에 대한 안전점검 등의 안전활동을 말한다.

• **경계구역(警戒區域, Security Sector) :** 3중 경호개념의 제3선에 해당하는 구역으로서 실내행사인 경우에는 행사장 중심부로부터 반경 600m 내외, 실외행사인 경우에는 저격용 소총 유효사거리를 고려하여 1.5km 내외를 말한다.
경계구역에서는 고층건물 관측조를 운용하고, 산악지대 감제고지 수색 및 안전확보, 행 · 환차로상의 유동순찰 및 안전확보, 공사장 및 각종 총포 · 화약류에 대한 안전조치 등이 실시된다. 또한, 취약요소에 대하여 사찰활동 또는 은거지 거부활동 등의 조치가 시행된다.

- **경고(警告, Sound off) :** 비상상황 발생 시 즉각조치(S.C.E.원칙) 내용 중 첫 번째로서, 위해기도를 가장 먼저 인지한 근무자가 큰 목소리의 육성 또는 무전으로 주변 근무자에게 전파하는 것을 말한다.

- **경비구역(警備區域, Guard Sector) :** 3중 경호개념의 제2선에 해당하는 구역으로 실내행사의 경우에는 시설물 외곽 또는 담장을 연결하는 지역, 실외행사인 경우에는 소총 유효사거리로서 행사장 중심부로부터 반경 600m 내외를 말한다.

- **경호계획서(警護計劃書, Security Program Guide Lines) :** 경호지침, 행사일정, 경호근무자 운용, 지휘통신 등 경호행사 전반에 관한 계획서를 말한다.

- **경호관계관회의(警護關係官會議, Security Officers Meeting) :** 경호행사에 동원되는 유관기관 또는 유관부서의 장 또는 실무책임자가 참석하며, 해당행사의 선발대장 주관하에 유관기관 또는 부서의 경호관련 준비사항에 대한 보고, 토의 및 협조하는 회의이다.

- **경호기법(警護技法, Protective Technique) :** 경호임무를 수행하는 데 필요한 기술로서 사주경계기법, 도보대형기법, 기만경호기법, 즉각조치기법, 응급조치기법 등이 있다.

- **경호기본술기(警護基本術技, Basic Protective Technique) :** 위해상황 발생 시 근무자의 신체를 활용하여 신속히 위해 기도자를 제압하는 기술이다. 태클, 투척물 · 단검 · 몽둥이 · 권총 등의 공격에 대한 방어기술을 익힌다.

- **경호상황본부(警護狀況本部, Security Command Post) :** 선발경호대가 행사장에 도착하여 답사를 시행한 즉시 개설한다. 안전활동단계부터 행사실시단계까지 운용되며, 제반 경호업무를 취합하여 필요한 사항을 조정 및 통제하고 지휘관의 지시를 반영 및 전파하는 등의 현장 지휘소를 말한다.

- **경호안전활동(警護安全活動, Advance Security Activities)** : 선발경호대가 행사장에 도착한 직후부터 경호대상자가 현장에 도착하기 전까지 실시하는 사전 경호활동을 말한다.

- **경호응급조치(警護應急措置, Emergency Medical Treatment)** : 비상상황 발생 시 경호대상자의 신체 상해에 대한 의료진의 조치가 이루어지기 전에 근접경호원이 제공하는 임시적 구급행위를 가리킨다.

- **경호정보(警護情報, Protective Intelligence)** : 경호대상자에 대한 위해계획, 위해의도, 행사장 또는 행·환차로상의 집회 및 시위계획 등에 관한 광범위한 위해첩보를 분석 및 평가한 정보를 경호정보라 한다.

- **경호첩보(警護諜報, Protective Information)** : 경호대상자에 대한 위해계획, 위해의도, 행사장 또는 행·환차로상의 집회 및 시위계획 등에 관한 광범위한 위해첩보를 가리키며, 분석 및 평가되지 않은 경호정보를 경호첩보라고 한다.

- **경호업무 수행절차(警護業務遂行節次, Task Execution Procedure)** : 경호 선발활동과 관련하여 업무를 수행하는 단계로서 준비단계, 안전활동단계, 실시단계, 평가단계로 구분된다.

- **경호평가회의(警護評價會議, Security Evaluation Conference)** : 경호행사 종료 후 선발대장 주관하에 실시되는 회의로서, 안전활동 및 행사실시에 대한 조치사항이나 문제점을 분석·토의하고 개선사항, 보완사항, 장려사항 등에 대한 내용을 기록·보관한다.

- **공중경호(空中警護, Aerial Security)** : 드론과 같은 소형 무인 비행기(3m 이내) 등 비행물체를 이용한 공중위해기도 또는 경호대상자가 탑승한 항공기에 대한 위해기도를 사전에 탐지하여 대응하거나, 항공기내에서 실시하는 경호활동을 말한다.

- **관능검사(官能檢査, Sense Inspection)** : 인간의 오감(五感)을 통하여 음식물, 향료, 주류 등의 품질 또는 이상 상태를 평가하는 행위를 말한다.

- **교통관리순찰차(交通管理巡察車, Traffic Controlling Patrol Car)** : 본대 차량대형의 전·후방에 위치하여 이동대형을 행·환차 시에 안내하며, 기동 간에 사람이나 일반차량 등을 통제하며 본대 기동을 돕는다.

- **교통관리모터사이클(交通管理모터사이클, Traffic Controlling Motocycle)** : 본대 차량대형의 전·후·좌·우에 기동하면서 사람이나 일반차량의 접근을 차단하고 행·환차로 측면의 도로를 순간 통제하여 대형의 진행을 돕는 2륜형 차량을 말한다.

- **구급병원(救急病院, Emergency Hospital)** : 경호대상자에게 발생하는 모든 위해상황에 대비하여 행사장으로부터 최대한 가까운 종합병원급 병원을 말한다.

- **근접수행경호(近接隨行警護, Detail Protection)** : 경호대상자의 지근거리(至近距離)에서 정지 간 또는 이동 간에 경호대상자 주변의 인적, 물적, 지리적, 환경적 위해요소에 대비하는 경호활동을 말한다.

- **금속탐지기(金屬探知機, Metal Detector)** : 행사장에 반입되는 물품이나 출입하는 인원의 휴대물품 또는 소지품 가운데 금속성 위해물품을 탐지하는 장비를 말한다.

- **기동 간 경호(機動間警護, Maneuvering Protection)** : 경호대상자가 각종 기동수단(차량, 철도, 항공기, 선박 등)을 이용하여 정지 또는 이동 간에 실시하는 근접 경호활동을 말한다.

- **기동 간 기만기법(機動間欺瞞技法, Maneuvering Deception Technique)** : 기동 간 경호에서 가상의 위해기도자로 하여금 오판을 유도하는 경호방법으로, 기동하는 동안 기동수단의 위치 변경, 위장대형 운용, 기동로 변경 등의 방법이 있다.

- **기만경호기법(欺瞞警護技法, Protective Deception Technique)** : 위해기도자로 하여금 오판을 유도하기 위하여 실제상황을 은폐하고 허위상황을 제공하는 경호활동으로 인물기만기법, 기동기만기법, 장소기만기법, 시간기만기법 등이 있다.

다

- **대응효과원리(對應效果原理, Counter Effectiveness Principle)** : 경호대상자와 군중과의 사이에서 위해기도자의 위해행위를 저지하기 위한 적정거리 산정의 원리를 말한다.

- **대테러팀(對테러팀, Count Terror Team)** : 기동 간 및 행사장에서 경호대상자의 근접에 위치하며 상황발생 시에는 위해기도자에 대한 대적임무를 수행하고, 경호대상자가 안전하게 현장을 이탈할 수 있도록 통로개척 및 후미차단의 임무를 수행하는 부서로서 수행경호의 구성에 포함된다.

- **대테러차량(對테러車輛, Count Terror Team Vehicles)** : 기동 간 후미 경호차량과 측방 또는 후방에 위치하면서 일반차량의 접근을 차단하고 상황발생 시에는 진로개척 등 대테러 임무를 수행한다.

- **대피(待避, Evacuation)** : 비상상황 발생 시 경호대상자를 해당현상에서 안전시역(비상대피소, 비상대기차량, 구급병원 등)으로 신속히 이동시키는 행위를 말한다.

- **대피대형(待避隊形, Evacuation Formation, Emergency Cover Formation)** : 위해자의 권총 또는 흉기 공격이 발생할 경우에 취하는 도보대형으로 경호대상자를 감싸면서 밀착대형으로 현장을 이탈하는 경호대형이다.

- **도보대형(徒步隊形, Walking Formation)** : 경호대상자가 도보로 이동할 경우이거나 군중과의 접촉 또는 접견 등의 행사 시에 인적, 물적, 지리적, 환경적 위해요소에

효과적으로 대응하기 위한 대형으로 기본대형, 응용대형, 비상시 대형으로 구분된다.

- **독극물(毒劇物, Poisons)** : 독극물은 생물에 작용하여 해를 입히거나 죽음에 이르게 하는 것을 말하는데, 이는 치사량(致死量, Lethal Dose)을 기준으로 독가스, 청산가리, 테트로도톡신, 비소 화합물 등의 독물이 있으며, 이보다는 약하지만 과다섭취의 경우 인체에 독물과 같은 치명상을 입히는 극물이 있다.

마

- **마름모 대형(Diamond Formaton)** : 4명 또는 5명의 근접경호근무자들이 마름모 형태를 형성하는 기본적인 도보대형의 하나를 말한다.

- **무선감사장비(無線監査裝備, Radio Auditor Equipment)** : 경호 근무자들이 행사장에서 사용하는 무선통신 내용을 녹음하기 위하여 설치하는 장비로서, 행사 종료 후 필요시에 교신내용을 분석하여 현장상황을 확인하는 장비를 말한다. 녹음된 내용은 보안부서에서 관리한다.

- **무선원격조정기(無線遠隔調整機, Radio Remote Control Unit)** : 무선망을 이용하여 원격지에 있는 기기, 장치, 설비 등을 조종하는 장비이다.

- **무선중계기(無線中繼機, Radio Repeater)** : 경호행사장에서 무선망 소통권을 확장하기 위하여 경호상황본부에 설치하며, 행사장과 종합상황실 간의 원활한 행사통신망을 유지하기 위하여 사용되는 통신장비를 말한다.

- **무선지령대(無線指令臺, Radio Instruction Installation)** : 행사장 및 이동 중인 기동장비의 무선을 수신하고 필요시에 상황을 전파하는 통신장비로서 종합상황실에 설치된다.

- **무선통신(無線通信, Wireless Communications) :** 선이 없는 무형의 전파를 이용하여 원격지에 있는 근무자와 통신하는 방식을 말한다. 경호무선망은 개인과 개인, 개인과 기동장비(차량, 열차, 공군헬기, 공군기 등), 기동장비와 행사장 및 종합상황실 간에 무선장비를 이용하여 통신망을 유지한다.

바

- **방송중계장비(放送中繼裝備, Radio Relay Equipment) :** 전파차단장비의 하나로 행사장 승 · 하차지점, 행사장 주변 실외 또는 본대 기동 간에 운용하는 차량용 장비이다. 무선원격조정에 의한 폭탄테러 방지를 위하여 강력한 방해전파를 발사하여 사전에 지정된 전파를 제외한 상용 휴대 이동통신기기의 전파를 차단하는 장비이다. 고정용 전파차단장비는 경호대상자 숙소 및 집무실 등 내부에 상설하여 운용하고, 이동용 전파차단장비는 외부 행사 시 실내행사장에 운용하며 휴대폰 주파수 대역을 제어한다.

- **비상통신망(非常通信網) / SSB 通信網(Single Sideband Communication) :** 항공기에 설치하여 기동 간 종합상황실과 통신이 가능하도록 연결하는 비상통신망이다.

- **방어경호(防禦警護, Defense Security) :** 경호활동의 기본개념으로, 위해기도자의 접근차단, 접근거부, 대피우선 등 공격개념이 아닌 방어개념의 경호활동을 말한다.

- **방어운전(防禦運轉, Defence Driving) :** 차량을 노상에서 운전할 경우 사고가 발생하지 않도록 미리 예측해서 대비하는 운전을 말한다.

- **방어적 원형대형(防禦的圓形隊形, Defensive Circle Formation) :** 경호대상자가 군중 속에 있을 경우 취하는 도보대형으로 강력한 스크럼을 형성하여 이동하게 된다.

- **방탄가방(防彈가방, Bullet-Proof Bag)** : 상황발생 시 경호대상자의 방벽활동에 사용되는 것으로 방탄재질로 제작된 휴대용 가방을 말한다.

- **방탄담요(防彈毯요, Bullet-Proof Blanket)** : 폭발물 발견 시 경호대상자 주위를 방호하거나 폭발물을 감싸서 폭발물의 영향력을 최소화하기 위한 도구를 말한다.

- **방탄복(防彈服, Bullet-Proof Jacket)** : 총탄으로부터 경호원 자신과 경호대상자를 보호하기 위하여 제작된 방탄조끼를 말한다.

- **방탄연(설)대{防彈演(設)臺, Bullet-Proof Podium}**: 경호대상자의 안전을 확보하기 위하여 제작된 방탄재질의 연설대를 말한다.

- **방탄탁자(防彈卓子, Bullet-Proof Table)** : 경호대상자의 안전을 확보하기 위하여 제작된 방탄재질의 탁자를 말한다.

- **방폭담요(防爆毯요, Bomb-Proof Blanket)** : 총탄이나 화염의 방호 또는 폭발물의 폭발력을 감소시키기 위해서 제작된 담요를 말하는데, 구급상황에서 비상용 들것으로 사용되기도 한다.

- **방호(防護, Cover)** : 비상상황에서 근접경호요원이 신속히 경호대상자를 둘러싸 방벽을 형성하는 것으로 폭발물 투척상황에서는 함몰형 대형, 저격이나 기타 공격상황에서는 방어적 원형대형을 형성한다.

- **배면경호(背面警護, Protection to VIP on the back)** : 경호대상자에게 접근하는 인적 위해요소를 효과적으로 발견하거나 차단하기 위하여 경호대상자를 등지고 경호하는 것을 말한다.

- **보안판단(保安判斷, Estimate of Security)** : 경호행사 시에 위해기도자 또는 위해

집단의 공격 예측에 대한 안전판단과 경호원들의 보안능력에 대한 판단을 말한다.

- **비공식행사(非公式行事, Unofficial Event) :** 경호대상자가 전혀 노출되지 않은 행사로서 사전에 통보하거나 의전절차가 생략된다.

- **비상등(非常燈, Emergency Light) :** 상전(常電, 한전에서 들어오는 전기)이 정전될 경우 동시에 조도가 확보되도록 행사장 내부 또는 통로에 설치하는 배터리 지원 조명장치를 말한다.

- **비상통로(非常通路, Emergency Route) :** 비상상황 발생 시 경호대상자를 신속하고 안전하게 이동시키기 위한 통로를 말하며, 비상대피소 또는 비상대기차량과 연결되도록 선정한다.

- **비상발전차량(非常發電車輛, Emergency Generator Vehicle) :** 행사 시 주전원 및 예비전원의 전력공급이 불가능할 경우, 비상전력을 공급할 수 있도록 발전설비가 갖추어진 차량을 말한다.

- **비표(祕標, Secret Badge) :** 행사장에 출입 또는 반입되는 모든 인적·물적 요소를 식별하기 위한 표식을 말한다.

- **비표검인(祕標檢印, Secret Badge Proof Mark) :** 비표의 도용을 방지하기 위하여 비표에 표식을 하는데, 경호계획부에서 실시하거나 경호선발대의 비표담당관이 실시할 수 있다.

- **봉인지(封印紙, Seal Paper) :** 검측 이후 통제 또는 변경의 탐지를 위하여 검측한 부분이나 장소에 대하여 부착하는 표식을 말한다.

- **비상상황(非常狀況, Contingency) :** 경호대상자가 위치한 모든 장소에서 우발적 또는 계획적으로 발생하는 모든 상황을 말한다.

사

- **사각대형(四角隊形, Box Formation) :** 5명 이상의 경호원이 가용할 경우에 사용하는 도보대형으로 경호대상자의 군중 노출에는 장점이 될 수 있으나, 전방과 측방의 노출로 방호 측면에서는 취약성이 있다.

- **사전안전조치(事前安全措置, Preliminary Safety Measure) :** 행사장에 적절한 시간 이내에 미리 도착하여 인적, 물적, 지리적 취약요소 등 위험요인을 제거하거나 최소한으로 감소시키기 위한 제반활동을 말한다.

- **사주경계(四周警戒, All-Direction Security / Watching on Every Direction) :** 행사실시단계에서 경호대상자 주변의 인적 · 물적 · 지리적 · 환경적 위해요소에 대한 시각적 · 청각적 경계활동을 말한다.

- **삼중경호원리(三中警護原理, Three Rings Security Theory) :** 경호대상자가 위치한 장소(지점)를 중심으로 안전구역, 경비구역, 경계구역으로 나누어 경호활동을 실시한다. 중첩경호를 원칙으로 경호의 완벽성을 이룬다.

- **서치 탭(Search Tap) :** 재난 현장의 매몰자 구조, 실내 천장 내부 폭발물 검사 등 직접적인 육안 확인이 어려운 좁은 공간을 관찰하는 기기를 말한다.

- **선도경호차량(先導警護車輛, Lead Car) :** 본대 대형에서 경호대상자 차량의 전방에 위치하는 경호차량으로, 기동 간 본대 대형의 속도유지 및 비상시 진로개척 등을 실시한다.

- **소방 · 구급대책(消防 · 救急對策, Fire Emergency Measure) :** 경호행사 중 화재로 인한 비상상황 발생 시 신속하게 화재를 진압하고 경호대상자를 안전한 곳으로 대피시키기 위하여 행사장 내에 소방구조대원 및 장비를 배치하는 일련의 조치를 말한다.

- **소이탄(燒夷彈, Incendiary Bomb) :** 높은 온도의 열을 발생시키는 소이제(화재에 민감한 기름, 황린, 철갑)를 이용하여 목표물을 태우는 폭탄을 말한다.

- **송전선로(送電線路, Transmission Line) :** 발전소 또는 변전소로부터 다른 발전소 또는 변전소로 전력을 보내는 전기설비를 말한다. 발전소 또는 변전소에서 직접 수용가로 공급하는 선로는 배전선로(配電線路, Distribution Line)라고 한다.

- **수행원 차량 및 보도 차량(隨行員車輛 및 報道車輛, Staff Car & Press Car) :** 본대 대형에 편성되어 이동하는 수행원 및 보도요원이 탑승하는 차량으로 비상상황 발생 시 경호대상자 차량의 현장 이탈에 장애요소로 작용될 수 있으므로 가능한 최소화하고 대형의 후미에 위치한다.

- **시간기만(時間欺瞞, Time Deception) :** 가상의 위해기도자로 하여금 행사시간에 대한 착오를 유발하기 위한 경호기법을 말한다.

- **시내행사(市內行事, Downtown Event) :** 서울시내 및 집무실과 근접한 수도권 일부지역을 포함한 지역에서 이루어지는 행사를 말한다. 비교적 행사가 자주 실시되므로 준비단계가 편리할 수 있지만, 매너리즘을 최대한 주의해야 한다.

- **신원조회(身元照會, Background Screening) :** 행사장 내의 인적 위해가능자를 사전에 식별하기 위한 조치로서 행사 참석자, 종사자 및 행사장 상근자를 대상으로 개인 신상자료를 조회하여 그 결과에 따라 안전조치를 강구한다.

- **쐐기 대형(Wedge Formation) :** 3명 이상의 경호원이 가용할 경우에 취하는 도보 대형으로 경호대상자의 전방에 1명, 후방에 1명이 위치하고 1명은 팀장 격으로 경호대상자 후방 좌우측의 1보 정도 후면에 위치한다.

아

- **안전구역(安全區域, Safety Sector)** : 경호활동구역에서 경호대상자를 중심으로 제1선 구역을 말하며, 경호대상자의 신변에 직접적 위해가 가능한 구역으로, 행사장의 구조에 따라 수류탄 투척거리 또는 권총 유효사거리를 고려하여 설정한다.

- **안전판단서(安全判斷書, Security Estimation Report)** : 선발경호대의 행사장 답사 후에 관련부서(경찰청, 방첩사령부 등)로부터 수집된 자료와 현장 답사를 통하여 판단한 내용을 참고하여 작성하는 보고서를 말한다.

- **안전확보(安全確保, Safety Secure)** : 선발경호 활동 간 안전구역 또는 필요 장소에 대한 검측이 실시된 이후 출입을 통제하고 안전유지 근무자를 운용하는 등의 조치를 말한다.

- **암살(暗殺, Assassination)** : 계획적으로 의도하여 대상자를 살해하는 행위를 말한다.

- **암살수단(暗殺手段, Means of Assassination)** : 암살을 이루기 위한 각종 무기류나 방법을 말한다.

- **양동작전(陽動作戰, Demonstration Operation)** : 위해기도자가 위해의 목적 달성을 위하여 경호근무자의 관심과 행동을 유도하고(제1차 공격), 실제 공격을 다른 방향이나 다른 장소에서 시행(제2차 공격)하려는 작전을 말한다.

- **엑스선 검색기(X-Ray 檢索機, X-Ray Scanner)** : X-Ray를 이용하여 개방이 불가능하거나 개방이 곤란한 물품의 내부를 확인하는 기기를 말한다. 물품의 밀도에 따라 청색, 녹색, 오렌지색으로 표시된다.

- **역감시(逆監視, Reverse Surveillance)** : 고층건물이나 산악지대와 같이 행사장을 감제하여 직간접적인 위해를 가할 수 있는 장소에 대하여 역감시 요원을 활용한다. 육안 또는 관측 장비를 통하여 집중적으로 관찰 및 감시하고 위해요소를 조기에 발견하여 대응하기 위한 경호활동을 말한다.

- **역조명장치(逆照明裝置, Reverse Illumination Equipment)** : 실내행사장의 단상 전면에 설치하여 비상상황에서 단상의 반대쪽인 군중(참석자)방향으로 강력한 조명막을 형성하여 위해자의 시계를 차단하기 위한 조명장치를 말한다.

- **위해기도자(危害企圖者, Potential Attacker)** : 경호대상자에 대하여 위해를 가할 목적으로 공격을 계획 또는 시도하려는 자를 말한다.

- **위해요소(危害要素, Treat Factors)** : 경호대상자의 안전이나 경호활동에 지장을 초래하는 인적, 물적, 지리적, 환경적 위해요소를 망라하여 위해요소라고 한다.

- **인물기만(人物欺瞞, Person Deception)** : 잠재적 위해기도를 방지하기 위하여 경호대상자와 외형적으로 닮은 인물을 활용하여 경호대상자를 보호하는 활동을 말한다.

자

- **자연방벽효과의 원리(自然防壁效果의 原理, The Principle of Natural Protective Wall Effect)** : 경호대상자를 중심으로 도보대형을 형성할 경우 근접경호원이 적절한 지점에 위치하면서 정지 또는 이동함으로써 위해기도자의 시야를 제한시키는 효과를 말하며, 수평적 방벽효과 원리와 수직적 방벽효과 원리로 구분할 수 있다.

- **장소기만(場所欺瞞, Location Deception)** : 실제와 유사하게 경호근무자를 배치 및 운용함으로써 위해기도자로 하여금 오판을 유도하는 경호활동으로 노출이 많은

승하차 지점에서 유용하다.

- **전투초계비행(戰鬪哨戒飛行, CAP; Combat Air Patrol) :** 한국방공식별구역(KADIZ; Korea Air Defense Identification Zone)1) 이내에서 경호대상자가 탑승한 항공기에 대한 공중 방해 및 공격을 저지 또는 격퇴하기 위하여 수행하는 경호비행을 말한다.

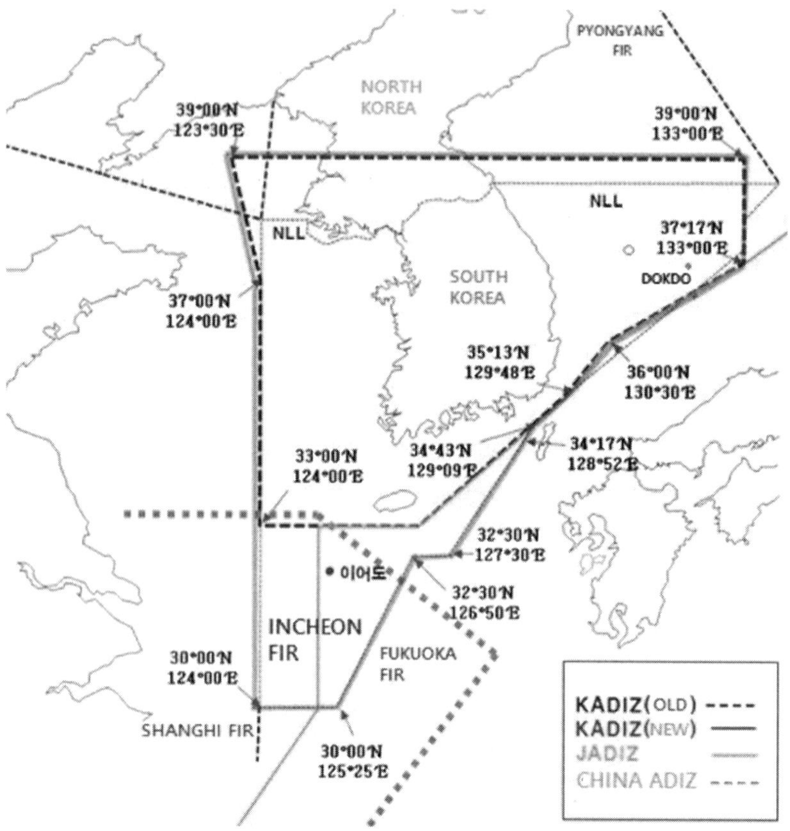

출처 : 게티이미지 코리아(2023.01.25.)

[그림 8-1] **한국방공식별구역**

1) KADIZ는 1951년 미국 태평양공군사령부에서 극동방위를 목적으로 설정하였고, 우리나라는 2008년부터 고시하였다. 국제법상으로는 주권을 가진 '영공'으로 인정되지 않는다.

- **조기경보체계(早期警報體系, Early Warning System)** : 경호안전활동 및 행사단계에서 발생하는 비상상황 등 경호행사에 영향을 미치는 모든 상황을 관련 인원 및 부서에 신속·정확하게 전파하기 위한 경보체계를 말한다.

- **즉각조치(卽刻措置, Immediate Measure)** : 비상상황 발생 시 경호대상자 보호를 위하여 경호대상자 주변에 위치한 경호원이 취하는 행동을 말한다.

- **즉각조치기법(卽刻措置技法, Immediate Measure Techniques)** : 비상상황 발생 시 경호대상자 보호를 위하여 경호대상자 주변에 위치한 경호원이 취하는 기법으로서, 경고, 방호, 대피, 대적 및 제압 등의 동시적 행동기술을 말한다.

- **지방행사(地方行事, Local Event)** : 서울시내와 수도권 일부지역을 제외한 지역에서 실시되는 행사를 말하며, 하루 이상 숙박을 전제로 선발활동을 한다.

- **지원업무(支援業務, Support Service)** : 경호행사를 수행하는 데 필요한 인원, 차량 등 경호지원 요소의 적절하고 효과적인 지원활동을 말한다.

차

- **차단(遮斷, Counter-Act)** : 위해 또는 방해를 목적으로 경호대상자에게 접근하는 인원, 차량 등 각종 위해요소에 대하여 경호원의 신체, 화기, 바리케이드, 차량 등을 활용하여 접근을 막거나 저지하는 경호활동을 말한다.

- **차량강습(車輛強襲, Vehicular Assault)** : 경호대상자에게 위해를 가할 목적으로 차량을 이용하여 기습적으로 돌진하여 경호활동을 일시적으로 무력화시키는 행위를 말한다. 대형트럭 또는 폭탄 탑재 일반 차량 등을 수단으로 한다.

- **차량대형(車輛隊形, Motorcade)** : 경호대상자, 경호원, 수행원, 기자단 등 경호대

상자와 함께 이동하는 자동차 행렬을 말하며, 기동 간 경호대상자의 안전을 도모하기 위하여 일정한 형태를 갖추어 이동한다.

- **체위확장의 원칙(體位擴張의 原則, Body Shield Principle)** : 비상상황 발생 시 근접경호원 자신의 신체를 경호대상자 배면으로 최대한 확장하여 방호효과를 극대화하면서 공격방향으로 대응하는 즉각조치 기법 중의 하나이다.

- **촉수거리 원칙(觸手距離原則, Arms Reach Principle)** : 위해기도자가 범행을 시도할 때, 위해기도자와 가장 가까이에 위치한 경호원이 우선적으로 대응하는 것을 말한다. 최단시간에 위해기도자를 제압하여 피해를 최소화하는 즉각조치 기법 중 하나를 말한다.

- **출입통제대책(出入統制對策, Access Control)** : 행사장에 반입 및 출입되는 모든 인적·물적 요소에 대하여 확인 또는 점검을 통하여 위해요소를 탐지, 거부 및 색출하기 위하여 금속탐지기, 비표, 지정통로 등을 운용하는 일련의 조치 및 활동을 말한다.

- **취약요소 안전조치(脆弱要所安全措置, Safety Measures for Vulnerable Factors)** : 경호첩보 및 정보를 고려하여 인적, 물적, 지리적, 환경적 위해요소에 대한 안전판단에 따라 관련부서에 전파하고, 이에 대한 적절한 조치를 하여 행사 종료 시까지 안전을 유지하는 활동을 말한다.

파

- **폭발물 처리(爆發物處理, EOD ; Explosive Ordnance Disposal)** : 군용 폭탄, 사제 폭탄, 지뢰 등 각종 폭발물을 안전하게 처리하는 것을 말하며, 전문 처리반(EOD Unit)이 처리하도록 한다.

- **폭발물 탐지견(爆發物探知犬, Bomb Sniffer Dog / K-9 Dog)** : 행사장 등 경호대상자가 사용 및 참석하는 시설물 또는 경비구역의 취약지점에서 폭발물을 탐지하기 위하여 훈련된 개를 말한다.

- **폭발물 탐지기(爆發物探知機, Explosive Compound Detector)** : 고체, 액체 및 가루형태의 폭발물을 탐지하는 기기를 말한다. X-Ray 검색기를 주로 사용해 왔으나, 액체나 가루 폭발물인 경우에는 탐지에 어려운 점이 있다. 그러나 현재는 공기 중에 폭발성 화학물질이 1ng(나노그램 : 10억분의 1그램)만 섞여 있어도 탐지할 수 있는 휴대용 탐지기가 개발되어 있다.

- **폭발물 청진기(爆發物聽診器, Explosive Stethoscope)** : 시한(時限, time limit)식 폭발물의 시한장치 음향이나 디지털 신호를 감지하기 위한 청진기 형태의 음향 증폭기 또는 디지털 신호 감지기를 말한다.

하

- **함몰대형(陷沒隊形, Cave-in Formation)** : 수류탄 등 폭발물 투척 공격이 있을 경우 경호대상자를 완벽하게 겹겹이 감싸는 경호대형으로 폭발물 가까이 있는 경호원이 몸을 날려서 폭발물을 복부로 감싸고 다른 근접근무자가 경호대상자를 바닥에 누르듯이 하여 폭발의 영향력이 미치지 않도록 한다.

- **항공고시보(航空告示報, NOTAM ; Notice to Airman)** : 항공보안을 위한 시설, 업무, 절차 등의 변경이나 위험의 존재 등에 관한 정보를 운항 관계자에게 국가에서 실시하는 고시로서 조종사는 비행에 앞서 반드시 기상정보와 함께 NOTAM을 확인하도록 하고 있다.

- **화이버 스코프(Fiber Scope)** : 광학적 특성[2)]을 지닌 굴곡성 글라스 또는 플라스틱

섬유 다발을 통하여 상(像)을 전달하는 광학기계로서 육안 확인이 어려운, 밀폐되거나 좁은 공간을 관찰하는 데 사용된다.

- **현장지침(現場指針, Site Guidelines)** : 소규모 비공식 행사 또는 선발활동의 시간적 여유가 없을 경우에 현장 지휘자 또는 유관부서 책임자에게 직접 하달하는 지침을 말한다.

- **행사관련음(行事關聯音, Event Related Sound)** : 행사장에서 사전에 계획된 시나리오에 의하여 필연적으로 발생하는 소리(폭죽, 악기 연주, 방송음, 예포, 항공기 소음 등)를 말한다.

- **행사보안(行事保安, Event Security)** : 경호행사에 영향을 주는 인원, 문서, 시설, 지역, 물품, 통신 등에 대한 보호대책을 수립하여 위해기도자, 불순분자 또는 행사와 관계없는 일반인 등에게 노출되지 않도록 지속적으로 보호하는 일련의 조치를 말한다.

- **행사장 답사(行事場踏査, Event Site Survey)** : 행사장의 실내외 시설물 및 배치 등에 대하여 직접 확인하는 활동을 말한다.

- **후미경호차량(後尾警護車輛, Follow-up Car)** : 본대 대형에서 기동 간 경호대상자 차량의 측방 또는 후방에 위치하면서 경호대상자 차량을 방호하며 본대 대형을 지휘한다.

---

2) 광학적 특성은 물질과 전자기파의 상호작용(흡수 또는 방출)에 의해 나타난다. 각각의 성질에 따라 물질은 흡수 또는 방출, 비물질은 투과, 반사, 굴절, 회절 등이 일어난다.

제2절 행사 영어

1. 행사장 경호(Site Security)

행사장 경호(Site Security)	
각 행사장 및 층별 요도	Map of Each Site and Floor Plan
각 행사장 책임자	Agent in charge of Each Site
감시조 운용	Management of the Surveillance Team
강우량	Precipitation / the amount of Rainfall
검문검색 강화	To Reinforce Spot-check and Inspection
경고	Warning / Sound off
경호근무자 배치	Deployment of Protective Force
경호 비표	Secret Badge / Secret Pin
경호상황본부	Security Command Post
경호 조직	Security Organization
경호 책임	Responsibility for Security
경호책임자 인적사항	Personal Background of Chief Security
경호활동 지휘 및 감독	Operational Directions and Supervision
공식	Official
관계관 회의	Security Meeting
교포신문	Newspaper of Korean Society
구급차 대기	Stand-by Ambulance
국립묘지	National Cemetery
근무교대	Service Shift
근무자 규모	Size of Duty Force

근무 장소	Duty Post
근무편성표	Duty Roster
급하다	Urgent
기동타격대 대기	Stand-by Strike Force
기자단	Press Corps
내곽	Inner-ring
대기실	Waiting Lounge / Waiting Room
대사관저	Ambassador's Residence
대피	Escape
도열인사	Line-up Member
무기 및 장비	Weapons and Equipment
무선개방 대기	Stand-by Radio(Network)
방호	Defense
보도기재	Press Equipment
보도원 통제	Press Control
불순용의자	Suspect
비공식	Unofficial
비상구	Emergency Exit
비상대책	Emergency Security Measures
비상대피소	Emergency Safety Room
비표 견본수집	Collection of Secret Badge Sample
비표 운영계획	Management of Secret Badge
사전 안전활동	Advance Security Activity
소방팀	Fire Rescue Team
소지품(휴대품)	Personal Belongings
신원확인	Identity Screening

실내외 경호	Indoor and Outdoor Security
실내(실외) 행사	Indoor(Outdoor) Event
영접인사	Welcoming Parties / Welcoming Personage
예행연습	Rehearsal
외곽	Outer-ring
의전 관계관	Protocol Officer
일기예보	Weather Forecast
임무수행	Performance of Duties
임무, 의무, 책임	Mission, Duty, Responsibility
전용기 경비	Presidential Aircraft Security
점검표	Checklist
종사자	Employee
참석자(초청자)	Participant / Guest
초청인사	Invited Guests
초청장	Invitation Card
통신망 유지	Maintenance of Communication Network
통제소 설치	Set-up of the Control Center
패용시기	Time of Wearing
합동근무	Joint Operation
현지신문	Local Newspaper
협조	Coordination / Cooperation
행사장	Event Site
행사진행순서	Program
헬리콥터 대기	Stand-by Helicopter
확인	Confirmation

2. 선발경호(Advance Security / Advance Protection)

숙소 경호(Residence Security)	
긴급사용 시	In case of Emergency Use
난방장치	Heating System
내부시설	Internal Facilities
내 · 외곽	Inner and Outer Ring
냉방장치	Air Conditioning
무기반입 허가절차	Procedure of Admission to Bring-in Weapons
미용실	Beauty Salon / Beauty Parlor
방배치	Disposition of Room
비상통로	Emergency Route
소음고려	Consideration of Noise
숙소 경비계획	Plan of Residence Security
숙소 편의시설	Residence Facilities
신원확인	Screening
아침 산책코스	Walking Course in the Morning
약도 및 평면도	Sketch Map and Floor Plan / Layout
온도, 습도	Temperature, Humidity
옷걸이	Dress Hanger / Clothes Hanger
음료수	Drinking Water / Beverage
종사자 신원	Identity of Employees
총기번호	Serial Number
총기소지자	Name of Holder
탄알수 / 탄약량	Amount of Ammunition
환기장치	Ventilation

근접 경호(Detail Protection)	
각 행사장 구급병원 선정	Designation of the Nearest Hospital from Each Site
각 행사장 대피소	Safety Room of Each Site
각 행사장 비상통로	Emergence Route of Each Site
근접경호대형	Detail Protection Formation
도열인사	Line-up Personage
불순용의자	Suspect
비상대책	Emergency Measures
아측경호관 위치	Position of Our Security Agents
안전조치	Security Measures
영접인사	Welcoming Parties / Welcoming Personage
의전	Protocol
접근방지	Keep Away
초청인사	Invited Guests
후미경호원	Follow-up Agents

3. 수행경호(Detail Security)

연도 경호(Roadside Security)	
감시조 운용	Management of the Surveillance Team
고층건물 봉쇄대책	Blocking Measures of High Buildings
교통통제	Traffic Control
근무자 규모	Scale of Force
근무자 배치	Disposition of Force
단독행사 시	In Case of Separate Events

도로상태	Pavement Condition
연도 경비계획	Plan of Roadside Security
예비통로	Alternate Route
주통로	Main Route
지리적 취약요소	Geographically Vulnerable Elements
취약지역 / 취약지점	Vulnerable Area / Vulnerable Points
합동행사 시	In Case of Joint Events

차량대형(Motorcade Formation)	
VIP 예비차 운용	Operation of VIP Reserve Car
VIP 차 개폐	Door Opening of VIP Vehicle
VIP 차종	Type of VIP Vehicle
경호차에 아측 경호원 좌석 배치	Seat Arrangement of Security Agents in Security Car
기동 간 근접경호	Immediate Protection during Movement
대통령 부인 별도 행사	Separate Events of the First Lady
대피	Escape
방탄	Bulletproof
방호대책	Preventive Measures
보조의자	Jump Seat
비상	Alert / Emergency
아측 경호원 탑승 여부	Whether or not Riding of our Security Agents
예비코스(통로)	Alternate Course / Alternate Route
헬기 공중감시	Air Patrol by Helicopter

4. 검측(Technical Detection)

검측(Technical Detection)	
각 행사장 및 층별 요도	Map of Site and Floor Plan
검측조	Search Party / Technical Security Team
검측활동	Detection Activities
고가차, 펌프, 화학차	Elecated Ladders, Pump, Chemical Car
공조(空調) 시스템	Ventilating System
귀빈화물 선조치 (공항–호텔)	Prior Transportation of VIP Baggage (Airport–Hotel)
냉 · 난방 시설	Air–Conditioning and Heating Facilities
냉 · 난방 시스템	Air–Conditioning and Heating System
문형금속탐지기(M.D.)	a Door–type Metal Detector / a Walking Metal Detector
방화복	Fire–Proof Jacket
비상계단	Emergency Staircase
비상대책	Emergency Security Measures
비상대피소	Emergency Safety Room
비상시 정전대비책	Emergency Measures for the Failure of Electricity
비상전원	Emergency Power
사용방법	Method of Use / How to Operate
사용볼트 / 전원 전압	Power Source Voltage
산소마스크	Oxygen Gas Mask
소방차량 대기	Stand–by Fire Engine
소방팀	Fire–fighting Team
소화기	Fire Extinguisher
안전조치	Security Measures

옥내 / 옥외 소화전	Inside Fire Hydrant / Outside Fire Hydrant
운용(조작)	Operation
전기 소방요원 운용	Operation of Electrician and Fireman
전기 시설	Electric Facilities
전기 전환계획	Power Shifting Plan
총포 화약류 안전대책	Safety Measures for Firearms and Explosives
탐지견 운용	Bomb Dog Operation
폭발물 처리반 운용	Operation of Explosive Ordnance Disposal Unit
행사장 검측(수색)	Site Detection(Inspection)
행사장 소방장비(시설)	Fire Equipment(Facilities) at the Site
화물 검색장소	Checking Place of Baggage
화물 수집장소	Gathering Place of Baggage
화물 에스코트	Baggage Convoy
화물 통관수속	Customs Procedure of Baggage

5. 검식(Food Inspection)

검식(Food Inspection)	
검식요령 및 장비	Method and Equipment for Food Inspection
검식활동	Inspection Activities
기피음식	Non-Favorite Foods
냉장고	Refrigerator
다과	Light Refreshments
독극물	Poison / Poisonous Substance
바이오 테러	Bio Terrorism

생선류	Fish
수질검사	Water Analysis
수질상태	Water Quality
식사예절	General Table Manners
식수 / 음료수	Drinking Water / Potable Water / Beverage
식재료	Food Materials
식중독	Food Poisoning
연회장(만찬장)	Banquet Hall
오찬장	Luncheon Hall
요리	Cuisine
육류	Meat Group / Red Meat
위생점검	Sanitary Inspection
조리장	Kitchen
주방용구(용품)	Kitchen Utensils
준비 식재료	Prepared Food Material
중금속	Heavy Metals
중독	Poisoning

6. 통신(Communication)

통신(Communication)	
교환기 신호방식	Switchboard Signaling Method
국내회선 계통도	Block Diagram of Internal Lines
국제통화방식	International Subscriber Dial
국제회선 계통도	Block Diagram of International Lines

도청 방지	Preventing Wiretapping
도청 탐지	Wiretapping Detection
도청 탐지 서비스	Technical Surveillance Counter-Measure
무선 도청	Radio Interception
무선 중계기	Repeater Base
무선 통신	Radio Communication / Wireless Communication
무전주파수 할당여부	Assignment of Ratio Frequencies
방송중계장비	Broadcasting Rely Equipment / Radio Rely Equipment
비상발전차량	Emergency Generator Vehicle
비상 조명	Emergency Light
유선 도청	Wiretapping / Cable Wiretapping
유선 통신	Wire Communication
음향 장비	Audio Equipment
전파차단장비	Equipment for Intercepting Electric Wave
통신 당국	Communication Authorities
통신 보안	Communications Security
통신 장비	Communication Equipment
포터블 무전기	Portable Radio
휴대용 무전기	Handie-Talkie / Walkie-Talkie

7. 정보(Intelligence)

정보(Intelligence)	
공항 · 항만 출입검사 강화	Reinforcement of Passengers Inspect at Airports and Habors
무기, 탄환 반출입	Carrying in and out of Weapons, Bullets (Ammunition)
반정부 활동 대책	Anti-government Measures
불순용의자	Suspects / Troublemakers
신원조회	Background Investigation
정보센터 운용	Management of the Intelligence Center
정보협조 연락망 구성유지	Formation and Maintenance of Intelligence Network
집회 시위	Street Demonstration / Assembly Demonstration
총포, 화약류	Firearms, Explosives
테러대비책	Counter Measures Against Terrorism

8. 의무(Medical Care)

의무(Medical Care)	
각 행사장 구급병원	The Nearest Hospital from Each Site
구급차 야간 숙소 대기	Stand-by Ambulance at night at the Residence
군의관	Army Surgeon
귀빈 혈액형	Blood-type of VIP
사용가능한 병원	Hospitals Available
응급실	First-aid Room
주치의	Family Doctor

중환자실	Serious Case Room
혈액은행	Blood Bank

9. 공항 경호(Security at the Airport)

공항 경호(Security at the Airport)	
공항 경비계획	Airport Security Plan
공항 출입증	Airport Passport
공항행사 개요	Airport Ceremony Outline
견인차	Tow Truck / Wrecker
관제소	Control Tower
근무요령 및 근무인원	Shift Schedule and Number of Security Agents
급유소	(Re)Fuel Station / Gas Station
급유소요시간	Required Time for Refuel
급유차량	(Re)Fuel Tanker
기상예보	Weather Forecast
단상	Dais / Platform
무기 반입 · 출입 및 영치	Bring in-out and Storage Place of Weapons
보급 시 연료점검	Feul Check before Refueling
비행장 시설	Ground Facility
비행장 요도 확보	Airport Map Acquisition
연료탱크 위치	Position of Fuel Tank
영접 인사	Welcoming Personages / Welcoming Dignitaries
예포	Salute Guns / Gun Salute

우천 시 별도행사	Alternate Event in Case of Rain
운항실 위치	Location of Flight Operation Room
위치, 거리	Location, Distance
의전관계 책임자	Officer in Charge of Protocol
음식물 탑재	Catering
전용기 이착륙 시 우선권	Taking-off and Landing Priority for VIP Airplane
전천후 항법시설	All-weather Navigation Facility
전투 초계비행	Combat Air Patrol Flight
좌석 배치도	Seat Arrangement
주요 시설 위치	Location of Main Facilities
지역기상의 특성	Local Weather Conditions
착륙지점	Landing Spot
출입절차	Exit and Entrance Procedures
통제구역	Restricted Area / Off-limit Area
호위비행	Escort Flight
화물검측	Baggage Inspection
화물 하역차	Baggage Cart
화학 소방차	Chemical Fire Engine
환영객 규모	Size of Welcoming Crowd
활주로	Runway
활주 시 선도착 가능여부	‘Follow Me Car’ Availability During Taxiing
협조부서 연락망	Point of Contact and Phone Number

저자약력

정주호(鄭朱淏)

가천대학교 법과대학 경찰 · 안보학과 교수(현)
중국 푸단대학교(Fudan University) 객좌(客座)교수(현)

경력
대통령 경호실 경호관
대통령 제1부속실 비서관

학력
동국대학교 범죄학 박사
경기대학교 경호안전학 박사

학회활동
한국경호경비학회 부회장(현)
산업보안연구학회 부회장(현)
국가안보국민안전학회 부회장(현)

저서
호신체포술(2021, 백산출판사)
피해자학(2020, 백산출판사)
민간경비론(2020, 백산출판사)
테러리스트처럼 생각하라(2007, 한경사, 역서)

논문
한국의 대통령경호처 관련법에 대한 비교법적 연구(2020)
국가정보원 대공수사권 관련 주요쟁점에 관한 이론적 접근(2020)
산업기술의 보호와 유출방지를 위한 처벌법규의 비교법적 고찰: 미국, 일본, 중국을 중심으로(2017)
제도적 아노미 이론에 따른 자생테러 연구(2017)
경호원의 제육감 활용 향상방안에 대한 고찰(2008) 등 다수

저자와의
합의하에
인지첩부
생략

경호학개론

2022년 12월 25일 초판 1쇄 인쇄
2022년 12월 30일 초판 1쇄 발행

지은이 정주호
펴낸이 진욱상
펴낸곳 (주)백산출판사
교 정 성인숙
본문디자인 구효숙
표지디자인 오정은

등 록 2017년 5월 29일 제406-2017-000058호
주 소 경기도 파주시 회동길 370(백산빌딩 3층)
전 화 02-914-1621(代)
팩 스 031-955-9911
이메일 edit@ibaeksan.kr
홈페이지 www.ibaeksan.kr

ISBN 979-11-6639-285-6 93350
값 17,000원